「英国」小説の手ざわり

英語で味わう名作の書き出しか終わり、
あるいは名場面、もしくは短編全文

高橋和久
永富友海
編著

Gakken

はじめに

本書は表向き英語に少し興味がある、英文学に少し関心があるといった読者を想定しているけれども、本音を言えば、誰であれ何気なく手に取った読者がどちらかに興味関心を持ってくれることを期待している。小学校から英語を学ぶ時代は早くから英語嫌いを作る時代ではないかと懸念されるが、英語に対する関心が一向に衰えていないことは、世に言う「再入門」本を含めた出版状況が証明している。したがって本書が屋下に屋を架すものであると承知しつつも、高校の英語の検定教科書の制作にしばらく従事したのが縁となって、現在まで多少とも高校生とのお付き合いを続けているところから思ったのは、自分なりの屋根があるかもしれないということ。付き合いの内容は主として英語や文学の授業（めいた雑談）なのだが、そのたびに「学ぶ」という苦行の対象である「英語」と、楽しい時間つぶしでありつつ、その時間を（つまりは人生を）より楽しむために学問のふりもする「文学」とを同時に語るのは難しいと痛感していて、繰り返し読み直すことのできる書物という形式を使えば、時間を気にすることなく若い友人に語れることもあるのではないかという気がしていたのである。

いや、これはいささか綺麗事すぎる言い方かもしれない。真相を言えば、むかし大学の教室で幾許かの時間を共有し、卒業後、わたしを英語教科書の世界に引き込みながら、本人は転身して今や別の出版社で編集者として活躍している清水雄輔さんから、「文学寄りの英語本」を作りましょう、と脅迫交じりに誘われたときに、そんな思いが頭をよぎったというに過ぎない。借りもないのに学生だった清水さんの使い走りをしたこともあったと思い出し、歴史は繰り返すと苦笑しながら、逡巡しつつお引き受けした次第。ただ、引き受けてみると、多少の欲なり野心が生まれてくるもの。それが英語をダシに英国小説の宣伝本を作ろうというたくらみだった。というのも、自分棚上げ話法を使って言えば、世界の奥行きを感じ取らないまま品のない言動が闊歩する状況を楽しめず、しかもそれは少なからず文学を軽視してきた教育のせいだと（下品にも）考えているからである。もちろん小説を読まない人間に品がないわけではなくて、小説と無縁だからこそ上品な人もたくさんいる。ただ、少しでも小説に接すると、正しい人と正しいことが好きな人の違いくらい容易に分かって、或いは自覚できて、品のない言動が少しばかり目立たなくなるだろうと思うのである。

以上が『「英国」小説の手ざわり』の生まれた経緯である。タイトルに「英国」と記したのは、イングランドだけでなくスコットランドやアイルランドの小説も含ませてしまおうという苦肉の策。因みに、20世紀後半から「英語圏文学」といった表記も流通するようになり、それを支えるイデオロギーを忖度すると話が複雑になるので、ここでは出来るだけ悩みたくないから、近年の作家、作品は対象から外した。それでも「英文学史」の手軽な副読本となるくらい、珍味を交えた品揃えは十分なはずなので、語注というダシを使った幕の内弁当をつまみ食いして、気に入った一節を見つけてほしい。「キーワード」などはあくまで味見のための参考で、作品を通読した結果、参考など無用と感じてもらえれば本望である。

この（松花堂ではないので伝統に縛られない）幕の内弁当の品揃えと味付けには、わたしに時間と能力が不足していたために、やはり大学のゼミ室で数年間お付き合いいただいたにも拘らず、わたしが編集に関わった論集にご寄稿頂けなかったという貸しのある永富友海さんの助力を仰ぎ、19世紀英国小説の専門家としての知見を発揮してもらった。ふたりの分担については目次に［高］［永］と記してある。本書が多くの若い読者と若さを忘れぬ読者の目に留まり、それぞれの世界の奥行きを感じ取る契機となれれば幸いである。

類稀な才能に恵まれながら昨年5月に早世した若い友人、倉田賢一くんに本書を捧げる。

2025年2月　　高橋 和久

もくじ

Contents

本書の使い方

本書では原則として、1作品につき4ページを割いて紹介しています。
巻末にある「カンタヴィルの幽霊」のみ、作品全体を収録しています。

①作品番号　作品が成立した年代順に並んでいます（「カンタヴィルの幽霊」を除く）
②作品名　一般に広く知られている書名と副題です
③作家名　作品を書いた作家の筆名です
④引用英文　作品の書き出し、終わり、名場面から引用し、一部中略を含みます
⑤語注　引用英文のうち、難易度の高い単語や熟語などを掲載しています
⑥文法解説　引用英文を読解する際に知っておきたい文法知識を解説しています
⑦引用和訳　引用英文の日本語訳です
⑧解説　引用英文や作品の理解を深めるための解説です

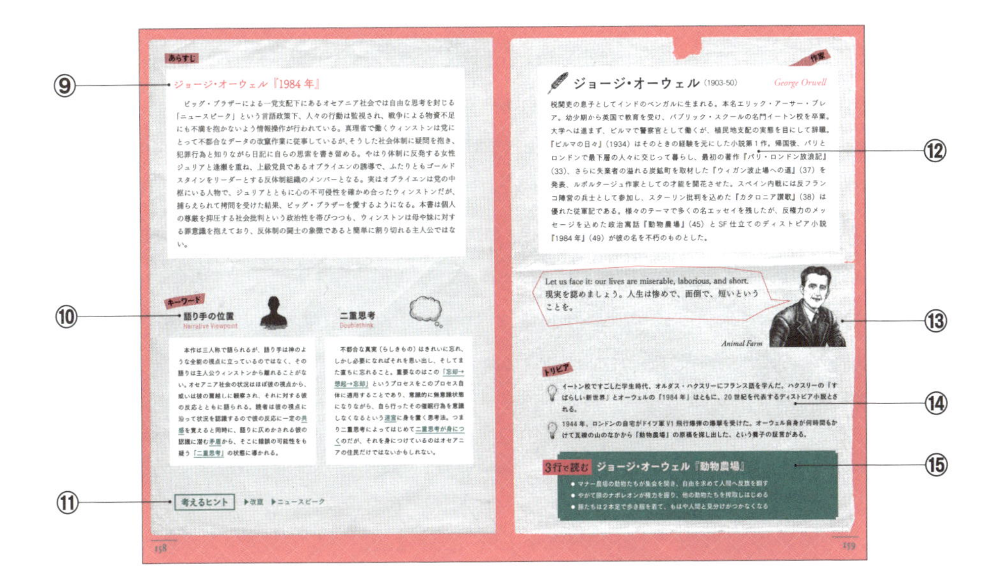
⑨
⑩
⑪
⑫
⑬
⑭
⑮

あらすじ

ジョージ・オーウェル『1984年』

ビッグ・ブラザーによる一党支配下にあるオセアニア社会では自由な思考を封じる「ニュースピーク」という言語政策下、人々の行動は監視され、戦争による物資不足にも不満を抱かないよう情報操作が行われている。真理省で働くウィンストンは党にとって不都合なデータの改竄作業に従事しているが、そうした社会体制に疑問を抱き、犯罪行為と知りながら日記に自らの思索を書き留める。やはり体制に反発する女性ジュリアと逢瀬を重ね、上級党員であるオブライエンの誘導で、ふたりともゴールドスタインをリーダーとする反体制組織のメンバーとなる。実はオブライエンは党の中枢にいる人物で、ジュリアとともに心の不可侵性を確かめ合ったウィンストンだが、捕らえられて拷問を受けた結果、ビッグ・ブラザーを愛するようになる。本書は個人の尊厳を抑圧する社会批判という政治性を帯びつつも、ウィンストンは母や妹に対する罪意識を抱えており、反体制の闘士の象徴であると簡単に割り切れる主人公ではない。

キーワード

語り手の位置
Narrative Viewpoint

本作は三人称で語られるが、語り手は神のような全能の視点に立っているのではなく、その語りは主人公ウィンストンから離れることがない。オセアニア社会の状況はほぼ彼の視点から、或いは彼の肩越しに観察され、それに対する彼の反応とともに語られる。読者は彼の視点に沿って状況を認識するので彼の反応に一定の共感を覚えると同時に、語りに仄めかされる彼の認識に潜む矛盾から、そこに錯誤の可能性をも疑う「二重思考」の状態に導かれる。

二重思考
Doublethink

不都合な真実（らしきもの）はきれいに忘れ、しかし必要になればそれを思い出し、そしてまた直ちに忘れること。重要なのはこの「忘却→想起→忘却」というプロセスをこのプロセス自体に適用することであり、意識的に無意識状態になりながら、自ら行ったその催眠行為を意識しなくなるという迷宮に身を置く思考法。つまり二重思考によってはじめて二重思考が身につくのだが、それを身につけているのはオセアニアの住民だけではないかもしれない。

考えるヒント　▶改竄　▶ニュースピーク

158

作家

ジョージ・オーウェル（1903-50）　George Orwell

税関吏の息子としてインドのベンガルに生まれる。本名エリック・アーサー・ブレア。幼少期から英国で教育を受け、パブリック・スクールの名門イートン校を卒業。大学へは進まず、ビルマで警察官として働くが、植民地支配の実態を目にして辞職。『ビルマの日々』（1934）はそのときの経験を元にした小説第1作。帰国後、パリとロンドンで最下層の人々に交じって暮らし、最初の著作『パリ・ロンドン放浪記』（33）、さらに失業者の溢れる炭鉱町を取材した『ウィガン波止場への道』（37）を発表、ルポルタージュ作家としての才能を開花させた。スペイン内戦には反フランコ陣営の兵士として参加し、スターリン批判を込めた『カタロニア讃歌』（38）は優れた従軍記である。様々のテーマで多くの名エッセイを残したが、反権力のメッセージを込めた政治寓話『動物農場』（45）とSF仕立てのディストピア小説『1984年』（49）が彼の名を不朽のものとした。

Let us face it: our lives are miserable, laborious, and short.
現実を認めましょう。人生は惨めで、面倒で、短いということを。

Animal Farm

トリビア

イートン校ですごした学生時代、オルダス・ハクスリーにフランス語を学んだ。ハクスリーの『すばらしい新世界』とオーウェルの『1984年』はともに、20世紀を代表するディストピア小説とされる。

1944年、ロンドンの自宅がドイツ軍V1飛行爆弾の爆撃を受けた。オーウェル自身が何時間もかけて瓦礫の山のなかから『動物農場』の原稿を探し出した、という養子の証言がある。

3行で読む　ジョージ・オーウェル『動物農場』

- マナー農場の動物たちが集会を開き、自由を求めて人間へ反旗を翻す
- やがて豚のナポレオンが権力を握り、他の動物たちを搾取しはじめる
- 豚たちは2本足で歩き服を着て、もはや人間と見分けがつかなくなる

159

⑨あらすじ	取り上げた作品のあらすじや登場人物を紹介しています
⑩キーワード	作品の理解を深められる批評用語などを紹介しています
⑪考えるヒント	より深く作品を読み解くための手がかりなどを掲載
⑫作家紹介	作品を書いた作家の生涯や他の作品をまとめた伝記です
⑬名言	作家の作品や手紙から、心に留めておきたい格言を引用
⑭トリビア	作家や作品について、ささいだが興味深い豆知識を紹介
⑮3行で読む	同作家による他の作品、他作家による関連作品のあらすじ

No. 01

The Fair Jilt: or, the History of Prince Tarquin and Miranda / The Fair Hypocrite: or the Amours of Prince Tarquin and Miranda by Aphra Behn

... And there was not a man of any quality that came to Antwerp, or pass'd through the city, but made it his business to see the lovely Miranda, who was universally ador'd: Her youth and beauty, her shape and majesty of mein, and air of greatness, charm'd all her beholders; and thousands of people were dying by her eyes, while she was vain enough to glory in her conquest, and make it her business to wound. She lov'd nothing so much as to behold sighing slaves at her feet, of the greatest quality; and treated 'em all with an affability that gave 'em hope. Continual musick as soon as it was dark, and songs of dying lovers, were sung under her windows; and she might well have made her self a great fortune (if she had not been so already) by the rich presents that were hourly made her ....

❖ **quality:** （古）社会的地位 ❖ **pass'd<passed** ❖ **make it *one's* business to *do*:** 進んで～する
❖ **universally:** あまねく、全般的に ❖ **ador'd<adored** ❖ **majesty:** 威厳
❖ **mein<mien:** 物腰、振る舞い ❖ **charm'd<charmed** ❖ **beholder:** 見る者
❖ **lov'd<loved** ❖ **nothing so much as:** ～ほど…なものはない ❖ **'em<them**
❖ **affability:** 愛想のよさ ❖ **musick<music** ❖ **well:** 容易に、難なく
❖ **fortune:** （古）金持ちの女性 ❖ **hourly:** 絶えることなく

*l.*2 ***but made it his business to see ...*** この ***but*** は、前文の ***not*** と相関して「～しないではない」という意味を表すので、***who ... not*** の意の関係代名詞と考えるのがわかりやすいか。

*l.*6 ***nothing so much as to behold ...*** ***nothing so much as*** ～で「～ほど…なものはない」。実質的には最上級を表している。

*l.*10 ***if she had not been so already*** 仮定法過去完了の条件節で、主節は直前の ***she might well have made ...*** の部分。

『美しい浮気女』

アフラ・ベーン

…アントワープを訪れたり、この町を通りかかったりすれば、どんな階級の男であれ、ひとりとして麗しいミランダを一目も見ずに済ませたりはしなかった。彼女は広く誰からも崇められていたのである。若さと美しさ、姿形や威厳のある物腰、そして漂う崇高さが彼女を見るものすべての心を魅了した。そして彼女に目を向けられるだけで、気絶しかねないほど歓喜する人は数知れず。一方、彼女は男を征服しては勝ち誇って喜ぶほど虚栄心が強く、これが本分とばかりせっせと男たちを傷つけた。最上流の男たちが奴隷さながら彼女の足下で嘆息するのを見るのが何より好きで、彼ら全員に希望はあると思わせる愛想の良さを見せて接するのだった。日が暮れるとすぐに途切れることなく音楽が流れ、死ぬほど恋焦がれているものたちの歌が彼女の部屋の窓辺で歌われた。そして彼女は次々と届けられる贈物によって（すでに十分な富を相続していたわけだが、そうでなくとも）難なく桁違いの女財産家になったことだろう…。

解説

ヒロインの魅力がいかに男たちを虜にしているかが強調されているが、注目されるのは男を傷つけることが務めだと考える彼女の支配欲も指摘されていることである（「征服」の対象になりがちなのは伝統的に女性だが、ここでは彼女がその主体）。男を傷つけるには夢中にさせ、貢がせた上で捨てるのが一番。ふつう jilt は「気紛れに、或いは不意に恋人を袖にする女」という意味で使われるから、彼女はまさしくタイトル通りの fair jilt であるように見える。ところが奇妙にも、本作で男ふたりを相手に描かれるミランダはそうした定義から外れる。彼女の振舞いは「相手に期待を与えてから捨てる」という動詞の意味での jilt（p.84 参照）からほど遠い。その点でこの物語は、読者の予想や期待を裏切っている。そうした裏切りは規格外の悪女と思える彼女を最後に祝福し、さらには、それにもかかわらず、最終行で不意にタークィン大公の死を報告する語りに顕著である。

あらすじ

アフラ・ベーン『美しい浮気女』

ヒロインのミランダはアントワープの修道院に身を置く「奔放な尼僧」。この呼称は、神への誓いに強い拘束力がなく、修道院からの出入りが自由な上流階級の娘を指す。死んだ両親の莫大な遺産と類まれな美貌に恵まれた彼女は、多くの崇拝者に囲まれるが、誰にも靡（なび）かない。高貴な生まれの修道士に夢中になり、策を弄して誘うも、信仰篤い彼は断固として拒否。彼女はレイプされたかに見せかけて彼を罪に陥れ（後に釈放）、恨みを晴らす。次には美貌の貴公子タークィン大公に夢中になり、大公も彼女に恋してふたりは結婚する。浪費による財政難に陥ると、彼女は財産を奪うために妹の殺害をもくろむが、実行犯が失敗して処刑されると、今度は夫の大公を唆（そそのか）す。大公も失敗し、処刑台に送られるものの、処刑人が斬首に失敗し、助けられた大公は回復してミランダともども罪を赦されると、地元オランダに帰り、改心して後を追ってきた彼女と以後、平和に暮らし、死んだ。

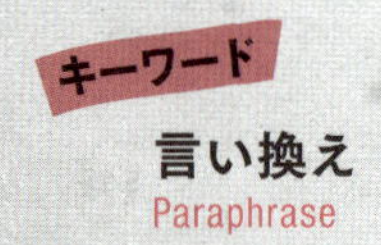

初期の英国小説では or を介して正副のタイトルを付すのが定型だが、本作の場合、表題頁と物語の冒頭頁でタイトルが異なっていて、いわば**タイトルの二重性**が強化される。さらにミランダから恋文を送られた修道士は送り主を「想像できなかった、或いは推理しようとは思わなかった」し、彼女は「恋文のコツは習得済み、或いはそうでなくとも、燃え盛る情炎が相手の心を動かさずにはおかないほど」と述べられる。彼女は悪女らしいが、**「或いは」**？

魅力的なヒロインの特性かもしれないが、ミランダは「奔放な尼僧」という**撞着語法に含意される転覆性**を露骨に体現する。しかも彼女の目は修道士の「身体を覆い隠そうとしている不格好な服」の内に潜む「美しい姿形」を捉え、修道士は彼女が見つめると「顔を赤らめ、目を伏せる」といった記述に見られるように、ここでは社会に流通する**性差による役割分担が逆転**している。タークィンとの物語で、彼女が繰り返し処刑を免れて生き延び、幸福を享受するのは社会規範を根底から転覆させる結末だろう。

考えるヒント　▶撞着語法　▶性差

アフラ・ベーン（1640?-89） *Aphra Behn*

イギリスで最初の女性職業作家と言われるが、本人が隠そうとしていたこともあって、とくに作家活動以前の経歴について不明な部分が多い。夏目漱石の『三四郎』で言及される『オルノーコ』（1688）によれば63年から1年ほどイギリスの植民地だった南米のスリナムに暮らし、最初期の奴隷制批判の小説である同作はそのときの経験に基づく。帰国後、結婚するが、ほどなく夫と死別、もしくは離婚したらしい。諜報活動に従事していたチャールズ2世の廷臣と親交のあった彼女は筋金入りの王党派であり、第二次英蘭戦争時の66年、アントワープに派遣され、スパイおよび同僚スパイの監視役として活動した。『強いられた結婚』（1670）より本格的に劇作を始め、政治と性の闘争の絡みあいや権力志向の愛を批判的に描く多くの作品を発表。詩作においても、女性の作者としては珍しく、快楽を求める愛を率直に称える姿勢が窺われる。本作は小説としての代表作のひとつ。

Love, like reputation, once fled, never returns more.
良い評判と同じように、愛は一度去ると決して戻ってこない。

The History of the Nun: or the Fair Vow Breaker

トリビア

ウエストミンスター寺院にある墓には、Here lies a Proof that Wit can never be Defence enough against Mortality.（知性さえ死という運命の前では無力であることの証がここに眠る）という墓碑銘が刻まれている。

ヴァージニア・ウルフは『自分だけの部屋』にて、「あらゆる女性はアフラ・ベーンの墓に花を捧げなくてはならない…考えていることを話す権利を女性に与えたのは、他でもない彼女だからだ」と記している。

3行で読む　アフラ・ベーン『オルノーコ』

- アフリカ人の王子オルノーコは将軍となり、恩人の娘イモインダと恋に落ちる
- 王の横恋慕や謀略を経て奴隷となったオルノーコは、南米のスリナムへ売り渡される
- 処刑されたはずのイモインダと再会、祖国へ帰るために奴隷たちをまとめて反乱を起こす

No.
02

The Fortunes and Misfortunes of the Famous Moll Flanders

by **Daniel Defoe**

… The child had a little necklace on of gold beads, and I had my eye upon that, and in the dark of the alley I stooped, pretending to mend the child's clog that was loose, and took off her necklace, and the child never felt it, and so led the child on again. Here, I say, the devil put me upon killing the child in the dark alley, that it might not cry, but the very thought frighted me so that I was ready to drop down; but I turned the child about and bade it go back again, for that was not its way home; the child said, so she would; and I went through into Bartholomew Close ….

❖ **alley:** 路地　❖ **stoop:** 屈む　❖ **mend:** ～を直す、修理する　❖ **clog:** 木靴
❖ **put *A* upon *doing*:** A に～するよう促す、仕向ける　❖ **fright:** ～を怖がらせる
❖ **drop down:** 屈む　❖ **bade<bid *A do*:** A に～するように命じる　❖ **close:** 路地、狭い通り

l.1 *The child had a little necklace on of gold beads, …*　***have*** ～ ***on*** で「～を身につけている」。
l.4 *I say*　いささか古風な言い回しで、以下の発言を強調する。
l.5 *that*　【目的】を表す ***so that*** の ***so*** が省略されたもの。
l.5 *the very thought frighted me …*　***the very thought*** が主語の無生物主語構文。
l.6 *so that …*　【結果】を表す表現で、「その結果、へたりこみそうになった」といった意味。
l.7 *for …*　【理由】を表す等位接続詞。***its way home*** の ***it*** は ***the child*** を指す。
l.7 *the child said, so she would*　自由間接話法。***the child said, "So I will."*** ということ。

『モル・フランダーズ』

ダニエル・デフォー

…その子は金ビーズの小さなネックレスをしていて、わたしはそれに目をつけていました。それで路地の暗がりでその子の木靴が脱げそうになっているのを直すふりをして屈みこみ、ネックレスを外したのです。子どもはまったく気づかなかったので、そこからまた連れ出しました。そう、このときです、悪魔が暗い路地でその子を殺してしまえとわたしを唆したのは。泣き声を立てないようにというわけです。でも考えただけで怖くなってしまい、その場にへたりこみそうになりました。でも子どもを回れ右させて、いま来た道を戻りなさい、あっちは帰り道ではないから、と言いました。その子はそうすると言い、わたしは路地を抜けてバーソロミュー・クロースに入ったのです…。

解説

夫の死によって幸福な結婚が終わって２年、困窮にあえいでいるモルは出来心から泥棒を働く。それをけしかけたのは心のなかの悪魔だという彼女は一応の反省をするのだが、悪魔の囁きを消せぬまま街中に出て、ダンス・スクール帰りの可愛い子を見つけた場面からの引用。彼女が「掛け値なしの泥棒」（a complete thief）となる契機となった出来事で、その様子を時間の経過に沿って衒いなく語るのがいかにもデフォーらしい書法。波瀾万丈の彼女の生涯のなかで取り立てて目立つ挿話ではないが、この一節を参照しながら、モルが殺人を思いとどまって、子どもを回れ右させたとき、基本的に「悪」に背を向け、善悪の問題を（社会の規範に合うかどうかという）正邪の問題に転換してしまうイギリス小説の方向が決まったとする見解がある（p.22 参照）。その適否はともあれ、ここでモルが殺人を犯してしまえば、最後の彼女の改悛も老後の幸福もあり得なかったに違いない。

あらすじ

ダニエル・デフォー『モル・フランダーズ』

「ニューゲイト監獄に生まれ、子どものときを除いて、波乱に満ちた60年の生涯の間、12年間を娼婦として、5度妻として（うち1度は弟が夫）、12年間を泥棒として過ごし、8年間を重罪人としてヴァージニアに流刑、最後には金持ちになってまっとうな暮らしを送り、悔い改めて死んだ名高きモル・フランダーズ何某（なにがし）の経験した禍福得喪」を「本人の備忘録を基に書いたもの」というのが作者デフォーによる作品の説明。実録ものであることを標榜するのは当時のフィクションの常套であり、最後のモルの悔悟の姿をどこまで信じられるか疑問なのは、作品を通じて、彼女の堕落ぶりへの批判の目があるのはたしかだが、同時に、「悪女」としてのその逞しい生命力が肯定的に描かれているという印象も拭いがたいからである。少なくとも読者が彼女の機転や勇気に魅力を感じるように描かれていることは間違いない。なおモル・フランダーズとは偽名で、当時 moll は「娼婦」を意味する普通名詞としても使われた。

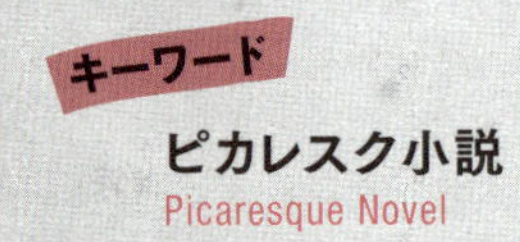

ピカレスク小説
Picaresque Novel

「ごろつき」を意味するスペイン語の pícaro に由来するどこか憎めない悪者である主人公の経験する冒険を（多くの場合、主人公兼語り手が）エピソードの連鎖として語る小説。悪事の報いという**教訓**とともに、硬直した社会の偽善に対する**諷刺**を伴うことが多い。スペイン発祥とされるが、本作をはじめとしてイギリス小説の黎明期に多く見られる物語形式で、主人公の成長、精神的変容に焦点を当てた19世紀の**教養小説**を用意した。

過去と現在の重複
Past and Present Overlapped

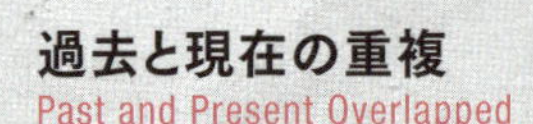

一人称小説には語り手の**現在と過去の視点**とが併存する場合が多い。だがモルの場合、ふたつの視点の距離がとくに不明確で、過去の人生についての悔悟の質がはっきりしない。しかも「序」によれば、備忘録に記されたモルの言葉遣いが**「悔い改め、慎ましくなったと自称する女性」**ではなく**「まだニューゲイト監獄にいる犯罪者のもの」**なので、作者が「文体に手を加え」ている。ただ、作品の魅力の過半は、身分相応では満足できず、違反行為に走るモルにある。

考えるヒント ▶悪女 ▶教養小説

ダニエル・デフォー（1660-1731） *Daniel Defoe*

ロンドンに生まれ、長老派として非国教徒の学校で学ぶ。最初は聖職者を志すが、1684年に結婚したころには洋品問屋を経営していた。以後、さまざまの商品を扱う実業人だったが、同時に筋金入りのプロテスタントとしてモンマスの反乱（85）に加わり、名誉革命によって即位したウィリアム3世を熱烈に支持する諷刺詩を発表して名を成し、事業の失敗を経験しつつも、当時の有力な政治家ロバート・ハーリーの後援を得て、雑誌『ザ・レヴュー』を独力で発行するなど、ジャーナリストとして華々しく活躍する。小説に手を染めたのはかなり遅いが、無人島に置き去りにされた人物をモデルにした『ロビンソン・クルーソー』（1719）が大人気となり、『モル・フランダーズ』（1722）と『ロクサーナ』（1724）では異なった姿の悪女を描き出す。『ペストの記憶』（1722）は1665年のペスト大流行の悲惨な様子を多くの資料を基に架空の主人公を設定して描いた小説。

But it is never too late to be wise.
賢くなるのに遅すぎるということはない。

Robinson Crusoe

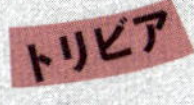

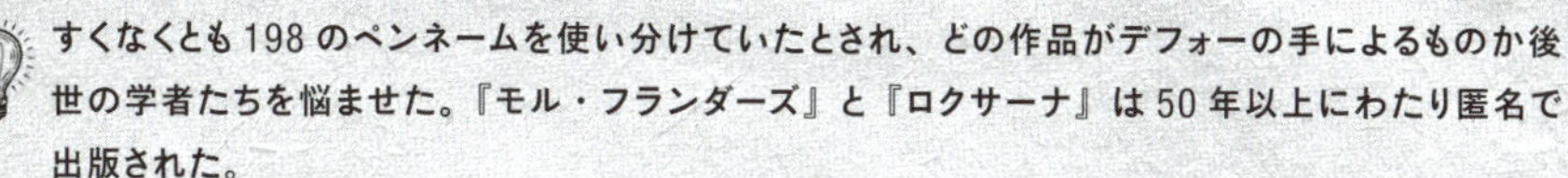

すくなくとも198のペンネームを使い分けていたとされ、どの作品がデフォーの手によるものか後世の学者たちを悩ませた。『モル・フランダーズ』と『ロクサーナ』は50年以上にわたり匿名で出版された。

『ロビンソン・クルーソー』として知られる作品の原題は、The Life and Strange Surprizing Adventures of Robinson Crusoe, of York, Mariner: Who lived Eight and Twenty Years, all alone in an un-inhabited Island on the Coast of America, near the Mouth of the Great River of Oroonoque; Having been cast on Shore by Shipwreck, wherein all the Men perished but himself**と非常に長い。**

3行で読む　ダニエル・デフォー『ロビンソン・クルーソー』

- クルーソーは奴隷貿易に手を出すが難破、ひとり流れ着いた無人島を〈絶望の島〉と命名
- 住まいや農地を設け、ヤギなどの家畜を飼ったり、聖書を読んだりして日々を過ごす
- ある日、砂浜に自分ではない足跡を発見。しかしそれは人食い人種の足跡だった…

No. 03

Gulliver's Travels

by **Jonathan Swift**

In their marriages they are exactly careful to choose such colours as will not make any disagreeable mixture in the breed. *Strength* is chiefly valued in the male, and *comeliness* in the female, not upon the account of *love*, but to preserve the race from degenerating; for where a female happens to excel in *strength*, a consort is chosen with regard to *comeliness*. Courtship, love, presents, jointures, settlements, have no place in their thoughts, or terms whereby to express them in their language. The young couple meet and are joined, merely because it is the determination of their parents and friends: it is what they see done every day, and they look upon it as one of the necessary actions in a reasonable being. (Part Ⅳ, chap. 8)

❖ **disagreeable:** 不調和の、齟齬をきたす ❖ **mixture:** 混合 ❖ **breed:** 種族、品種
❖ **comeliness:** 上品な美しさ ❖ **upon the account of:** ～の理由で ❖ **preserve:** ～を保護する
❖ **degenerating:** 退化 ❖ **happen to *do*:** 偶然～する ❖ **excel:** 優れている ❖ **consort:** 配偶者
❖ **with regard to:** ～に関して ❖ **courtship:** 求愛 ❖ **jointure:** 寡婦給与財産
❖ **settlement:** 贈与財産 ❖ **term:** 言葉 ❖ **whereby:** それによって～する（＝**by which**）
❖ **determination:** 決定 ❖ **friend:** 親類 ❖ **look upon *A* as *B*:** **A** を **B** とみなす

l.3 ***and comeliness in the female ...*** ***comeliness*** の後ろに ***is chiefly valued*** が省略されている。
l.3 ***not upon ..., but to ～*** 〈***not A, but B***〉の形で「**A** ではなくて **B**」という構造になっている。
l.9 ***what they see done every day*** ***they see A done*** の ***A*** が ***what*** に相当。

『ガリバー旅行記』

ジョナサン・スウィフト

結婚に当たっては、一族にそぐわない不純物の混じった色の子が決して生まれることのない毛色を選ぶよう、細心の注意が払われる。オスの場合に最も重視されるのは力強さであり、メスの場合は優美さだが、それは恋愛感情とは関係がなく、もっぱら種族を退化から護るためである。というのも、たまたま力強さの点でメスの方がまさっていた場合には、相手のオスは優美さで選ばれるからである。求愛、恋愛、贈物、寡婦給与、継承財産設定など、かれらは考えたこともなく、それらを表現する言葉も持っていない。若い男女が出会って結ばれるのは、もっぱらそれが親や親類によって決められたことだからというに過ぎない。そうして事が進んでいくのをかれらは日々目にしていて、それは理性ある存在にとって迷う余地のない当然の行動のひとつであると考えている。

解説

理性の権化たるフウイヌムたちの国を訪れたガリバーは次第にその社会についての認識を深める。この章で語られるテーマのひとつは「フウイヌムの大した美徳」なのだが、この一節はとても美徳を称えているようには読めない。本作において退化・堕落した人間性を体現する野蛮で醜悪なヤフーが否定されていることは明らかなものの、対置されるフウイヌムもまた作者の批判から自由ではない。これより前の箇所で、肌の色による差別さながらに、フウイヌムの間で毛色による差別が厳然として存在することが報告されており、一族に「そぐわない不純物の混じった色（disagreeable mixture)」を「不愉快」とばかり忌避する姿勢は、退化に対する恐怖を含む西欧の帝国主義時代の異人種混交への警戒を先取りしている。またひたすら子孫保存のための制度であるらしい愛と無縁の結婚は、オーウェル『1984年』の社会をも想起させる。夫婦１組につき子どもはオス、メス１頭ずつと定められているこの社会の非人間性は明らかだろう。

あらすじ

ジョナサン・スウィフト『ガリバー旅行記』

船が難破して海に落ちた船医ガリバーがそれ以後、架空の世界で経験、見聞したことを語る冒険譚。最初は海岸で目を覚ましたガリバーの身体が紐で縛られている場面が有名なリリパットと呼ばれる小人の王国。次がブロブディングナグという巨人の国。第3篇では空飛ぶ島ラピュタや日本など、自分と等身大の住民のいる土地をいくつか訪れる。これらはいずれも18世紀のイギリス社会に対する諷刺色が強いが、第4篇で描かれるフウイヌムの国は、馬が理性を持ち、ヤフーの体現する人間性は野蛮で邪悪なものと化しているところで、そこでは諷刺というよりは人間社会への絶望、人間性への呪詛が表面化している。実際、イギリスに戻ったガリバーは極度の人間嫌いに陥って、家族との付き合いよりも、フウイヌムに習った言葉で馬との会話の方を好むほどである。ただし、フウイヌムが完全に理想化されているわけではなく、理性偏重のかれらの社会は一種のディストピアであるようにも読める。

サタイア
Satire

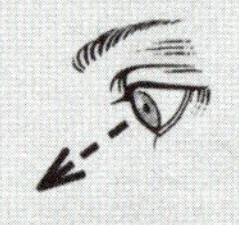

本作は散文による空想冒険譚ではあるが、厳密な意味での文芸上のジャンルとしては「小説」というより諷刺を意味する**「サタイア」**に属する。作中で非日常的な経験という意味での冒険がもっともはっきり描かれているリリパットやブロブディングナグの記述にしても**当時のイギリス社会に対する怒り**が根底にあり、第3篇は王立学士院に代表される**近代科学への批判**を含み、第4篇は**人間に対する呪詛**が表面化しているなど、古代ローマの諷刺詩人ユウェナリス風の激烈な諷刺となっている。

諷刺される諷刺者
Satirizer Satirized

ガリバーが基本的に訪問先での経験によって人格的変容を遂げずに、**観察者の位置に留まっている**のも一般的小説との相違点である。観察対象を諷刺するガリバーは作者の代弁者だが、**彼自身も作者による諷刺の的になる**。盲目的な愛国者と化したガリバーに対して、悪しき君主（ジョージ１世）や政府（ウォルポール内閣）の手先となっている英国議会の腐敗した実態を指摘するブロブディングナグの聡明な国王の洞察が典型例。ただ、第4篇の最後で優しい船長に助けられた後も人間嫌いのまま馬とだけ話すガリバーは、単純な諷刺の対象ではなさそうである。

考えるヒント　▶ユウェナリス風諷刺

ジョナサン・スウィフト（1667-1745）*Jonathan Swift*

没落したイングランド名家の息子としてダブリンに生まれ、トリニティ・コレッジを卒業。イングランドで外交官を引退したウィリアム・テンプルの秘書となる。初期の寓話的な『書物戦争』と『桶物語』（ともに1704）にすでに諷刺性が顕著である。一時期アイルランドで聖職に就いた後ロンドンに出て、アディソン、スティールと親交を結び、ポウプやジョン・ゲイなどとトーリー寄りの「スクリブレルス・クラブ」を結成して、時代の低俗な趣味を痛烈に批判した。ダブリン在住の恋人に送った『ステラへの手紙』（1766）は例外で、スウィフトの特徴は何よりその諷刺性にある。1714年アン女王の没後ホイッグ政権になるとダブリンで聖職に戻るが、イングランドのアイルランド支配を批判する『ドレイピア書簡』（1724）や『慎ましき提案』（1729）の諷刺はどぎつさを増している。だがやはり代表作は『ガリバー旅行記』（1726）とするのが自然だろう。

Satire is a sort of glass wherein beholders do generally discover everybody's face but their own.
諷刺とは鏡のようなものだが、それを覗き込む者は他人の顔こそ見えても自分の顔は見えない。

The Battle of the Books

『ガリバー旅行記』に由来する英単語として、Lilliputian（きわめて小さい）やBrobdingnagian（巨大な）が挙げられる。また、yahooは「野蛮で暴力的かつ洗練されていない人物」を指す普通名詞として辞書に記載されている。

実際に発見されるよりも前に、スウィフトは火星のふたつの衛星（ダイモスとフォボス）の存在を『ガリバー旅行記』の中で予言していたとされ、ダイモスにあるクレーターのひとつは「スウィフト」と名付けられた。

3行で読む　ジョナサン・スウィフト『桶物語』

- ピーター、マーティン、ジャックの3兄弟にそれぞれ1着ずつ父親がコートを遺す
- 遺言によると、コートには糸1本加えても抜いてもならず、将来の幸不幸がかかっている
- しかし3兄弟はコートに手を加え、それぞれ元に戻そうと画策するも、仲違いに終わる

No. 04

Clarissa. or, the History of a Young Lady

by Samuel Richardson

What would I say!——I forget what I was going to say.

Oh Lovelace, you are Satan himself; or he helps you out in every thing; and that's as bad!

But have you really and truly sold yourself to him? And for how long? What duration is your reign to have?

Poor man! The contract *will* be out: and then what will be your fate!

(Letter 261.1, first edition)

❖ **duration:** 継続、継続期間　❖ **reign:** 統治、治世　❖ **contract:** 契約　❖ **fate:** 運命

*l.*2 ***he helps you out***　***help* ～ *out*** は「困ったときに人を助ける」。***out*** は「最後まで」「完全に」といったニュアンスの副詞。

*l.*3 ***that's as bad!***　***that*** は直前の「サタンがすべてを手伝ってくれる」ことを指す。***as bad*** は「同じぐらい悪い」、つまり「ラヴレイスがサタンそのものであるのと同じぐらい悪い」ということ。

*l.*5 ***What duration is your reign to have?***　いわゆる〈***be*** + ***to*** 不定詞〉で、【運命】あるいは【予定】の用法。

*l.*6 ***The contract will be out***　***will*** がイタリックになっているのは「必ずそうなるだろう」という【強調】のため。

『クラリッサ』

サミュエル・リチャードソン

わたしは何を言うつもりだったのか。言おうとしていたことを忘れてしまいました。

ああ、ラヴレイス。あなたはサタンそのもの。それとも、あなたが何をするにもサタンがすべて手を貸してくれるのでしょうか。それでも悪のひどさに変わりはありません。

でもたしかに、そして本当にあなたはサタンに魂を売ったのですか？　それはいつまでのこと？　どれくらいの期間、王として君臨していられるのかしら？

あわれな人！　契約は必ず切れるときがきます。そのときあなたにはどんな運命が待っていることでしょう！

解説

ラヴレイスは自らの欲望の実現のために、知り合いを変装させ、嘘の情報を流すなど、さまざまな策略をめぐらし、クラリッサを巧みに誘導して、ついには悟られぬように薬を飲ませ、レイプする。その具体的な経緯を審（つまび）らかにする記述がしばらく後に置かれることになるのは、彼女がこの直後、錯乱状態に陥り（そのときのメモには詩句を斜めに印刷するといった視覚上の工夫が見られる）、記述に一貫性がなくなってしまうからだが、引用箇所は多少とも理性を取り戻した彼女の手紙の一節で、ラヴレイスの悪魔性をはっきり指摘している。後に改心するとはいえ、彼の狡猾で傲慢な悪の権化としての姿はイギリス小説史上、屈指と呼べるほど印象的であり、ここまでのクラリッサの聊（いささ）か冗長な記述に辟易した読者も、この弾劾に深く同意するのである。同時に、ラヴレイスは結局クラリッサの精神まで屈服させることはできず、彼女があくまで精神的な優位性を維持していることも見逃せない。

あらすじ

サミュエル・リチャードソン『クラリッサ』

裕福な商家に生まれ、美しく高潔な心を持った娘クラリッサ・ハーロウは、彼女を愛していた祖父が遺産をすべて譲ろうとしたところから、上昇志向の強い身内の妬みを買い、政略結婚を強いられる。それを拒んで監禁状態に留め置かれた彼女は、密かに文通していたロバート・ラヴレイスの（実は腹黒い）助言に従ってロンドンへ出奔するが、彼の言葉巧みな誘導によって娼館に閉じ込められる。ラヴレイスはあくまで抵抗する彼女に業を煮やし、薬を飲ませてレイプする。クラリッサは精神錯乱に陥るが、そのうちラヴレイスや家族の身を置く俗世と対照的な信仰の世界に救いを求めるようになり、衰弱のうちに死ぬ。ラヴレイスは彼女の従兄から決闘を挑まれて死ぬ。クラリッサには心情を吐露するアンナ・ハウ、ラヴレイスには計略を説明するジョン・ベルフォードという文通相手がいて、それらの書簡の内容が人物像に奥行を与えているが、何よりクラリッサ自身による揺らぐ心理の微細な描写が圧倒的である。

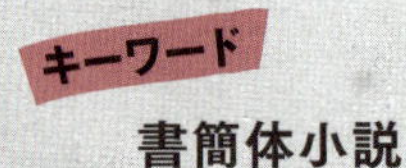

書簡体小説

Epistolary Novel

登場人物（同士）の書簡で構成され、イギリスでは**アフラ・ベーンの『貴族とその義妹との恋文』**（1684）あたりを嚆矢とするが、**リチャードソンの『パミラ』**と本作によって確立されたとされる小説形式。ルソー『新エロイーズ』（1761）やゲーテ『若きウェルテルの悩み』（1774）をはじめとしてヨーロッパ大陸でも流行した。**人物の心理、感情**を描くのに適し、**スモレットの『ハンフリー・クリンカー』**（1771）を別とすると、イギリスではファニー・バーニーやマライア・エッジワースなど主に女性作家が採用した。

超越的な悪

ラヴレイスはイギリス小説には珍しい**超越的な悪**を体現する人物として造型されている。クラリッサに意に染まぬ結婚を強要する父や兄や姉は、ジェイン・オースティンを代表とするイギリス風俗小説においてその多様な変異形が見られるが、ラヴレイスはむしろ『オトラント城』や『ユドルフォの謎』といったゴシック・ロマンスに登場するような処女迫害を典型例とする**超自然の悪**と親近性を持っている。それはクラリッサの美徳に気づいたベルフォードが作品後半で繰り返し彼を**「悪魔」**になぞらえるところにも窺える。

考えるヒント　▶処女迫害　▶ゴシック・ロマンス

サミュエル・リチャードソン（1689-1761）

Samuel Richardson

イングランド中部のダービシャーに生まれる。早熟な子だったようだが、初歩的な教育を受けただけで17歳からロンドンの印刷業者の徒弟として励み、親方の娘と結婚して独立。後に印刷組合の長になるほど仕事は成功するが、子どもにも妻にも先立たれ、1733年、別の印刷屋の娘と再婚。仲間内では早くから文才を称えられ、『徒弟必携』（1734）や『実用書簡例文集』（1741）を刊行。後者の副産物として生まれたのが最初の小説『パミラ』（1740）で、小間使いとして働く美貌の娘が若主人の誘惑や罠をかいくぐって貞節を守り、ついには主人を改心させてその妻の地位を「美徳の報酬」として得るまでを描いて模倣作やパロディを生むほど評判となった。その通俗的とも言える道徳性を深化させ、人間の心の揺らぎを描く筆致に磨きをかけたのが、最長の英国小説と言われる『クラリッサ』（1747-48）である。

That the pleasures of the mighty are obtained by the tears of the poor.
強者の愉悦というものは弱者の涙の上に成り立っている。

Clarissa

トリビア

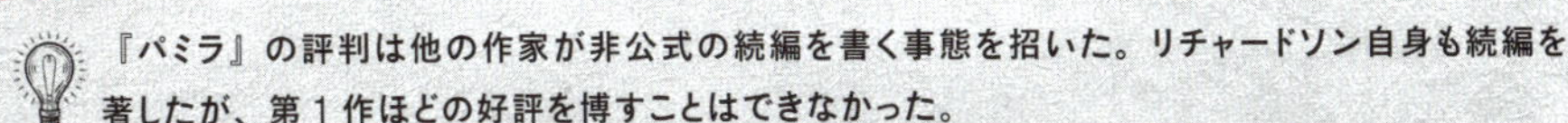

『パミラ』の評判は他の作家が非公式の続編を書く事態を招いた。リチャードソン自身も続編を著したが、第1作ほどの好評を博すことはできなかった。

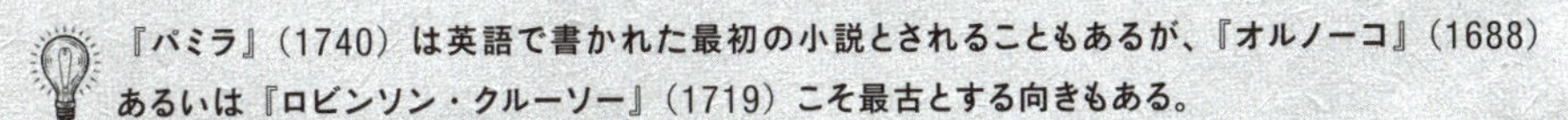

『パミラ』（1740）は英語で書かれた最初の小説とされることもあるが、『オルノーコ』（1688）あるいは『ロビンソン・クルーソー』（1719）こそ最古とする向きもある。

3行で読む　サミュエル・リチャードソン『パミラ』

- 15歳のパミラはベッドフォードシャーにある女主人の屋敷でメイドとして働く
- 女主人の死後は息子のミスターBに仕え、様々な誘惑や脅迫を受けるも、拒絶しつづける
- 純潔を守ったという「美徳の報酬」としてパミラはミスターBと結婚する

No. 05

The History of Tom Jones, a Foundling

by **Henry Fielding**

Though this incident will probably appear of little consequence to many of our readers, yet, trifling as it was, it had so violent an effect on poor Jones, that we thought it our duty to relate it. In reality, there are many little circumstances too often omitted by injudicious historians, from which events of the utmost importance arise. The world may indeed be considered as a vast machine, in which the great wheels are originally set in motion by those which are very minute, and almost imperceptible to any but the strongest eyes.

(Book Ⅴ, chap. 4)

❖ **consequence:** 重要さ　❖ **trifling:** 取るに足りない　❖ **relate:** ～を説明する
❖ **omit:** ～を省く　❖ **injudicious:** 分別のない　❖ **utmost:** 最大限の
❖ **originally:** 第一に、最初に　❖ **set *A* in motion:** A を動かす　❖ **minute:** 些細な
❖ **imperceptible:** 感知できない　❖ **but:** ～を除いて

l.1 ***of little consequence***　〈*of*＋抽象名詞〉で形容詞と同じ働きをし、「ほとんど重要ではない」という意味。*l.5* の ***of the utmost importance*** も同様。

l.2 ***trifling as it was***　〈補語＋ *as* ＋主語＋ *be* 動詞〉という倒置で【譲歩】を表す。

l.3 ***we thought it our duty to relate it***　最初の ***it*** は仮目的語で、文末の ***to relate it*** が真目的語。次の ***it*** は ***this incident*** を指している。

l.3 ***we***　いわゆる ***editorial 'we'*** と呼ばれ、著者（ここでは話者）が読者の意見を含めて述べている。

l.7 ***those***　代名詞で ***wheels*** を指す。

『トム・ジョウンズ』

ヘンリー・フィールディング

　この出来事はおそらく過半の読者には取るに足らぬことと見えるであろう。だが、些事とはいえ、哀れジョウンズに与えた影響が実に強烈だったので、それについて語るのは義務であると思いなした次第。実のところ、思慮の足りぬ歴史家たちは必ずと言っていいほど無視する小事ながら、それが極めて重大な出来事の原因となる例には事欠かない。この世はまさにひとつの巨大な機械ではなかろうか。そこでは大きな車輪を動かす原動力を与えているのは、非常に小さくて、よほどの眼力がなければまず見つけられないほどの車輪なのである。

解説

前章の最後でモリーに心というか身体も惹かれ、彼女に尽くすことにして、最愛のソフィアのことは二度と考えないと決めたトムだが、「ささやかな出来事を収めたささやかな章」と題される本章では、トムとソフィア相互の愛の証として作中、印象的に繰り返し登場するマフが、父親の癇癪（かんしゃく）によって燃やされそうになったのをソフィアが必死に火の中から取り出すという「小事」が描かれている。その後に続く「過去の出来事の語り部（historian）」は忘れがちだが、「小事」こそが重要であるという発言はいかにも知識人らしい話者による抽象化である。ただ同時にここで、その「小事」はトムの心に大きな影響を与えたと告げている点が注目される。その出来事によって引き起こされたトムの心の微妙な動きが具体的に提示されるのではなく、彼の心理状態を熟知した全能の話者がそれを一言に要約して読者に教えるのであり、それがリチャードソンと対照的なこの小説の典型的な書法となっている。

あらすじ

ヘンリー・フィールディング『トム・ジョウンズ』

主人公の波乱に満ちた経験を綴るピカレスク小説としての一面を持つが、このジャンルとしては珍しく三人称の語りを支配する全知で饒舌な話者が存在する。全18巻の各巻冒頭に、小説作法やこの物語に対する解説を含む作者／話者のエッセイが置かれているのも、今ここという迫真性を重んじるリチャードソンとは対照的に、物語世界と距離を置く視点を確保し、1745年のジャコバイト運動に言及するなど、歴史的な流れや社会の風俗をも物語に取り込む書法の表れである。田舎の地主、心優しいオールワージーの館のベッドで発見された「捨て子」トムは、誘惑に負けては旅先やロンドンで社会的に容認されない振舞いにも及ぶ若者だが、根はまっとうな人間性の持ち主であり、卑劣な恋敵の策謀を乗り越え、最後には、オールワージーの好色な妹の婚外子だったという身許が明らかになって世継ぎとして認知され、また真の恋人であるソフィアとも結ばれる。若者の過ちに対する寛大さが印象的である。

精神の成長
Spiritual Growth

トムが館を追われ冒険の旅に出るのは恋敵の罠にかかったためとはいえ、彼が快楽に溺れがちな若者であったからこそである。つまり彼は**ピカロ**としての特性を持っているが、ここではトムの反社会的な行動は、社会の状況に対する**諷刺**として機能すると同時に、彼の精神的成長の糧ともなっていて、そうした経験を経て無鉄砲だったトムは**ソフィア（叡智）**を獲得する。彼が最後に安定した社会的地位を得るのも、19世紀に花開く**教養小説**（p.138参照）の先取りである。

話者／語り手の介入
Narrator's Intervention

本作では作者の代弁者と思しき話者がエッセイを記すばかりか、物語の進行中、至るところに顔を出して状況説明、解説、注釈を怠らないので、読者はつねに**話者の存在を意識し、話者に親しみを感じる**ことになる。モダニズム小説において話者が姿を消して作中人物に同化し、心理や状況を読者に教えるのではなく提示する書法、換言すれば話者の存在をできるだけ消す書法が支配的になったが、この作品は、**小説には話者が不可欠**であることを改めて教えてくれる。

考えるヒント ▶ピカロ（悪漢）

ヘンリー・フィールディング (1707-54)

Henry Fielding

先祖に貴族を持つ家柄の生まれで、法律を学ぶかたわら、早くから劇作に手を染め、政治諷刺を盛り込んだ芝居は好評を博したが、1737年の検閲法発令により劇作を断念。リチャードソンの『パミラ』の道徳性に偽善を読み取り、そのパロディである『シャミラ』(1741)や同様のパロディから出発して「散文による喜劇的叙事詩」に結実した『ジョウゼフ・アンドルーズ』(1742)で小説に方向転換した。『大盗賊ジョナサン・ワイルド』(1743)は実在した盗賊をモデルにした政治諷刺。大長編の本作『トム・ジョウンズ』(1749)が代表作で、特徴としてリチャードソンの接写的な心理描写と対照的に、喜劇性を保証する俯瞰的視点が指摘されるが、『クラリッサ』を高く評価していて、後年の『アミーリア』(1751)では心理小説への傾斜が見られる。治安判事としても活躍し、ロンドン初の警察組織「ボウ・ストリート・ランナーズ」を創設した。

We are as liable to be corrupted by books as by companions.
私たちは友人によっても、本によっても同じくらい堕落させられやすい。

'A Fragment of a Comment on Lord Bolingbroke's Essays'

トリビア

- 検閲法を受け、劇作家から法廷弁護士に転向した。また、新聞などに当時のウォルポール政権を批判する諷刺記事を寄せるなど、執筆も盛んに行った。
- 『ジョウゼフ・アンドルーズ』は、サミュエル・リチャードソン作『パミラ』のヒロインであるパミラ・アンドルーズの弟ジョウゼフを主人公に設定して書かれた。

3行で読む ヘンリー・フィールディング『ジョウゼフ・アンドルーズ』

- ジョウゼフ・アンドルーズは仕えていた主人の死後、ブービー夫人からの寵愛を受ける
- 幼なじみのファニーに想いを寄せていたジョウゼフは屋敷を追われ、ロンドンへ旅に出る
- 様々の脱線や横恋慕、出生の秘密などを乗り越え、ジョウゼフとファニーは結婚に至る

No. 06

The Vicar of Wakefield: A Tale

by Oliver Goldsmith

I was ever of opinion that the honest man, who married and brought up a large family, did more service than he who continued single, and only talked of population. From this motive, I had scarce taken orders a year, before I began to think seriously of matrimony, and chose my wife as she did her wedding gown, not for a fine glossy surface, but such qualities as would wear well. To do her justice, she was a good-natured, notable woman; and as for breeding, there were few country ladies who could show more. She could read any English book without much spelling; but for pickling, preserving, and cookery, none could excel her. She prided herself also upon being an excellent contriver in housekeeping; though I could never find that we grew richer with all her contrivances. (Vol. Ⅰ, chap. 1)

❖ **bring up:** ～を育てる ❖ **single:** 独身の ❖ **take orders:** 聖職につく ❖ **matrimony:** 結婚
❖ **glossy:** 輝かしい ❖ **wear:** 使用に耐える ❖ **to do *A* justice:** A を公平に評価すれば
❖ **notable:** （古）家政を切り盛りする能力に優れた ❖ **breeding:** 立派な行儀作法
❖ **spelling:** 一文字ずつゆっくり或いはたどたどしく読むこと ❖ **cookery:** 料理（法）
❖ **excel:** ～に勝る ❖ **contriver:** 考案者 ❖ **contrivance:** 工夫

l.3 *I had scarce taken orders ...* この ***scarce*** は形容詞ではなく、副詞（=***scarcely***）。
l.4 *chose my wife as she did her wedding gown...* ***did*** は代動詞で、直前の ***chose*** を指す。
l.6 *To do her justice, ...* ***to be honest***（正直に言って）などと同様に、この ***to do A justice*** は文副詞として機能する独立不定詞。

#『ウェイクフィールドの牧師——お話』

オリヴァー・ゴールドスミス

結婚して多くの子どもを育てる正直者のほうが、ずっと独身を通したままで人口問題について語るだけという人間より世に貢献している、というのがわたしの持論だった。そう考えていればこそ、聖職に就いて1年経つか経たないうちに結婚について真剣に考え始め、妻を選んだのだ。選択基準は結婚衣装を選ぶ妻と同じで、うわべの華やかな美しさの有無ではなく、長く使用に耐える特質の有無である。身贔屓（みびいき）ではなく、妻は善良で家政の才がある女だった。それに礼儀にかなった作法ということで言えば、田舎で彼女ほど見事に振舞ってみせる奥方はまずいなかった。英語の本であればさほど苦労なく読める程度だが、酢漬け、砂糖漬け、料理の腕前ときたら、彼女の右に出るものは皆無。妻はまた、並外れたやりくり上手であると自負してもいた。もっとも、彼女がやりくりの才をどれほど駆使してくれたところで我が家が潤ったなどという覚えはない。

解説

ハッピー・エンディングで終わる本作の冒頭。早婚の理由説明からユーモアが漂い、ジェイン・オースティン『高慢と偏見』の冒頭に似た趣もあるが、こちらは一人称小説なので、語り手であるプリムローズ牧師の人物像が反映されている。ここに窺えるのは、自分の人生を呑気に、さらには半ば冗談として捉える姿勢とでも言うべきか。表面上のきらびやかさで妻を選ばないというのは牧師にふさわしい（？）賢明な判断かもしれないが、衣装選びと並べられると、選択の真剣さや本気度が多少とも薄まって響く。妻は家政の達人という評価にしても、最後の一文がそれを裏切っているので、彼女についての他の記述も「身贔屓」でないという保証はない。ある階級の娘たちの花嫁修業のひとつが外国語の習得だったことを知らない牧師ではあるまい。しかし何よりも、これから牧師一家に降りかかる人災の過半は虚栄心に由来する彼女の言動の産物なので、示唆的な書き出しである。

あらすじ

オリヴァー・ゴールドスミス『ウェイクフィールドの牧師』

自分と家族（妻と息子４人、娘２人）の経験したさまざまの災難とその顛末をプリムローズ牧師が語る回顧談。家族と幸せに有徳の牧師暮らしをしていたが、財産を預けていた商人が消えてしまい、無一文となって状況は一変、息子の婚約も破棄される。地代も払えず、小さな教区への引越しと災難が重なり、以後、親切そうに見えて実は悪人だった地主によって長女が騙されたり、家が火事になったり、牧師自身が投獄され、獄中で長女が死に、次女が誘拐されたと聞かされ、地主に決闘を挑んだ長男までも怪我をして投獄されるという具合に不幸が続くが、牧師はどこまでも絶望することなく神の慈愛を信じ、最後にはこの世への執着を断って、永遠の世界に旅立つ心の準備をしたところで、救い主が現れて事態が一転。死んだはずの長女が無事に再登場し、息子の結婚も復活、次女にもめでたい結婚が用意され、失った財産も戻るというまたとないハッピー・エンディングとなる。

塞翁が馬
Vicissitude

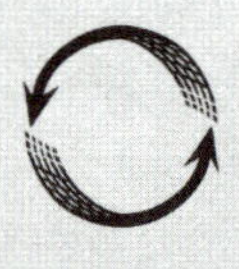

「人間万事塞翁が馬」という教訓を学べるのが、この作品から得られる効用のひとつだろう。ただ幸福と不幸の転換があまりに目まぐるしくて、いかなる苦難にあっても**神の慈愛**を信じようとする牧師の姿勢をどう読むべきか悩ましい。反転、逆転のモチーフが真実の愛を寿ぐバラッド（8 章）や死者の入れ替わる狂った犬の歌（17 章）、最後に幸福な再会を経験するマチルダの挿話（23 章）などで強調されるのでなおさらである。

副題（A Tale）
Subtitle

反転や逆転があまりに連続すると不自然で、本作は浮世離れした人物による絵空事としての話という小説の虚構性（p.34 参照）を際立たせる。偶然性への依存がその感を助長し、しかもハッピー・エンディング直前の**「偶然の出会い（accidental meetings)」**に触れて、牧師はわれわれの生活の歓びや安楽は**「思いがけない偶発（fortuitous concurrence)」**が支えているのだ、と言う（31 章）。戯言（an idle tale）として付き合った方がいい「お話」もある。

考えるヒント ▶虚構性

オリヴァー・ゴールドスミス（1728-74）

Oliver Goldsmith

イギリス国教会牧師の子としてアイルランドに生まれ、ダブリンのトリニティ・コレッジを卒業。放蕩暮らしを経験した後、エディンバラとライデン（オランダ）で医学を修め、1755年に大陸を旅し、翌年ロンドンに落ち着くが、医業が立ち行かず、雑文を書いて糊口をしのぐうち、文壇の大御所サミュエル・ジョンソンの知遇を得て、英国在の中国人哲学者の手紙を装って英国社会を諷刺する『世界市民』（1762）やヨーロッパ諸国と英国を比較する長詩『旅行者』（1764）を発表して注目された。唯一の小説『ウェイクフィールドの牧師』（1766）が彼の名を不朽のものとした。いわゆる「囲い込み」によって牧歌的な田園が失われた現状を嘆き、批判する『廃れた村』（1770）が詩の代表作で、笑劇じみた喜劇『低く出て勝つ』（1773）は現在でも上演される。ジャンルを横断して傑作を残した才人だったが、ギャンブル好きで借金返済のための執筆に追われ、早死にした。

Ask me no questions, and I'll tell you no fibs.
質問さえしないでいてくれたら、嘘をつかないですむ。

She Stoops to Conquer

文筆家としての才能の一方でギャンブル癖や散財癖を抱えており、ホレス・ウォルポールはゴールドスミスに "inspired idiot" というあだ名を授けた。

サミュエル・ジョンソンはゴールドスミスを評して、No man was more foolish when he had not a pen in his hand, or more wise when he had.**（手にペンを持っていないときの彼より愚かな人間はおらず、持っているときの彼より賢い人間もいない）という言葉を残している。**

3行で読む　オリヴァー・ゴールドスミス『低く出て勝つ』

- 上流階級の女性にはシャイだが労働者階級には奔放なマーロウがハードカースル家を訪問
- ハードカースル家の娘ケイトはメイドのふりをして労働者階級の話し方でマーロウに接近
- 従姉妹コンスタンスの駆け落ちや一家の相続財産の宝石をめぐるいざこざを経て大団円

No. 07

The Life and Opinions of Tristram Shandy, Gentleman

by Laurence Sterne

I will not finish that sentence till I have made an observation upon the strange state of affairs between the reader and myself ... an observation never applicable before to any one biographical writer since the creation of the world, but to myself ....

I am this month one whole year older than I was this time twelve-month; and having got, as you perceive, almost into the middle of my fourth volume——and no farther than to my first day's life——'tis demonstrative that I have three hundred and sixty-four days more life to write just now, than when I first set out; so that instead of advancing, as a common writer, in my work with what I have been doing at it——on the contrary, I am just thrown so many volumes back .... (Vol. Ⅳ, chap. 13)

❖ **observation:** 所見 ❖ **affair:** 事態 ❖ **applicable:** 当てはまる ❖ **biographical:** 伝記の
❖ **perceive:** 気がつく ❖ **volume:** 巻 ❖ **demonstrative:** 明らかな ❖ **set out:** 始める
❖ **on the contrary:** それどころか、まるで反対で ❖ **throw back:** ～を後戻りさせる

l.5 ***one whole year older than ...*** 比較級の直前に【差】を示す表現が置かれることがある。ここでは「～より丸１年分歳を取って」という意味。

l.7 ***'tis demonstrative that ...*** ***'tis*** は ***it is*** の短縮形で、形式主語の ***it***。

l.10 ***with what I have been doing at it*** 「これまでその作業に取り組んできたものによって」が直訳。

#『トリストラム・シャンディ』

ロレンス・スターン

その文を終わらせる前に、読者とわたし自身との間に横たわる奇妙な事態について所見を述べておく必要があります…この所見は世界が創造されて以来、私を唯一の例外として、これまでどの伝記作家にも当てはまらないものです…。

わたしは今月で12か月前の今よりも丸々1年分歳を取っています。そして御覧の通り、第4巻のほぼ半ばまで到達しているのですが、それでいて我が伝記の方は生後1日目も終わっていない。すなわちこれは、執筆を始めたときと比べて、今や伝記に書く364日分が増えたということに他なりません。ですからわたしの執筆作業においては、これまで精を出してやってきたことによって、一般の著作家のように前進するのではなく、まったくの真逆で、まさしく何巻分も後戻りさせられるのです…。

解説

奇妙な、そしていささか（屁）理屈っぽいが、「小説を否定する小説」としての特徴の一端をよく示す一節。トリストラムは完璧な自伝を書こうと、自分の誕生時から、というより誕生前の状態から書き起こすという徹底ぶりで、そうした細部への拘（こだわ）りの結果、話はなかなか前に進まない——無用と思えるダッシュの多用も特徴のひとつ。しかも連想によって話が飛ぶので、一貫した筋が存在しない。そうした混沌ぶりは、しかし、小説が前提としている仕掛けを読者に意識させる。例えば小説は1日に生起する出来事や思考、感情を1年かけて物語ることが可能であり、第4巻の出版が第1巻の1年後であるという事実に言及することによって、この一節は物語の時間は現実の時間と無関係に進行するという「奇妙な事態」を明らかにしている。フラッシュバックをはじめ、時の流れを自由に歪めるところに小説の小説たる所以があるとも言えて、テクストの仕掛けに注目したロシア・フォルマリズムはこの作品を小説の典型として称揚した。

あらすじ

ロレンス・スターン『トリストラム・シャンディ』

ヨークシャーの「ジェントルマン（郷紳）」という階級に属するトリストラム・シャンディが半生を回想する伝記という体裁を取るが、連想の赴くままますべてを書き込もうとするために、伝記の本筋からの脱線が延々と続く。これは「無始無終」で尾と頭の区別がつかないナマコのような作品だという夏目漱石の形容はさすがである。父のウォルターと叔父のトウビーなど個性の豊かすぎる人物像も印象的だが、途中の章で急に「序文」が挿入されてみたり、空白の章を後で物語って章の順序を逆転してみたり、作中人物（ヨリック）の死を悼むための黒塗りの頁や読者の想像力を喚起するための白紙の頁を用意するなど、小説では主人公の「冒険」を語るのが一般的だった18世紀に、小説のしきたり打破に取り憑かれたかとも見えるトリストラムの「意見」が開陳されるのも異色。紹介されるエピソードはエロティックなものを含め、どれも諷刺や滑稽味で色づけされていて18世紀の作品ながら現代の読者を飽きさせない。

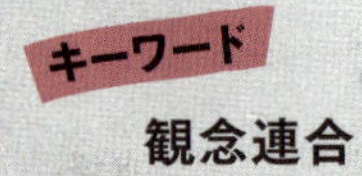

観念連合
Association of Ideas

イギリス経験論に特徴的な考え方で、基本的に**ある観念が別の観念を喚起する連想作用**のこと。ジョン・ロックの『人間知性論』によれば、偶然や習慣に起因する観念連合は不自然ということになるが、トリストラムが意識的にこの種の観念連合によって語りを進めていると思われる例は、ロックに言及しつつ「自然な結びつきのない観念の不幸な連合」が、母親に、ひいては**自分の誕生**にいかに影響したかを述べている第1巻4章にも窺える。

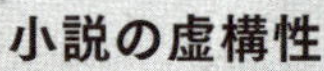

小説の虚構性
Fictionality

小説はもちろん虚構だが、描く人物や出来事があたかも現実のものであるかのように語り、読者もそのように了解するのが一般的である。小説の創成期にはとくに小説が虚構ではなく、**事実／真実**である、或いはそれに近いものであると強調する傾向が強かった。そんななかで、現実の時間とフィクションの時間の違いをはじめとして、自らが虚構であることに自覚的で、読者にもそれを意識させる本作は稀有な存在であり、**メタフィクション**（p.154参照）の先駆者とも言える。

考えるヒント ▶メタフィクション

ロレンス・スターン（1713-68） *Laurence Sterne*

陸軍少尉の息子として南アイルランドに生まれ、ケンブリッジ大学を卒業。ヨーク近在の教区牧師に任命され、以後死ぬまで聖職にあった。ヨーク地区の宗教界のいざこざを諷刺した寓話『政治的ロマンス』を刊行（1759）して話題となり、同年、『トリストラム・シャンディ』の執筆を開始、60年に最初の2巻を出版すると、好評をもって迎えられ、ロンドン社交界の寵児となる。以後、ジャーナリズムへの批判を強めながら9巻まで刊行（67）するが、未完のまま終了。その一方、本作の牧師名で『ミスター・ヨリックの説教』を発表（60-66）。60年代に2度にわたって行ったイタリア、フランス旅行の経験をもとにヨリックを語り手とした『センチメンタル・ジャーニー』（68）は、旅先の風物よりは、人との交流から浮かび上がる内面世界に焦点を当てた異色の旅行記で、「感受性の小説」流行の契機とされるが、これが絶筆となり、長年患った肺の病で亡くなった。

Digressions, incontestably, are the sunshine;——they are the life, the soul of reading!
脱線が太陽の光であり、読書における命であり真髄であることは疑いようもない。

The Life and Opinions of Tristram Shandy, Gentleman

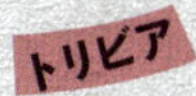

哲学者のショーペンハウアーは随筆のなかで『ドン・キホーテ』『新エロイーズ』『ヴィルヘルム・マイスターの修業時代』そして『トリストラム・シャンディ』を不朽の名作に挙げた。

長年にわたって結核を患い、静養のため訪れたヨーロッパ旅行の経験が『センチメンタル・ジャーニー』に結びついたが、出版から20日後に亡くなった。

3行で読む ロレンス・スターン『センチメンタル・ジャーニー』

- ヨリック牧師は些細な口論をきっかけに思いつきでドーバーからフランスのカレーへ渡る
- ヨリックは旅行記を書きながら、モントルイユ、ヴェルサイユ、パリなどを馬車で旅する
- 旅の途中で召使を雇ったり女性や旅券を巡る問題を乗り越えつつイタリアを目指す（未完）

No. 08

The Expedition of Humphry Clinker

by **Tobias Smollett**

... and my health so much improved, that I am disposed to bid defiance to gout and rheumatism. I begin to think I have put myself on the superannuated list too soon, and absurdly sought for health in the retreats of laziness. I am persuaded, that all valetudinarians are too sedentary, too regular, and too cautious. We should sometimes increase the motion of the machine, to *unclog the wheels of life*; and now and then take a plunge amidst the waves of excess, in order to caseharden the constitution. I have even found a change of company as necessary as a change of air, to promote a vigorous circulation of the spirits, which is the very essence and criterion of good health.

(Matthew Bramble's Letter to Dr Lewis, Oct. 26)

❖ **be disposed to *do*:** ～したい気がする　❖ **bid defiance to:** ～と戦う　❖ **gout:** 痛風
❖ **rheumatism:** リュウマチ　❖ **superannuated:** 引退した　❖ **sought<seek:** 探し求める
❖ **retreat:** 避難所　❖ **valetudinarian:** 病弱者、とくに健康を気にしすぎる人
❖ **sedentary:** 座りがちの　❖ **unclog:** ～を潤滑にする　❖ **plunge:** 飛び込むこと
❖ **amidst:** ～の中に　❖ **caseharden:** ～を鍛える　❖ **constitution:** 体力、体質
❖ **vigorous:** 活発な　❖ **circulation:** 循環　❖ **criterion:** 基準

l.1 ***my health so much improved, that I am disposed...***　〈*so*～*that...*〉構文になっていることに注意。「とても元気になったので…」といったふうに理解する。

l.6 ***machine***　現在は比喩として用いられることが多いが、かつては「人体」そのものを意味した。その連想から以下に「生命の車輪」が続く。

l.6 ***to unclog the wheels of life***　「～するためには」という【目的】用法の ***to*** 不定詞。

l.7 ***I have even found a change of company as necessary as a change of air***　〈***find O C***〉「**O** が **C** だと気づく」という構文。ここでは ***C*** が原級比較の表現になっている。

『ハンフリー・クリンカー』

トバイアス・スモレット

…そしてわたしはすっかり元気になり、痛風もリュウマチも恐るるに足らんという気分です。引退者リストに名を連ねたのは早まった行為で、怠惰という隠遁所に健康を求めたのは愚かな行為だったと思い始めています。病を気にしすぎる人はおしなべて、立って動くことをひどく嫌い、決まり事にがんじがらめになり、度を越して用心深くなっているに違いありません。生命の車輪を動かすにはときどき身体の運動量を増やさないとだめです。そして強壮な身体を作るためには、ときには思い切って不摂生の波に飛び込むくらいのことをしないといけない。付き合う相手を変えることも転地と同じくらい必要なのだと悟りました。そうしないと、健康の肝であり基準でもある生気の活発な循環が増進されませんから。

解説

ブランブルがかかりつけの医師に送る最後から二番目の手紙。ここまでの旅で得られた知見として、停滞と動き（活動・運動）が対比され、後者の重要性が強調されている。「生命の車輪」云々には出典があるようだが、その旅はまさしく馬車の車輪を回転させて展開し、静かに隠居するより不摂生も厭わぬ行動こそが元気の源であるという新しい認識と共に彼は健康を取り戻す。そして読者の笑いを誘う脇役たちの結婚というロマンス的大団円の定型に支えられ、彼は出発地であった架空の地にある我が家に戻ることが暗示されて、旅の「循環」が完成する、ように見える。だが動きを止めてしまっては「生気の活発な循環」が不可能であるという矛盾は消しがたい。最後の手紙の書き手がクリンカーと結婚したいわば端役のウィニフレッドなのも意味深長で、彼女はロマンス的大団円を裏切るかのようにmatrimony（結婚生活）をmattermoney（お金が大事）と誤記している。

あらすじ

トバイアス・スモレット『ハンフリー・クリンカー』

「情け深い人間嫌い」であるマシュー・ブランブル老や彼の未婚の妹タビサを中心にした一行５人がイングランド、スコットランドを巡る滑稽な挿話を交えた一種のセンチメンタル・ジャーニーの道中記で、旅先から各人が知人や友人に宛てて書く手紙から成る「書簡体小説」の体裁を取っている。タイトル名を提供するクリンカーは解雇された馭者の後釜として一行の旅の途中で登場するが、その後も作品の舞台に常駐せず、馭者台で尻をむき出しにして女性たちの顰蹙を買ったりはするものの、川の事故でブランブルの命を救う立役者であり、最後にはブランブルの私生児であると判明したうえで結婚するので、ピカロ（悪漢）には力不足だろう。イングランドでの不満がスコットランドでは解消するブランブルをはじめ、旅の進行に伴って変化する各人各様の滑稽でもある反応が面白く、そこに窺われる社会批判や文明批評が、楽園を思わせる場所に到着するとロマンスへと移行したかのように３組の男女の結婚で閉じられる。

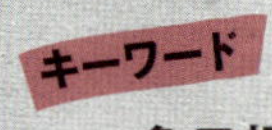

多元視点
Multiple Perspectives

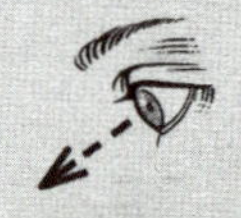

本作は書き手が５人いる**書簡体小説**である。ブランブルは何かと文句を言いたがり、姪のリディアは恋する娘で、兄のジェリーは行く先々で新しさに注目するオックスフォードの学生。ブランブルの妹で未婚の老嬢であるタビサはときに猥褻な誤記を犯し、彼女に仕えるウィニフレッドも綴りが怪しい。こうした人物像を描き分けつつ、とくにブランブルとジェリーを通じて、**同じ対象に対する異なった見方、反応**を提示するところに作者の工夫が見られる。

旅
Journey / Expedition

旅はしばしば**人生の比喩**となる。そのとき旅の終点は主人公の人生の頂点だったり、人生の終わりだったりするだろう。原題の expedition はとくに**「明確な目的を持った旅」**を含意するらしい。たしかにここでの旅がブランブル老の健康回復（のための知見の獲得）、或いは複数の男女の伴侶探しを目的としたものであるなら、いずれの目的も達せられたかに見える。だが旅が終点に近づくと、**手紙の発信地が記されず、旅程が曖昧になる**のは示唆的である。

考えるヒント　▶書簡体小説

トバイアス・スモレット（1721-71） *Tobias Smollett*

スコットランド中西部のダンバートンシャーに生まれ、グラスゴー大学で医学を学んだ。文学への関心を深めながら医者の見習いとして働き、病と貧困の関係を目の当たりにしたことが、怒りに燃える諷刺家というこの作家の核を形成したとも言われる。1741年には、対スペイン戦争のカルタヘナ（現コロンビア）をめぐる海戦で大敗したイギリス艦隊の船医助手として従軍。帰国後ロンドンで文人たちと交わり、従軍経験は出世作となった『ロデリック・ランダム』（1748）の世界を股に掛けたピカロの旅の一部に反映される。さらに悪行の度を増した主人公とともに脇役の変人ぶりも印象的な次作『ペリグリン・ピクル』（1751）もあって、英国ピカレスク小説の父とも呼ばれる。Random はいかにも出たとこ勝負の人生を、Peregrine は流浪の人生を送りそうな名である。『ドン・キホーテ』やフランスのピカレスク小説の翻訳もあるが、最高傑作とされる本作にピカレスク性は稀薄である。

[S]ome folks are wise, and some are otherwise.
利口もいれば、馬鹿もいる。

Roderick Random

『ハンフリー・クリンカー』はスモレットの最高傑作とされ、それを裏付けるようにチャールズ・ディケンズの『デイヴィッド・コパフィールド』やジョージ・エリオットの『ミドルマーチ』に言及がある。

ロレンス・スターンの『センチメンタル・ジャーニー』にスメルファンガス（批判屋）という名前で登場する偏見にまみれた小人物のモデルはスモレットとされる。

3行で読む トバイアス・スモレット『ロデリック・ランダム』

- 幼くして母を喪い、父が失踪したロデリックは祖父の支援により学校へ通うが退学となる
- ロンドンで医者見習いとなり、船医としてフランス、スペイン、ジャマイカなどを訪れる
- アルゼンチンで生き別れの父親と再会、財産を相続し、結婚もしてハッピーエンド

No. 09

Things as They Are; or, The Adventures of Caleb Williams

by **William Godwin**

... God ... judges of men by what they are at the period of arraignment, and whatever be their crimes, if they have seen and abjured the folly of those crimes, receives them to favour. But the institutions of countries that profess to worship this God admit no such distinctions. They leave no room for amendment .... It signifies not what is the character of the individual at the hour of trial. How changed, how spotless, and how useful, avails him nothing. If they discover at the distance of fourteen or of forty years an action for which the law ordains that his life shall be the forfeit, though the interval should have been spent with the purity of a saint and the devotedness of a patriot, they disdain to inquire into it.

(Vol.Ⅲ, chap. 3)

❖ **things as they are:** ありのままの事実、物事の実情 ❖ **arraignment:** 罪状認否（手続き）
❖ **abjure:** ～を捨てることを誓う ❖ **institution:** 法令、制度
❖ **profess to *do*:** ～するふりをする、～すると（不誠実に）公言する ❖ **worship:** ～を崇拝する
❖ **amendment:** 改心、改正 ❖ **character:** 名声、評判 ❖ **trial:** 裁判 ❖ **spotless:** 清廉潔白の
❖ **avail:** 役に立つ ❖ **ordain:** ～と規定する ❖ **forfeit:** 科料、没収物 ❖ **interval:** 合間
❖ **purity:** 清純さ ❖ **saint:** 聖人 ❖ **devotedness:** 献身 ❖ **patriot:** 愛国者
❖ **disdain to *do*:** ～することを潔しとしない ❖ **inquire into:** ～を調べる

l.1 ***God ... receives them to favour.*** この ***favour*** は「寛大さ」「容認」などの意味で、「神が罪人を恩寵を持って受け入れる」ということ。

l.6 ***How changed, how spotless, and how useful, avails him nothing.*** ３つの ***how*** が ***avails*** の主語になっている。

l.8 ***his life shall be the forfeit*** 「***life***（命）が ***forfeit***（科料、没収物）となるべき」、つまり「死刑に処されるべき」ということ。この ***shall*** は主に法律文で、「～すべし」という命令、指示を表す。

『世の現状
――ケイレブ・ウィリアムズの冒険』

ウィリアム・ゴドウィン

…神は…罪状認否手続きの際のその人間のありようによって人をお裁きになる。たとえどんな罪を犯そうと、その愚かさを悟り、再び過ちを犯さないと誓ったものは神の許しが得られるのだ。しかし、この神を崇拝すると自称している国の法令はそうした顕彰すべき差異など無視し、改心の余地を認めない…。裁判のときの被告がどれほど令名高い人物になっていようとも、そんなことは一顧だにされない。その人間がすっかり改心し、清廉潔白に過ごし、世のために尽くしていても、それは何の役にも立たない。それが14年前のことであろうと40年前のことであろうと、法によって死刑に値すると規定された行為を犯したことが発覚すれば、その後、聖人のように廉直に、そして愛国者のように献身的に暮らしてきたとしても、そんな経歴など知ったことかとばかり調べられもしない。

解説

2度目の脱獄の後、社会の除け者として逃亡を続けざるを得ない身の不運を嘆くケイレブをかくまう盗賊団の首領の発言である。人の作った法の非人間性を弾劾する説得力のある主張は、改心して憔悴したフォークランドの自白により裁判に勝利するケイレブが新たな絶望に打ちのめされるという現行の結末を予見しているが、この物語の発端とも言うべき殺人事件がすでにその視点を提示している。殺された悪徳地主の生前の横暴について「法は何も語らない」と述べられ、その高圧的な行動が娘の死を招いたというまっとうな非難に対して彼は「自分は剣や銃を使ったわけではなく、法の許さぬことはしていない」と言っていたのである。つまり、法こそが支配の根本であり本作で展開される批判の究極の対象と言えよう。その意味で本作は1年前に出版された『政治的正義に関する研究』における主張を「難解な学術書とは縁のない人々にも是非とも伝える」(「序文」)ことを意図したものと言える。

あらすじ

ウィリアム・ゴドウィン『ケイレブ・ウィリアムズ』

貧しい孤児である主人公ケイレブが自らの稀有な経験（＝「冒険」）を回想しつつ、不条理な「世の現状」を明らかにする一人称小説。ケイレブは貧しいながら誠実で勤勉な人柄を認められて土地の名士で人望もあるフォークランドに雇われ、その屋敷で働くことになる。生まれ持った好奇心から、謎めいた感情の起伏を見せる主人の秘密を穿鑿（せんさく）し、過去に解決済みの事件である横暴な地主殺しの真犯人ではないかと疑い、ついにはフォークランドの自白を引き出すが、沈黙を強要された挙句、窃盗の罪で投獄される。脱獄し、物乞いやユダヤ人といった社会的マイノリティに変装しながら執拗な追跡を躱（かわ）す生活が続き、投獄と脱獄が繰り返される。それらを回想する過程で、そうした弱者の反抗の正当性と必然性が強調される。最後にフォークランドを法廷に引き出し、自白させることに成功すると、ケイレブは強い自責の念に駆られる。元々はこれとは真逆の含意を持つ結末だったことが興味深い。

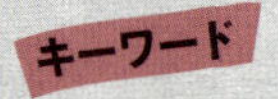

結末からの構想
Ending-based Plot

作者によればこの作品は物語の進行とは**逆向き**に第3巻から第1巻へと構想を立てたという。これはまさしく事件の真相を最初に設定し、それを元に謎を作るという**探偵小説**の作法であり、それ故に本作は英国における最初期の探偵小説とも言われるわけだが、引用箇所に見られるように法の有効性に疑義が提出されているのも、犯人が法的に裁かれるケースが存外少ないホームズ物をはじめとする後の探偵小説の一特徴を先取りしているように読める。

ふたつの結末
Two Endings

草稿段階では、最後の法廷場面で、自分の名声に固執するフォークランドがあくまで罪を認めず、ケイレブは投獄され、絶望の果てに精神錯乱に陥るという結末が用意されていた。このふたつの結末の差はあまりに大きく、刊行直前に変更された理由を探るのは難しいが、結果として、作品の関心が「世の現状」の批判よりも**ケイレブの心の観察**に移ることになった。それは第２版以降、メインタイトルとサブタイトルが**逆転**しているところにも窺える。

考えるヒント　▶プロット　▶探偵小説

ウィリアム・ゴドウィン (1756-1836) *William Godwin*

非国教会派の牧師の家に生まれ、非国教会系の教育を受けた後、説教師を務めた2年間に信仰上の転機を経験して理神論に傾き、会衆と対立するようになる。学校経営を試みるが生徒が集まらず、以後、著述に専念、雑誌に評論を寄稿した。モンテスキューの『法の精神』(1748)の議論を修正する目的で書き始められた『政治的正義に関する研究』(1793)を発表。理性に基づいた個人の判断と知識の追求に対する制約は結婚制度を含めすべて否定するという主張を展開した。法は強引な杓子定規の押し付けであり、無用のものとする考え方はアナキズムの原型であるとされる。先駆的なフェミニスト、メアリ・ウルストンクラフトと主義に反して子どものために結婚するが、彼女は産褥熱で死亡。彼の思想から過激さは次第に消え、孤独な真理追求と家庭の温かさを対比的に描く小説『サン・レオン』(1799)は、娘であるメアリ・シェリーの『フランケンシュタイン』に影響を与えたとされる。

The love of our country, if we would speak accurately, is another of those specious illusions, which have been invented by impostors in order to render the multitude the blind instruments of their crooked designs.
正確を期すならば、愛国心などは見せかけの幻想のひとつにすぎず、大衆を盲目なる道具に仕立て、自らの歪んだ企みを実現するために、詐欺師がでっち上げたものである。

An Enquiry concerning Political Justice

トリビア

娘メアリ・シェリーの『フランケンシュタイン』は当初、匿名で出版されたが、To William Godwin, the author of Political Justice, Caleb Williams, & [et]c. という献辞がある。

『フランケンシュタイン』を下敷きにしたアラスター・グレイの『哀れなるものたち』に登場する科学者ゴドウィン・バクスターの名前は、ウィリアム・ゴドウィンから取られたらしい。

3行で読む　ウィリアム・ゴドウィン『サン・レオン』

- 舞台は16世紀、フランス貴族のレオンはギャンブルに溺れ、流離の日々に身をやつす
- 死を間近にひかえた老錬金術師から賢者の石と不老不死の霊薬を授かったレオン
- 家族との別れや投獄を経て、変装し名前を変えながらヨーロッパの国々を放浪しつづける

No. 10

Castle Rackrent

by **Maria Edgeworth**

The prevailing taste of the public for anecdote has been censured and ridiculed by critics who aspire to the character of superior wisdom: but if we consider it in a proper point of view, this taste is an incontestible proof of the good sense and profoundly philosophic temper of the present times. Of the numbers who study, or at least who read history, how few derive any advantage from their labours! The heroes of history are so decked out by the fine fancy of the professed historian .... Besides, there is much uncertainty even in the best authenticated ancient or modern histories; and that love of truth, which in some minds is innate and immutable, necessarily leads to a love of secret memoirs, and private anecdotes.

(Preface)

❖ **prevailing:** 広まっている ❖ **anecdote:** 逸話 ❖ **censure:** ～を非難する
❖ **ridicule:** ～を嘲る ❖ **critic:** 批評家 ❖ **aspire to:** ～を切望する ❖ **character:** 評判
❖ **incontestible:** 疑いの余地もない ❖ **derive:** ～を引き出す ❖ **be decked out:** 着飾っている
❖ **fancy:** 空想 ❖ **professed:** 自称の ❖ **authenticated:** 本物と認証された
❖ **innate:** 生まれつきの ❖ **immutable:** 不変の ❖ **memoir:** 回想録

l.2 ***who aspire to the character of superior wisdom*** この ***to*** は前置詞のため、名詞（句）が続く。

l.5 ***how few derive any advantage from their labours!*** 「～のなんと少ないことか！」という意味の感嘆文。

l.7 ***fine fancy*** ［*f*］の音で頭韻が踏まれている。*l.9* の ***innate and immutable*** も同様。

l.9 ***that love of truth, which in some minds is innate and immutable...*** ***which*** の先行詞は直前の ***that love of truth*** で、***in some minds*** は挿入句。

『ラックレント館』

マライア・エッジワース

秘められた逸話を愛好する趣味は世間に広く行き渡っているが、人並み外れた知恵者だという評判を得たいと願う批評家諸氏からは非難と嘲笑を浴びてきた。しかしながら然るべき視点から見れば、この趣味は現代の良識と極めて哲学的な気質のありようを異論の余地なく証明するものである。歴史を研究する、或いは少なくとも歴史を繙(ひもと)く人の数に比して、その努力から何らかの利益を得る人の何と少ないことだろうか。歴史上の英雄たちは自ら歴史家を名乗る人々の逞しい空想のおかげでひどく飾り立てられている…。その上、最も信頼できるとされている今昔の史書でさえ多くの不確かな部分を抱えており、人によっては生得で不変のものであるあの真実への愛は、必然的に秘められた回想録や世に知られぬ逸話への愛に行きつくのである。

解説

作者による本作の「序文」の一節。history はいわゆる「歴史」だが、同時に「(過去の出来事についての) 物語」という含意もある。考えてみれば、過去を知ろうとしても、その時代の出来事は直接(再)経験できないわけで、それについての記録や記述や(もっともらしい)話を参照するしかない。18 世紀前半の英国で多くの読者を獲得するようになる小説が a secret history of (〜の秘話) や a true history of (〜の真相) といったタイトルを多数採用したところに、「歴史」と「物語」さらには「小説」との類縁が窺える。また anecdote にも単に「逸話」というに留まらず、「秘密の、これまで公にされていない歴史上の挿話」という古い意味が込められているだろう。公認された歴史(記述)を盲信せず、そこにはつねに隙間や「不確かな部分」があるのだと認識すれば、逸話や挿話に対する関心は過去のものではないはず。

あらすじ

マライア・エッジワース『ラックレント館』

アイルランドで「もっとも古い旧家のひとつ」であるラックレント（「法外な地代」の意）館の当主一族４代にわたって忠実に仕えた（と見える）執事サディによる回想録という体裁を取る。「大酒飲み」、「訴訟好き」、「決闘好き」、「ずぼら」と続く歴代の当主がついにはその座を追われ、自分の息子が当主になるという皮肉な顚末を回想するサディの語り口にはペーソスとユーモアが漂う。何であれ没落には幾許かのペーソスがつきものだろうが、ユーモアはろくでなしの主人たちに対するサディの偏愛に由来する。同時に、そんな贔屓の引き倒しに加えて、土地柄を語る内容のみか言い回しにもアイルランド色を強調した彼の語りは、アイルランドこそが世界の中心という身勝手な認識に支えられていることで笑いを生み出している点も無視できない。それを浮彫りにするかのように、作者がサディの語りに「注釈」を施す「編者」を設定したのは巧みな工夫と言うべきだろう。

キーワード

地方小説

Regional Novel

いわゆる**地方色を浮き立たせつつ、その土地と結びついた人々の生活を描く小説**のことで、本作がその嚆矢とされる。その系譜はブロンテ姉妹、エリザベス・ギャスケル、ジョージ・エリオット、D・H・ロレンスなどにたどれるが、この作品はイングランド読者のアイルランドへの好意を促進するもので、**自作でスコットランドについて同じことを試みた**というスコットの発言（ウェイヴァリー小説「総序」）が、本作の受容のされ方を端的に物語っている。

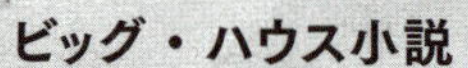

ビッグ・ハウス小説

Big House Novel

アイルランドの貧しい借地人（カトリック）と大邸宅に暮らす地主（多くの場合プロテスタントのイングランド人）という対比を基調とする**アイルランド文学に特有の小説群**で、本作はその原型とされる。時代が下るにつれて、地主層を形成する植民者たるアングロ・アイリッシュの抱える**「奪った領地が奪い返されるのではないか」という不安**がビッグ・ハウスを舞台に主題化されるようになったとき、ラックレント一族は参照すべき典型的な地主像を提供した。

考えるヒント ▶教訓調

マライア・エッジワース（1768-1849）*Maria Edgeworth*

アイルランドのロングフォード郡に広大な土地を所有する裕福な地主の長女で、5歳で母を亡くし、イングランドで教育を受けたが、15歳のときに家族とともにアイルランドに移住。以後、父親の右腕として異母弟妹の教育（父は計4人の女性と結婚、子どもを22人もうけた）や地所の管理に携わる。英国内外でベストセラーとなった父親との共著『実践教育論』（1798）と子ども向けの短編集『親の手助け』（1796）が初期の代表作。その他にも幼児向け、青少年向けの作品があり、英国最初の児童文学作家と呼ばれる。小説としては本作や『不在地主』（1812）などのアイルランドものや社交界小説『ベリンダ』（1801）、書簡体小説『レオノーラ』（1806）といった女性の徳性をテーマにしたものなど数多く、父親の示唆とされる教訓調が顔を出すが、不倫を契機に劇的な筋の展開を見せる最後の長編『ヘレン』（1834）はヴィクトリア朝小説の先駆けを思わせる。

Make it a rule, you know, to believe only half the world says.
世間の噂はその半分しか信じないことを決まりにしましょう。

The Absentee

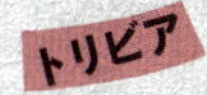

文通相手でもあったウォルター・スコットは、ウェイヴァリー小説群が『ラックレント館』の影響下にあることを認め、その作者をGreat Maria（偉大なるマライア）と呼んだ。

同時代の女流作家であるジェイン・オースティンは、『ノーサンガー・アビー』の作中で『ベリンダ』を激賞しており、『エマ』の刊行時にはエッジワースに献呈している。

3行で読む　マライア・エッジワース『不在地主』

- 主人公コランブレの両親はアイルランドの貴族だが、ロンドンの社交界に加わるべく移住
- 両親の借金を知ったコランブレは帰国後、匿名で一家の土地を訪れ調査を行う
- 父に代わって土地を管理していたバーク氏が解雇され、小作人が苦しんでいる現実を知る

No. 11

Pride and Prejudice

by **Jane Austen**

[The Gardiners] then joined her, and expressed their admiration of his figure; but Elizabeth heard not a word, and, wholly engrossed by her own feelings, followed them in silence. She was overpowered by shame and vexation. Her coming there was the most unfortunate, the most ill-judged thing in the world! How strange must it appear to him! In what a disgraceful light might it not strike so vain a man! It might seem as if she had purposely thrown herself in his way again! Oh! why did she come? or, why did he thus come a day before he was expected? Had they been only ten minutes sooner, they should have been beyond the reach of his discrimination, for it was plain that he was that moment arrived, that moment alighted from his horse or his carriage. She blushed again and again over the perverseness of the meeting. (Vol. Ⅲ, chap. 1)

❖ **figure:** 姿、容姿　❖ **engross:** ～を没頭させる　❖ **overpower:** ～を圧倒する
❖ **vexation:** いら立ち　❖ **disgraceful:** 不名誉な　❖ **vain:** 虚栄心の強い　❖ **purposely:** 故意に
❖ **thus:** このように　❖ **beyond the reach of:** ～の及ばない　❖ **discrimination:** 識別
❖ **alight:** 降りる　❖ **blush:** 顔を赤らめる　❖ **perverseness:** ひねくれていること

l.2 ***wholly engrossed by her own feelings***　この挿入句は分詞構文で、***wholly being engrossed*** の ***being*** が省略されている。

l.4 ***Her coming there was the most unfortunate***　***coming*** は動名詞で、***Her coming there*** が主部となっている。

l.5 ***In what a disgraceful light might it not strike so vain a man!***　感嘆文で、***it*** は「彼女がやってきたこと」を指す。

『高慢と偏見』

ジェイン・オースティン

［ダーシーが去ると］叔父と叔母がエリザベスのところにきて、彼の風采が素晴らしいと褒め称えた。だがエリザベスの耳には何も聞こえず、もの思いにふけったまま彼女は黙ってふたりのあとを歩いていた。恥ずかしさといまいましさでエリザベスはやりきれない思いだった。ペンバリーにのこのこやってくるなんて、礼儀知らずにも分別がないにも程がある！　彼の眼にはさぞかし妙に映ったことだろう！　あんなにうぬぼれの強いひとだから、なんと恥さらしなと思ったにちがいない！　彼が来たところを見計らって姿を見せたと思われたかもしれない！　ああ、どうして来てしまったんだろう！　向こうも向こうで、どうして予定より一日早くやってきたりしたんだろう？　こっちがほんの十分早く立ち去っていれば見つからずにすんだのに。あちらはちょうど到着したばかりで、明らかに馬か馬車から降りたばかりだったのだし。エリザベスはこの不都合極まりない出会いの場面を思い出しては、何度も何度も顔を赤らめた。

解説

ダーシーからの結婚の申し込みを断ったことを内緒にしたまま叔母夫婦と旅行中、彼らからダーシーの領地であるペンバリーの見学を提案され狼狽するも、当日はダーシーが留守との情報を得て安堵したエリザベスは、ペンバリー訪問を存分に楽しむ。しかし屋敷から出たところで、あろうことか不在であるはずのダーシーと鉢合わせする。驚愕、羞恥、後悔の念が矢継ぎ早に押し寄せるエリザベスの心の内が自由間接話法（p.89 参照）で披瀝（ひれき）される。しかし袖にした男の屋敷の見学にやってくるというエリザベスの破廉恥な行動こそが、彼女とダーシーの結婚を推進するきっかけとなるのである。お気に入りのヒロインであるエリザベスに、ペンバリーの女主人というリアリズムを逸脱した良縁を与えるためにオースティンが仕組んだこの恥ずかしい場面は、その目撃者を読者に限ることで、エリザベスの疚（やま）しさの漏出を最小限に押しとどめている。

あらすじ

ジェイン・オースティン『高慢と偏見』

年収２千ポンドのベネット家では跡取りが誕生せず、当主のベネット氏の死後には土地屋敷は親類筋の男子にわたってしまうため、妻のベネット夫人は５人の娘たちの嫁ぎ先探しに余念がない。折しも近隣に越してきた年収４千ポンドの独身青年ビングリーは、美人で気立てのよい長女のジェインを気に入る。一方、ビングリー氏の友人で年収１万ポンドのダーシー氏は、不遜な言動で次女のエリザベスの不興を買う。エリザベスの家柄と俗物的な家族に否定的なダーシーは、それでも溌溂とした彼女に惹かれて求婚するが、ダーシーを逆恨みする美貌の青年士官ウィカムからダーシーについてのあらぬ悪口を聞かされたエリザベスは、ダーシーを拒絶する。申し開きの手紙をエリザベスに送ったダーシーは、彼女の末妹リディアとウィカムの駆け落ち事件の尻ぬぐいを引き受け、エリザベスの誤解と偏見を取り除く。ダーシーの貴族筋の叔母の反対をものともせず、ふたりはめでたく結婚に至る。

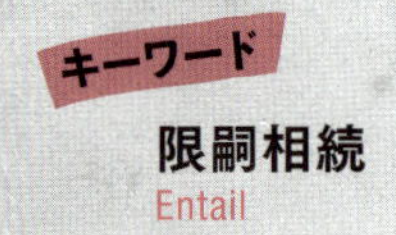

キーワード

限嗣相続
Entail

地主が所有する土地屋敷の**相続権を直系の子孫に限定し、それ以外の者への贈与や売買を禁じる**法的規制のこと。ベネット家の場合、通例に従って相続人が男子に限定されていたため、ベネット氏の死後、不動産については妻および５人の娘たちではなく、親類のコリンズ氏にわたることになる。ベネット氏の cousin と説明されているコリンズ氏の正確な親等関係は不明である（英語の cousin は広く親類全般を指すこともあり、日本語でいう「いとこ」は first cousin に当たる）。

馬と馬車
Horse and Carriage

高額で維持費の高い馬や馬車は、その所有者がミドル・クラスのどの層に位置するかを示す**指標**となる。長女をビングリーに嫁がせたいベネット夫人が、雨が降るのを見越して心得顔にジェインを馬車ではなく馬でビングリー家に送り出したり、その結果母親の期待通り雨にうたれて体調を崩し、ビングリーの世話になっている姉を、エリザベスが泥をはねかしながら猛然と徒歩で見舞いに出かけたりといった滑稽仕立ての挿話は、ベネット氏所有の馬が遊興用と耕作用に兼用されている（耕作用の馬は税金を徴収されないので）というベネット家の台所事情の別の反映と読める。

考えるヒント　▶ジェントリー　▶大団円としての結婚

ジェイン・オースティン（1775-1817） *Jane Austen*

イギリス南部のハンプシャーで牧師を務める父のもと、6男2女の7番目の子どもとして誕生。とくに経済的苦労のない家庭環境のなか、父親から読み書きの手ほどきを受け読書に勤しみ、10代のころから創作を始め、家族に文才を認められる。保養地バースへの引っ越しを経て、父亡きあと30歳ごろからは、母と姉のカサンドラと3人で兄たちの援助に頼る生活を強いられる。裕福な他家の養子となった兄エドワードの世話で、ようやくチョートン村に住居を得る。存命中、父が出版社に送った「エリナとメアリアン」、「第一印象」の原稿は日の目を見ず、30代半ばから、前者を『分別と多感』、後者を『高慢と偏見』として修正し、匿名で出版。続く『マンスフィールド・パーク』、『エマ』も加え、概ね高評価を得る。死後出版となった『説得』を1816年に執筆後、体調不良に襲われる（結核、癌、アジソン病という説もある）。生涯の大半を一緒に過ごしたカサンドラともども、結婚の機会はありつつも、独身のまま41歳で死亡。

[N]othing can be compared to the misery of being bound *without* Love, bound to one, & preferring another.
愛のない状態で結ばれていること、結婚していながら別のひとを好ましいと思うこと、これほど悲惨なことはありません。

'Letters to Franny Knight'

27歳の誕生日直前に、友人の弟で6歳年下のハリス・ビック＝ウィザーからのプロポーズを承諾するが、一夜で撤回する。

カサンドラとのやりとりを含むオースティンの書簡は、彼女の死後、カサンドラによる削除、消去が加えられた。

3行で読む ジェイン・オースティン『説得』

- エリオット家の次女アンは海軍士官ウェントワースとの婚約を反対され、婚期を逃す
- 我儘な父と姉に蔑ろにされ居場所を失ったアンの前に、出世したウェントワースが現れる
- ふたりは恋の障壁となる人間関係や誤解を乗り越え、互いへの変わらぬ愛を実らせる

No. 12

Waverley; or, 'Tis Sixty Years Since

by **Walter Scott**

... These reveries he was permitted to enjoy, undisturbed by queries or interruption; and it was in many a winter walk by the shores of Ullswater, that he acquired a more complete mastery of a spirit tamed by adversity than his former experience had given him; and that he felt himself entitled to say firmly, though perhaps with a sigh, that the romance of his life was ended, and that its real history had now commenced. (Chap. 31)

❖ **reverie:** 夢想 ❖ **query:** 疑問 ❖ **mastery:** 統制、熟達 ❖ **tame:** ～を飼いならす
❖ **adversity:** 逆境 ❖ **entitle:** ～に資格を与える ❖ **sigh:** 溜息 ❖ **commence:** 始まる

l.1 ***he was permitted to enjoy*** 事実上 ***he enjoyed these reveries*** といえばすむところ。彼が行為主体として立ち現れるのを避けるかのような表現。スコットの若い主人公にしばしば見られる受動性を反映する。

l.2 ***it was ... that*** 強調構文。

l.2 ***many a winter walk*** 〈***many a*** ＋単数名詞〉は〈***many*** ＋複数名詞〉とほぼ同義だが、文語的で修辞性が高い。

l.4 ***than*** この ***than*** は擬似関係代名詞と呼ばれる用法。

l.4 ***that he felt ...*** *l.1* の強調構文からつづく ***that*** 節。

l.4 ***he felt himself entitled to say firmly*** *l.1* と同様に、以下の発言の主体としての彼を見えにくくする表現。再帰代名詞の使用によって彼の受動性があらわになる。

l.5 ***that the romance ...*** / *l.6* ***that its real ...*** どちらも *l.3* の ***say*** の目的語となる ***that*** 節。

『ウェイヴァリー』

ウォルター・スコット

…何の疑問も抱かず、また何かに邪魔されることもなく、彼はこうした夢想に浸ることができた。そして彼がアルスウォーターの冬の岸辺を何度も歩いているうちのことだった。逆境によって角の取れた精神を、それまでの経験ではなし得なかったほど完璧に制御できるようになり、そしてまた、溜息まじりではあるかもしれないが、我が人生のロマンスは終わり、今やその真の歴史が始まったのだ、とはっきり言えるだけの資格が身についたと感じたのだ。

解説

小さいときからロマンティックな物語に夢中になっていた主人公が、歴史のうねりに身を投じ、多くの経験を積むことで夢想から覚め、現実を見るようになる。そうしたいわば若者から大人へと成熟する過程を端的に記述する一節。たしかに「逆境」を経験すると人は丸くなるというか、若者も夢の領域でずっと目が出なければ、世に受け容れられにくいその夢を諦めたりもするだろう。「人生のロマンスは終わり、今やその真の歴史が始まった」と自覚するわけである。ただここではそのようにストレートな断定形で語られているのではなく、そう「はっきり言えるだけの資格が身についたと感じた」のであり、しかもそれが「溜息まじり」かもしれないというふうに、断定の強度を弱めるかのような留保がつけられている点は無視できない。この持って回った表現は主人公の逡巡を示すばかりでなく、作者自身の迷いというか彼が身を置いた19世紀初めの英国の社会体制――イングランドと連合王国を形成して1世紀を経たスコットランドの現状――へのアンビヴァレンスを表しているかもしれない。

あらすじ

ウォルター・スコット『ウェイヴァリー』

「ウェイヴァリー小説群」と総称されることになるスコットの歴史小説の最初の作品。1714年に誕生したハノーヴァー王朝下で、ジャコバイト運動というスコットランド由来のスチュアート王家再興運動が盛り上がりを見せたことが2度あった。ここでは2度目の1745年の蜂起を背景に、ロマンティックな気質のイングランド人、エドワード・ウェイヴァリーがいかに両陣営の間で気持ちを引き裂かれ、迷うか――waver は「揺れる、迷う」などの意――が描かれる。ジャコバイトの実在のリーダー「いとしのチャールズ王子（Bonnie Prince Charlie）」の魅力も彼の迷いを助長する。彼はまたスコットランドの娘ふたりに恋心を抱くが、最終的によりロマンティックに色付けされたジャコバイトではなく、温厚な娘を選ぶ。スコットランドとイングランドの連合を寿ぐかのように、スコット作品の通例としてふたりの結婚で作品が閉じられる。

連合王国
United Kingdom

現在、日本でイギリスとか英国とか呼んでいる国の正式名称は**「グレートブリテン及び北アイルランド連合王国」**だが、そのはるか前にイングランド王国とスコットランド王国の合同（1707年）があった。これが必ずしも円滑に実現したわけではないだろうということは、現代の**スコットランド独立運動**を見れば容易に想像がつく。連合王国の女王を「エリザベス２世」などと呼ぶ知ったかぶりは避けたいもの。スコットランドにエリザベス１世という女王はいなかったのだから。

歴史小説
Historical Novel

スコットの歴史小説の特徴は、主人公が**創作された（多くの場合）若者**だということ。スコットランドの歴史上の出来事を素材に、それに深く関わった実在の人物を脇役に配し、主人公がかれらと関わることによって、どのように成長したかが描かれ、その出来事の**歴史的意味**が追求される。多くの場合、イングランド読者にスコットランドの異国性を湛えた魅力を伝えることによって、その独自性を強調しつつも、その根底には**イングランドとの合同**を肯定的に評価する視点が存在する。

考えるヒント ▶ジャコバイト運動

ウォルター・スコット（1771-1832） *Walter Scott*

エディンバラに生まれ、同大学で法律を学び、弁護士となるが、幼少より文学に親しみ、イングランドに隣接する地域に伝わるバラッドを収集した『スコットランド国境地方吟遊歌集』（1802-03）の出版をきっかけに、『最後の吟遊詩人の歌』（1805）や『湖上の美人』（1810）などで詩人としての名声を確立した。以後メルローズ近郊に建てた豪壮なアボッツフォード邸で執筆の軸を小説に転じ、空前のベストセラーとなった『ウェイヴァリー』（1814）を皮切りに、スコットランドの過去に題材を求めた『供養老人』（1816）、『ロブ・ロイ』（1817）、『ミドロジアンの心臓』（1818）といった歴史小説を発表して人気を博した。『アイヴァンホー』（1820）では舞台を中世のイングランドに移し、歴史小説の射程を広げているが、対立する２つのヴィジョンの葛藤を追求するという姿勢は一貫している。

[R]evenge, the sweetest morsel to the mouth that ever was cooked in hell!

復讐というのは、口に入れると最も甘やかなご馳走である——もっとも、地獄で調理されたご馳走ではあるが。

The Heart of Midlothian

- 詩人としても名高い。1813年にはイギリス国王ジョージ４世から桂冠詩人としての地位を打診されたが、「このような地位は〈毒杯〉になりかねない」として固辞した。
- スコットランド銀行が発行する５種類の紙幣にはすべてウォルター・スコットの肖像画が描かれている。かつて低額紙幣の発行が禁じられようとした際、新聞への投書により未然に防いだことに由来。

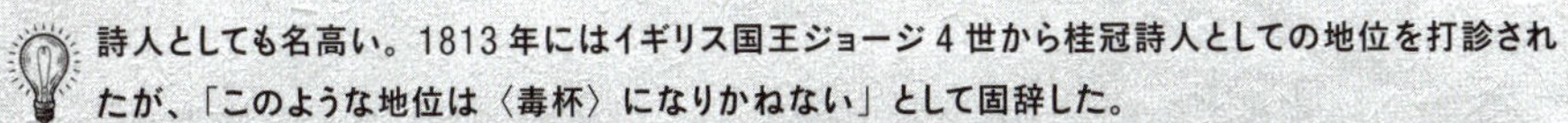

3行で読む ウォルター・スコット『ミドロジアンの心臓』

- ジーニー・ディーンズの妹エフィが嬰児殺しの容疑で刑務所に投獄されている
- 実はエフィは無実であったが、裁判の結果、死刑を宣告されてしまう
- 姉のジーニーは恩赦を乞うべくエディンバラから王室の住まうロンドンまで徒歩で向かう

No. 13

Frankenstein; or, The Modern Prometheus

by **Mary Shelley**

... I slept, indeed, but I was disturbed by the wildest dreams. I thought I saw Elizabeth, in the bloom of health, walking in the streets of Ingolstadt. Delighted and surprised, I embraced her, but as I imprinted the first kiss on her lips, they became livid with the hue of death; her features appeared to change, and I thought that I held the corpse of my dead mother in my arms; a shroud enveloped her form, and I saw the grave-worms crawling in the folds of the flannel. I started from my sleep with horror; a cold dew covered my forehead, my teeth chattered, and every limb became convulsed: when, by the dim and yellow light of the moon, as it forced its way through the window shutters, I beheld the wretch——the miserable monster whom I had created. (Vol. Ⅰ, chap. 5, 1831 edition)

❖ **in the bloom of:** ～の真っ盛りで ❖ **embrace:** ～を抱きしめる ❖ **imprint:** ～を押す、刻む
❖ **livid:** 土気色の ❖ **hue:** 色 ❖ **corpse:** 死体 ❖ **shroud:** 経帷子（きょうかたびら）
❖ **envelope:** ～を包む、覆う ❖ **crawl:** 這う ❖ **fold:** 襞（ひだ） ❖ **dew:** 露、しずく
❖ **chatter:** がたがた鳴る ❖ **limb:** 手足 ❖ **convulse:** ～を震動させる ❖ **dim:** ぼやけた
❖ **force *one's* way:** 突き進む ❖ **behold:** ～を見る ❖ **wretch:** 哀れな人

l.1 ***I thought I saw ...*** ***I thought ...*** は「…だと思ったのに、そうではなかった」といった内容になることが多い。ここでも、「実際には母の死体だった」という話が続いている。

l.4 ***they became livid ...*** この ***they*** は直前の複数名詞 ***lips*** を指す。

l.9 ***when, by ..., as ..., I beheld the wretch*** ***when*** 節内に ***by ...*** という前置詞句と ***as ...*** という副詞節が挿入されている。

『フランケンシュタイン、あるいは現代のプロメテウス』

メアリ・シェリー

…実際眠りはしたのですが、途方もなく狂気じみた夢に妨げられました。生き生きとバラ色に輝くエリザベスがインゴルシュタットの街を歩いているところを夢に見たのです。喜びと驚きで彼女を抱きしめましたが、彼女の唇に初めて自分の唇を強く押し付けた途端に、それは死の色を帯びて鉛色となってしまいました。目鼻立ちも変わってしまったようで、愛しい母の死体を腕に抱いている気がしました。経帷子が彼女の体を覆い、そのフランネルの襞のなかを蛆虫が這いまわっているのが見えました。私は恐怖ではっと飛び起きました。額は冷汗にまみれ、歯はガチガチと鳴り、手足は痙攣(けいれん)を起こしていました。とそのとき、黄色い朧(おぼろ)な月光が窓の鎧戸の隙間から差し込んできて、私はあいつを——私が創り出したあの卑しい怪物を目にしたのです。

解説

生物創造という大事業に成功した瞬間、ヴィクターは生命の誕生に感極まるどころか、その容貌の醜さに嫌悪しか覚えず、部屋を飛び出して眠りの中に逃避する。無意識の領域が顔を覗かせる夢は、小説にとって有効な装置となりうる。(ゴシック小説のなかには、M・G・ルイス作『マンク』のように、夢の中でしか許されない欲望が本編を覆いつくしている稀有な例もあるが)欲望の一端が垣間見えることで、解釈の多様性が生まれる。婚約者エリザベスへの初めての口づけが死の烙印となるのは、ヴィクターとの結婚式の夜、彼女が怪物に殺されることの前兆とも読める。そのエリザベスは、ヴィクターにとって愛する母の死を招いた張本人でもある(猩紅熱(しょうこうねつ)に罹ったエリザベスを看病して、母は落命する)。一方で、母もエリザベスも、ヴィクターをこれほど恐怖させる「出産」をおこなう力を秘めた存在である。蛆虫に食われる死体のイメージは、近しい人々を次々と亡くした作者メアリ・シェリーの脳裏に取り憑いた悪夢であったとしても不思議ではない。

あらすじ

メアリ・シェリー
『フランケンシュタイン、あるいは現代のプロメテウス』

自然科学の領域に関心を抱くヴィクター・フランケンシュタインは、自然法則の解明への欲望が高じて、死体の断片から命あるものを生み出す実験に密かに没頭する。しかし超人的な力をもつ巨大で醜悪な怪物に命が宿るのを見た瞬間、ヴィクターは嫌悪と恐怖でその場を逃げ出し、神経症の病に倒れる。回復したヴィクターの前に現れた怪物は、その醜さゆえ、行く先々で人々から痛めつけられた辛苦の日々を語り、自分の伴侶となる女性の怪物の創作を要求する。一度は同意したものの、その行為がもたらす未来図――怪物の種族の繁栄――を想像した途端に新たな恐怖にかられたヴィクターは、女性の怪物を打ち砕く。激怒した怪物は、ヴィクターの友人、婚約者を次々と殺害。今度は復讐心にかられたヴィクターが怪物を北極まで追跡し、そこで出会った探検家のウォルトンに事情を明かすと、怪物の殺害を託して絶命する。怪物はヴィクターの死を確認後、自死を仄めかして暗闇のなかに消えていく。

枠物語
Frame Story

ひとつの語りのなかに別の語りを埋め込む、もしくは入れ子状の構造を持つ物語のこと。声の**多重性**、語りの**多義性**がしばしば論点となる。本作ではヴィクターの語りが物語の大部を占めるが、そこには怪物の語りが埋め込まれており、その全体が聞き手であるウォルトンの語りに包摂されている。ウォルトンはこの話をイングランドにいる姉に書き送っており（彼女は登場せず、手紙の受け手として存在するのみ）、大枠の部分は**書簡体**という体裁をとっている。

代補
Supplément

本作はウォルトンが姉に宛てた数通の手紙のあとにヴィクターの語りが展開され、最後は再びウォルトンの手紙で締め括られる。物語の本体がこの箇所だとすると、1818年版に付されたP・B・シェリーによる序文および1831年版に付されたメアリ・シェリーによる序文は、**テクストを補足する**部分、ジャック・デリダの用語を借りれば**代補**（シュプレマン）に相当する。代補は不足を補うことで本体を充実させると同時に、本体がそれだけでは不完全であることを示唆する。

考えるヒント ▶ゴシック・ロマンス

メアリ・シェリー（1797-1851） *Mary Shelley*

無政府主義の政治思想家ウィリアム・ゴドウィンと、男女同権を唱える社会思想家メアリ・ウルストンクラフトの間に生まれる。結婚制度に否定的な両親はメアリ誕生の5か月前に入籍、ウルストンクラフトはメアリ出産後10日で死亡。ゴドウィンの思想に共鳴するパーシー・ビッシュ・シェリーと恋に落ち、16歳でフランスに駆け落ちする。1816年に義妹のクレア・クレアモントも加わり、ジュネーヴのバイロンの別荘で怪奇譚を手掛けるという余興が『フランケンシュタイン』誕生のきっかけとなる。同年パーシーの妻が入水自殺を図り、メアリとパーシーは正式に結婚する。1818年に『フランケンシュタイン』を出版、夫妻はイタリアに移るが、1822年にパーシーが乗船中に嵐に遭遇して溺死し、浜辺で荼毘に付される。帰国後メアリはパーシーの伝記や詩の編纂に携り、1831年出版の『フランケンシュタイン』第三版の序文で本作執筆の経緯を明らかにする。脳腫瘍により53歳で死去。

[T]o be cheerful & content in the daily routine of life is the best destiny afforded to Mortals.
代わり映えのしない日々を楽しく満足して過ごすことが、人間に与えられた最良の運命である。

The Journals of Mary Shelley

トリビア

パーシーとの子どもを5人身籠るが、ひとりを除き全員流産もしくは誕生後数日～数年以内に死亡。1816年にはウルストンクラフトの連れ子で私生児のファニー・イムレイ、パーシーの妊娠中の妻ハリエットが立て続けに自殺する。

『フランケンシュタイン』初版は1818年に匿名で出版され（序文はP・B・シェリー）、作者はパーシーという噂が流れるが、1823年の第二版で作者が明かされる。少なからぬ修正とメアリによる序文の加えられた1831年出版の第三版が、現在底本として流通している。

3行で読む　メアリ・シェリー『マチルダ』

- 私の出産で母は死亡、失意の父は放浪の旅に出て、私が16歳のときに帰国する
- 孤独な私の人生は愛と喜びに溢れるが、じきに父は私を忌むかのように出奔する
- 父が私に禁忌の愛を抱いていたと知った私は、自らの死が近いことを友人に書き送る

No. 14

The Private Memoirs and Confessions of a Justified Sinner: Written by Himself: With a detail of curious traditionary facts and other evidence by the editor

by James Hogg

With regard to the work itself, I dare not venture a judgment, for I do not understand it. ... That the young Laird of Dalcastle came by a violent death, there remains no doubt; but that this wretch slew him, there is to me a good deal. However, allowing this to have been the case, I account all the rest either dreaming or madness; or ... a religious parable, on purpose to illustrate something scarcely tangible .... Were the relation at all consistent with reason, it corresponds so minutely with traditionary facts that it could scarcely have missed to have been received as authentic; but in this day, and with the present generation, it will not go down that a man should be daily tempted by the Devil ... and at length lured to self-destruction ....

❖ **dare:** あえて〜する ❖ **venture:** 思い切って〜をする ❖ **come by:** 〜を受ける、蒙る
❖ **wretch:** 人でなし ❖ **slew<slay:** 〜を殺害する ❖ **case:** 事実、真相
❖ **account *A B*:** A を B と見なす ❖ **parable:** 寓話 ❖ **tangible:** 明白な、確実な
❖ **at all:** すこしでも、いやしくも ❖ **consistent:** 一貫した ❖ **correspond:** 合致する
❖ **minutely:** 詳細に ❖ **traditionary:** 伝統的な ❖ **authentic:** 正真正銘の
❖ **go down:** 受け入れられる、認められる ❖ **tempt:** 〜をそそのかす ❖ **lure:** 〜を誘惑する

l.2 *That ... by a violent death, there remains no doubt;* 文頭の ***that*** は ***doubt*** につながる ***that*** 節を導くもので、「〜という疑い」といった意味。

l.4 *a good deal* 後に ***of doubt*** が省略されている。

l.4 *allowing this to have been the case* 分詞構文で、「事実だと認めるにしても」と【譲歩】を表す。

l.6 *Were the relation at all consistent with reason* 主語と動詞の倒置による ***if*** の省略。

『義とされた罪人の手記と告白』

ジェイムズ・ホッグ

この著作自体については判断を差し控えたい。どうにも理解しかねるのである。…ダルカースル若領主がむごたらしい死に方をしたことに疑いの余地はないが、この哀れなろくでなしが彼を殺害したのかどうか、わたしにははなはだ疑問に思われる。しかし、それは事実だったと認めてもいい。だが、他の部分は夢か狂気の産物であるとしか思えない…或いは宗教的な寓話なのだが、そこで例証せんと意図した教義が我々にはどうにも理解しがたいものだったということだろうか…。ここで語られていることが多少とも理にかなっているのであれば、内容は細部に至るまで口承の事実と一致しているので、まず間違いなく本当のこととして受け取られただろう。しかし今日、われわれ現代人にとって、人間が日ごと悪魔に唆され、…ついには自殺も辞さないまでになるなどという話は到底受け入れられるものではない…。

解説

本作の結末部分である。編者は『ブラックウッズ・マガジン』が掲載したホッグの手紙を読む。そこには100年以上前に自殺した若者の墓について、遺骸が少しも腐敗していなかったという奇妙な言伝えが記されている。ホッグは読者を誑(たぶら)かすのが巧みだからと警戒しながらも、興味を惹かれた編者は、その手紙を全文引用し、さらに自らその墓を掘り起こして、本書の本体とも言うべき「義とされた罪人の手記と告白」を手に入れるのである。ここでの書きぶりから編者が合理精神（reason）を信奉していることは明らかだが、そうした編者がこの著作は理解できないと告白し、判断を保留しているのが興味深い。「罪人」ロバートの述べた内容をいかに合理的に解釈したらいいのか、方向の定まらない編者は本書の大方の読者の気分を代弁する。作中に登場する羊飼いホッグは、編者に向かって雑誌に送った手紙を「世迷い事（a queer fancy）」だと言ってはばからないのだから。

あらすじ

ジェイムズ・ホッグ『義とされた罪人の手記と告白』

「義とされた罪人」たるロバート・ウリンギムが「自ら記した手記と告白」をサンドイッチのように、編者の語る「口承で伝えられてきた奇妙な事実やその他の形跡についての詳細」が挟む。前者はほぼ自伝で、神に選ばれたと自認するロバートが何をしても神に見放されることはないという極端なカルヴァン主義に傾き、不信心者の(異父)兄を殺し、次第に悪魔らしき超自然の存在に取り憑かれて破滅していく経緯を記す。信仰に忠実であることを主張するその語りには、しかし、世俗的な肥大した自己愛や兄への嫉妬が仄見(ほのみ)える。一方、近代的な合理主義者たる編者は、そうした超自然の物語を信じることなく、ことあるごとに、一見超自然と思える現象についても合理的に説明が可能であると「詳しく」述べるが、すべてに説明がつくわけではない。匿名で出版され、ホッグは作中人物として登場して編者を嘲笑するというメタフィクション的仕掛けも、合理的思考の万能性に疑問を投げかける。

幻想
Fantastic

ツヴェタン・トドロフの用語。**ゴシック・ロマンス**において、恐怖を伴う奇怪な出来事をあくまで超自然の現象として提示する場合と、最後にそれに対する合理的説明を提供する場合とがある。本作は、編者によるある程度説得力のある合理的説明が与えられるが、それで謎がすべて解消されるわけではないという点で、読者にどう解釈すべきか**「ためらい」**を強要する。そこには当時のエディンバラの都会趣味に対する作者の屈折した思いが窺われる。

著者、編者、作者
Writer, Editor, Author

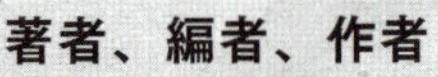

罪人ロバートが著した「手記と告白」の原稿を編者が発見し、出版したという形式を持つ本書の作者はジェイムズ・ホッグである。**語り/騙り**の装置として、超自然の出来事を記した「草稿」を本体に、編者による「草稿」発見の経緯を説明する前書き(に類するもの)を枠(p.58参照)として置くのはゴシック・ロマンスの常套だが、本作では個性を与えられた編者の記述が増幅して「語り」になり、そこに**「作者」**まで登場するところが凡百のゴシック作品と異なる点である。

考えるヒント ▶羊飼い ▶語る編者

ジェイムズ・ホッグ (1770?-1835) *James Hogg*

スコットランド南部、イングランドとの国境に近いエトリック・フォレストに生まれ、子どものときから牛飼い、羊飼いとして働きながら、独学で文学に親しむ。スコットランド国境地方のバラッドを収集していたウォルター・スコットの知遇を得て、エディンバラの文人たちと交わるようになり、月刊誌『ブラックウッズ・マガジン』の創刊（1817）に協力した。ワーズワスなどとも交友が生まれ、物語詩『女王の祝祭』（1813）が出世作。散文作品も多いが、『ブラックウッズ・マガジン』に1822年より連載された文人たちの架空の座談会、『アムブロウズ亭夜話』に「エトリックの羊飼い」として登場、その不躾な言動によって人気者となり、それが彼の渾名となった。ほとんど別人の筆によるその人物造型が長年ホッグ像を規定していたが、本作『義とされた罪人の手記と告白』（1824）が20世紀末よりポストモダン小説にしばしば言及、引用されたことを契機に、高く評価されるに至った。

We are all subjected to two distinct natures in the same person.
我々は誰もが自分のなかの相異なるふたつの本性に支配されている。

The Private Memoirs and Confessions of a Justified Sinner

トリビア

ウォルター・スコットとは約30年にわたって親交を深めた。スコットの死後、ホッグは回想録を執筆したが親族の反発を招いたため、ニューヨークで出版された。

2013年にノーベル文学賞を受賞したカナダ人作家アリス・マンローは出自をたどる著作のなかで、高祖父のさらに祖父にあたる人物がホッグの母方の叔父であるとしている。

3行で読む ジェイムズ・ホッグ『ボズベックのブラウニー』

- 舞台は主教制支持の王党派軍に追われた長老制支持の盟約派の人々が身を隠す国境地方
- かれらに同情し、援助したウォルター・レイドローは裁判にかけられるが、放免される
- 人々を助けた妖精ブラウニーの仕業の謎も明らかとなり、多くの対立の解消が暗示される

No. 15

Jane Eyre

by **Charlotte Brontë**

… Women are supposed to be very calm generally: but women feel just as men feel; they need exercise for their faculties, and a field for their efforts as much as their brothers do; they suffer from too rigid a restraint, too absolute a stagnation, precisely as men would suffer; and it is narrow-minded in their more privileged fellow-creatures to say that they ought to confine themselves to making puddings and knitting stockings, to playing on the piano and embroidering bags. It is thoughtless to condemn them, or laugh at them, if they seek to do more or learn more than custom has pronounced necessary for their sex. (Chap. 12)

❖ **faculty:** 能力　❖ **rigid:** 厳格な　❖ **restraint:** 束縛、制限　❖ **stagnation:** 停滞
❖ **narrow-minded:** 偏狭な　❖ **privileged:** 特権のある　❖ **confine *A* to *B*:** A を B に閉じ込める
❖ **embroider:** ～に刺繍をする　❖ **condemn:** ～を非難する　❖ **seek to *do*:** ～しようとする
❖ **pronounce:** 宣言する

l.3 ***too rigid a restraint, too absolute a stagnation***　***too***の後なので、〈***too***＋形容詞＋不定冠詞＋名詞〉という語順になっている。

l.5 ***their more privileged fellow-creatures***　「女性より多くの特権を持つ同胞」、つまり「男性」のこと。

l.8 ***more than custom has pronounced necessary for their sex***　この ***than*** は擬似関係代名詞と呼ばれる用法で、ここでは ***has pronounced*** の目的語を兼ねている。

『ジェイン・エア』

シャーロット・ブロンテ

…一般に女性は静かで穏やかだと思われている。しかし男性がそうであるように女性にも感情がある。男兄弟同様、女性も自分に備わっている能力を発揮する必要があり、力を傾ける場が必要である。厳しすぎる束縛や動きのなさすぎる状態に男性が苦しむのとまったく同じで、女性も苦しむのである。女はプディングを作ったり、靴下を編んだり、ピアノを弾いたり、手提げ袋に刺繍をしたりしていればいいというのは、女性よりも多くの特権を与えられている男性の偏狭な言い草にすぎない。慣習が認める以上のことをしたい、学びたいと願う女性を非難したり嘲ったりするのは、思いやりに欠ける愚かな行為である。

解説

自伝形式をとる本作では、冒頭10歳のジェインがロチェスターと結婚して10年後、すなわち30歳になるまでの出来事が主観的に語られる。語り手は30歳のジェインであり、物語の途中で時折現在形のコメントを差しはさむ。家庭教師としてソーンフィールド邸に到着した18歳のジェインが、主人のロチェスター不在のなか、平穏な生活に飽き足らず、屋敷を散策しては窓の外の未知の世界へと欲望を募らせるこの場面では、30歳のジェインが、劣位に置かれ軽視された女性の義憤を直球で語る。ジェンダー間の不公平を当然のものとする慣習に向けられたジェインの怒りが社会的広がりをみせ、フェミニズム批評の関心を殊更に呼ぶ所以である。この台詞を裏切るかのようなエンディング――ジェインは男性と同等の力を発揮する格好の機会となるはずであったシン・ジョンとのインド行きを拒絶し、ロチェスターのもとへと無我夢中で舞い戻る――の問題も含め、ジェインの語りを特徴づけるのは、激情と矛盾である。

あらすじ

シャーロット・ブロンテ『ジェイン・エア』

孤児のジェイン・エアは母方の親類に引き取られるが、伯母や従兄姉からの仕打ちに反抗し、劣悪な環境の寄宿学校に追いやられる。テンプル先生やヘレン・バーンズとの出会いを経て、ソーンフィールド邸で家庭教師の職を得たジェインは、雇い主の冷笑的で荒々しいロチェスターに魅惑され、結婚を承諾する。結婚式当日、ロチェスターに西インド諸島出身で狂女の妻バーサ――ジェインの分身とも言える――が存在していたことが発覚。屋敷を出たジェインは荒野を彷徨い、父方の従兄姉にあたる牧師のシン・ジョン・リヴァーズとその妹ふたりに救われる。布教活動のためにインドへ旅立つシン・ジョンから強引な求婚を受けたそのとき、ジェインはどこからともなく彼女を呼ぶ声を耳にし、ロチェスターのもとに駆け付けてみると、火事で焼け落ちた屋敷は廃墟と化し、火を放ったバーサは投身自殺を図っていた。火事で大怪我を負い、隠遁生活を送っていたロチェスターとジェインはようやく結ばれる。

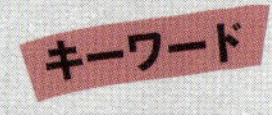

読者への呼びかけ
Addressing the Reader

一人称の語り手の場合、読者はその語り（たとえ嘘が混じっている騙りであったとしても）にややもすれば誘導されがちであるが、本作の語り手ジェインはそれに加えて、繰り返し**読者に直に訴えかける**ことで読者を巻き込み、その**共感**を勝ちとろうとする。本作でもっとも有名な呼びかけの例は、最終章の冒頭部における ジェインの（勝利宣言とも響く）報告――Reader, I married him.「読者よ、私は彼と結婚した」――だろう。

女家庭教師
Governess

上・中流の家庭に住み込み、屋敷の子女に礼儀作法や学業、絵やピアノといった技芸を教える女性を指す。良家の出身ながら、よんどころない事情で生活の資を稼がねばならなくなった女性たちが就く職業としては、**もっとも望ましいもの**であった。のちにジェインがシン・ジョンのつてで貧民の子どものための学校教師となったときの年俸は30ポンド。実はロチェスターの屋敷での家庭教師の年俸も同額である。だが、立派な屋敷で令嬢たちと交わる家庭教師のほうが（たとえ実情は悲惨であっても）学校教師よりも**外面のよい職**とみなされた。

考えるヒント ▶分身

シャーロット・ブロンテ（1816-55） *Charlotte Brontë*

イングランド北部ヨークシャーの僻村で牧師を務める父パトリックのもと6人姉弟妹の3女として生まれる。母と姉ふたりを幼いころに亡くし、気候の厳しい荒野で弟妹たちと空想の世界に遊び、弟のブランウェルと「アングリア王国」の物語を創作する。1844年には念願の学校を開くが、生徒が集まらず頓挫。1847年にシャーロット、エミリー、アンはそれぞれカラー、エリス、アクトン・ベルという筆名で小説を発表する。シャーロットの処女作『教授』は死後出版となるが、『ジェイン・エア』（1847）は世間の評判を呼ぶ。翌年には、問題児であった弟のブランウェルに続き、エミリー、アンが早逝するなか、『シャーリー』（1849）を発表。1853年に出版された『ヴィレット』には、40年代前半に2年間ベルギーの語学学校で生徒兼教師として過ごした体験の影響がみられる。1854年に、父パトリックのもとで副牧師を務めていたA・B・ニコルズと結婚し妊娠するも、数か月後に死亡。

I am no bird; and no net ensnares me: I am a free human being with an independent will ...
わたしは鳥ではないから、どんな網にもかからない。わたしは自分自身の意志をもった自由な人間なのだ…

Jane Eyre

トリビア

『ジェイン・エア』の筆名での出版は様々な憶測を呼ぶ。作者は男性であると考える向きも多く、また第二版出版にあたり、シャーロットが尊敬する作家のW・M・サッカレーに精神を病んだ妻がいることを知らないまま彼への献辞を載せたことから、怪しげな噂が流れたりもした。

ドミニカ生まれの作家ジーン・リースが『ジェイン・エア』のなかで声を奪われた存在としてのバーサを主人公に据えた語り直しとも言うべき『サルガッソーの広い海』（*Wide Sargasso Sea*, 1966）は、フェミニズムやポストコロニアリズムの批評の注目を浴び、見落とされてきた女性作家リース再評価の契機となった。

3行で読む シャーロット・ブロンテ『ヴィレット』

- 語り手のルーシー・スノウは名付け親ミセス・ブレットン宅に預けられる
- ベルギーのマダム・ベックの学校に雇われたルーシーは教師のポールに惹かれる
- マダム・ベックの妨害で西インド諸島に追われたポールは、帰国途上で遭難する

No. 16

Wuthering Heights

by Emily Brontë

... "Where is she? Not *there*——not in heaven——not perished——where? Oh! you said you cared nothing for my sufferings! And I pray one prayer——I repeat it till my tongue stiffens——Catherine Earnshaw, may you not rest, as long as I am living! You said I killed you——haunt me, then! The murdered *do* haunt their murderers. I believe——I know that ghosts *have* wandered on earth. Be with me always——take any form——drive me mad! only *do* not leave me in this abyss, where I cannot find you! ... I *cannot* live without my life! I *cannot* live without my soul!"

He dashed his head against the knotted trunk; and, lifting up his eyes, howled, not like a man, but like a savage beast getting goaded to death with knives and spears. (Vol. Ⅱ, chap. 2)

❖ **perish:** ～を殺す、死ぬ ❖ **stiffen:** こわばる、硬くなる ❖ **abyss:** 奈落の底
❖ **dash:** ～を叩きつける ❖ **knotted:** 瘤のある ❖ **trunk:** 木の幹 ❖ **howl:** 吠える
❖ **savage:** 野蛮な、獰猛な ❖ **goad:** ～を突く

l.1 ***Not there——not in heaven——not perished*** それぞれ、***She is*** が省略されている（***She is not there / She is not in heaven / She is not perished***）。

l.2 ***I pray one prayer*** ***pray*** の目的語が派生語の ***prayer*** になっているが、このような目的語を「同族目的語」と呼ぶ（例：***die a painful death***「苦しんで死ぬ」、***laugh a big laugh***「大笑いする」）。

l.5 ***The murdered do haunt their murderers.*** ***the murdered*** は「殺された者たち」という意味。〈***the*** ＋過去分詞〉は「～された人々」という意味を表し、この過去分詞は形容詞的な働きをしている。この ***do*** は強調の助動詞。

l.10 ***a savage beast getting goaded to death*** ***a savage beast*** のあとに ***which was*** が省略されていると解釈できる。〈***get*** ＋過去分詞〉は「～される」の意味。

『嵐が丘』

エミリー・ブロンテ

「…お前はどこにいる？　あそこじゃない――天国にはいない――朽ち果ててはいない――どこだ？　ああ！　お前は俺の苦しみなど気にもかけないと言ったな！　それなら俺はただひとつのことしか祈らない――舌がこわばるまでその祈りを繰り返してやる――キャサリン・アーンショウ、俺が生きているかぎり安らかに眠るな！　俺がお前を殺したと言ったな――ならば俺に取り憑け！　殺された者は殺した者に取り憑くと決まっている。俺は知っている、亡霊たちがたしかに地上を彷徨っていることを。ずっと俺と一緒にいてくれ――どんな姿をしていてもいい――俺を狂わせてくれ！　お前の姿が見えないこのどん底に俺を置き去りにだけはしないでくれ！　…自分の命なくして生きるなんて無理だ！　自分の魂なしに生きるなんてどうやっても無理だ！」

彼は瘤だらけの木の幹に頭を打ちつけた。そして目を上に向けると吠えるように呻いた。その声は人間のものではなく、短剣や槍で突かれ殺されかけている野獣のようであった。

解説

3年間の空白を経て再登場したヒースクリフは、ヒンドリー・アーンショウをギャンブルと酒で死に追いやり、誑かして妻にしたイザベラ・リントンを暴力でいたぶる。彼が企てる復讐の破壊的猛威はエドガーと結婚したキャシーにも打撃を与え、脳炎に罹った彼女は娘を出産後、絶命する。天国で安眠するなかれというヒースクリフの絶叫は、その冒涜的な内容にもかかわらず、肉欲といった俗世的要素を完全に免れ、かくも超俗的な響きを帯びている。ふたりにとっての天国とは聖書でいうところの「天国」ではなく、幼い彼らが動物の仔のように転げ回っていたこのヒースという地である。本作のエンディングでヒースを彷徨うキャシーとヒースクリフの亡霊は、自分たちだけの「天国」になんとしてでも辿り着こうとする執念と不屈の精神によって、孤高の高みを獲得している。

あらすじ

エミリー・ブロンテ『嵐が丘』

スラッシュクロス・グレンジの借家人ロックウッド氏は、ワザリング・ハイツに住む家主のヒースクリフに興味を持つ。家政婦のネリー・ディーンは、かつてワザリング・ハイツの所有者であったアーンショウ家とスラッシュクロス・グレンジの住人であったリントン家の三代に亘る因縁話をロックウッドに語って聞かせる。商用でリヴァプールに出向いたアーンショウ氏は野生児さながらの孤児を連れ帰り、ヒースクリフと名付けて可愛がる。氏の死後、息子のヒンドリーはヒースクリフを苛め抜くが、娘のキャシーとヒースクリフの間には強烈な絆が芽生える。粗暴なキャシーはヒースクリフとの合一性を自覚しつつも、上品なリントン家の息子エドガーと結婚。3年間の失踪期間を経て成功者として帰還したヒースクリフは、娘を出産後に絶命したキャシーへの狂気じみた愛に取り憑かれたかのように、キャシーの娘、ヒンドリーの息子、自らとイザベラ（エドガーの妹）の息子を巻き込む壮絶な復讐劇を開始する。

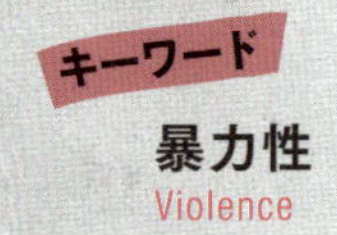

暴力性
Violence

冒頭ワザリング・ハイツを訪れたロックウッド氏は喉元を猛犬に噛みつかれ、直後に窓の外から彼の腕を掴んでくる幼いキャシーの手首を窓ガラスに擦り付け血まみれにする夢を見る。ヒンドリーからしたたかに殴られて育ったヒースクリフは、成長後翻って子どもたちに暴力の矛先を向け、さらには自らの頭を血飛沫が出るほど強く木に打ちつけるような自虐的行為にも及ぶ。本作は、**激しい暴力が身体に及ぼす疼痛**を随所で読者に意識させる。

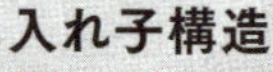

入れ子構造
Chinese Boxes

本作の特徴のひとつは、ゴシック小説的な**語りの入れ子構造**（アーンショウ家とリントン家の物語をネリーがロックウッド氏に話して聞かせる）にあるが、この入れ子形式は屋敷の構造にも当てはまる。例えばワザリング・ハイツの中になかなか入れず、回り道を経てようやく内部に入りこんだロックウッド氏は、今は亡きキャシーの部屋に案内され、そこで密室のような箱形ベッドの中に入って眠り、キャシーが登場する悪夢にうなされる。

考えるヒント　▶枠物語

エミリー・ブロンテ (1818-48) *Emily Brontë*

6人姉弟妹の4女として生まれ、母や姉たちを次々に失うなか、特に妹のアンと仲が良く、ふたりでゴンダルという空想の世界の創作に没入する。学校には数年通ったのみで、ほとんど自宅で教育を受け、姉妹たちの誰よりも生まれ故郷の荒野に強烈な愛着を抱く。1842年に姉のシャーロットとブリュッセルの学校で9か月間過ごすが、母親代わりの伯母の死の知らせを受けて実家に戻り、以後ハワースの実家に留まる。1847年にエリス・ベルという筆名で発表した『嵐が丘』は、復讐のプロットが生み出す暴力的で陰鬱な独特の雰囲気が世に受け入れられなかったが、死後、彼女の唯一の小説であるこの作品が、エミリーに作家としての揺るぎない地位をもたらす。孤独を愛するエミリーは、詩においても孤高の感受性と宗教観でその独自性を発揮する。1848年に一家の問題児であった兄のブランウェルが結核で亡くなった数か月後、同じ病により他界する。

I am quite contented for myself——not as idle as formerly, altogether as hearty and having learnt to make the most of the present and hope for the future ...
自分のことについていうなら私は結構満足していて、以前のように怠けていないし、すっかり元気で、今を大切にし、未来に期待をかけることを学んだ…

'Diary Paper July 1845'

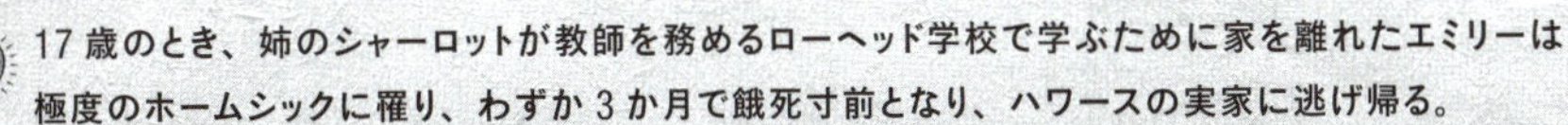

17歳のとき、姉のシャーロットが教師を務めるローヘッド学校で学ぶために家を離れたエミリーは極度のホームシックに罹り、わずか3か月で餓死寸前となり、ハワースの実家に逃げ帰る。

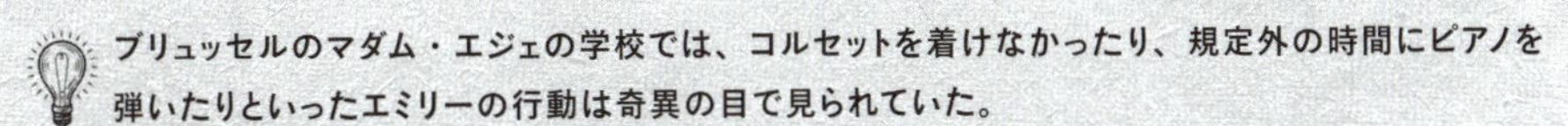

ブリュッセルのマダム・エジェの学校では、コルセットを着けなかったり、規定外の時間にピアノを弾いたりといったエミリーの行動は奇異の目で見られていた。

水村美苗の『本格小説』(2002)は、日本版『嵐が丘』である。

3行で読む アン・ブロンテ『ワイルドフェル・ホールの住人』

- 農場経営者ギルバート・マーカムは近隣の館に越してきた謎の女性ヘレンに恋をする
- 館の主人との関係をギルバートに疑われたヘレンは、過去の秘密を記した日記を彼に渡す
- 身持ちの悪い夫の元を逃げ出してきたヘレンは、彼の死後、ギルバートと再婚する

No. 17 *East Lynne*

by Ellen Wood [Mrs Henry Wood]

... Scarcely were they seated, when some strangers came quietly up the aisle .... Barbara looked round with eagerness, but looked away again: they could not be the expected strangers, the young lady's dress was too plain. ... Miss Corny might have worn it herself on a week day ....

'Who in the world can they be?' whispered Barbara to Miss Carlyle.

'The earl and Lady Isabel.'

The colour flushed into Barbara's face, and she stared at Miss Corny. 'Why——she has no silks, and no feathers, and no anything!' cried Barbara. 'She's plainer than anybody in the church!'

'Plainer than any of the fine ones——than you, for instance.' ...

'She is very lovely,' thought Barbara, 'and her dress is certainly that of a lady. I wish I had not had this streaming pink feather. What fine jackdaws she must deem us all!'

(Chap. 7)

❖ **scarcely:** ほとんど〜ない　❖ **aisle:** 通路　❖ **eagerness:** 熱心さ　❖ **plain:** 地味な、質素な
❖ **earl:** 伯爵　❖ **flush:** 流れ込む、赤面する　❖ **fine:** 派手な服装の
❖ **streaming:** 波打つ、風になびく
❖ **jackdaw:** ニシコクマルガラス（孔雀の羽根で身繕いして失敗するという寓話から、「見栄っ張り」「自惚れた気取り屋」の意）
❖ **deem *A B*:** A を B とみなす

---

l.1 ***Scarcely were they seated***　準否定語の ***scarcely*** が文頭に移動したことで倒置が起こっている。

l.4 ***Miss Corny might have worn ...***　仮定法で、主語の ***Miss Corny*** が「***Miss Corny*** だったら…」と条件節の代わりをしている。

l.5 ***Who in the world can they be?***　***in the world*** は「一体全体」という意味の挿入句。

l.8 ***and no anything***　***no A, no B*** の後で慣用句的に用いられる。

『イースト・リン』

エレン・ウッド

…彼らが席に着くか着かないうちに見かけぬ参列者が静かに通路を進んできた…。バーバラは首を回して目を凝らしたが、視線を元に戻した。心待ちにしている客人のはずはない、お嬢さんの服装が簡素すぎる。…あれならコーネリアが普段に着ていたっておかしくない…。
「あの人たちって誰なのかしら」バーバラは声を潜めてミス・カーライル（コーネリアのこと）に尋ねた。
「伯爵とご令嬢のイザベルよ」
　バーバラの顔がさっと赤く染まり、彼女はコーネリアを見つめた。「どういうこと、絹のドレスでもないし、羽飾りもつけていないし、何のおしゃれもしていないじゃない」とバーバラは叫んだ。「教会にやってきた誰よりも地味な服装だわ」
「これ見よがしにおしゃれをしている娘たちと比べるとね――例えば、あなたと」
「なんて可愛い人」とバーバラは思った、「それにあのドレスはたしかにご令嬢にぴったり。こんな気取ったピンクの羽飾りなんか着けてくるんじゃなかった。わたしたちのこと、なんとまあ気取った見栄っ張りの集まりかしらと思っているに違いないわ」

解説

ヒロインのイザベルが存命中の父と一緒に、アーチボルトやバーバラの暮らすウェスト・リンの教会を訪れる。アーチボルトに恋心を抱くバーバラは伯爵父娘が来るというので、精一杯のおしゃれをする。本作では中盤以降、予想とは反対のことの起きるのが世の習い（the rule of contrary）という状況がこのフレーズと共に強調されるが（真犯人は意外な人物というのが探偵小説の定型）、イザベルの装いに予想を裏切られたバーバラの驚きはそれを予兆する。一貫しておしゃれと無縁なコーネリアと対照的なバーバラだが、自らの派手なおしゃれに対する反省は、彼女の人間的な成長の契機となっているように読める。

あらすじ

エレン・ウッド『イースト・リン』

イースト・リンという地所の所有者である伯爵の娘イザベルは父の死後、財産を失い、その地所を買い取った弁護士アーチボルトと結婚する。子どもに恵まれるものの、義姉から冷たい仕打ちを受け、放蕩者の誘導によって、殺人犯と疑われて逃亡中の兄を持つバーバラと夫の仲を疑った挙句、その放蕩者と駆け落ちしてフランスに渡るが、子を宿したまま捨てられ、悔恨に苛まれるなか列車事故に遭遇。子は死に、自分も顔かたちが変わるほど重傷を負うが、一命を取り留め、その後、彼女は死んだと知らされていたかつての我が家（バーバラが後妻になっている）に変装して家庭教師として住み込む。母と名乗れない彼女の暮らしが続くうちに、殺人事件の真相が明らかになり、アーチボルトは国会議員へと出世するが、イザベルの長男が結核で死亡、衰弱していた彼女も最後に正体を告白して死ぬ。センチメンタルな家庭小説と探偵小説の先駆けとしてのセンセーション・ノヴェルの要素を兼ね備えた作品。

キーワード

おしゃれ
Fashion

殺人事件の被害者の娘でありながら真犯人の逃亡に手を貸すアフィが必死に外見を飾るが、玉の輿に乗りそこね、誠実な若者から愛想づかしされるという展開は、19世紀小説が描く**おしゃれに現を抜かす娘**のたどる典型的な境遇の一例だが、本作においてはおしゃれに対する姿勢とその人物の**徳性**との関係は、殺人犯の服飾へのこだわりにまで及んでいる。その一方、おしゃれを軽蔑するコーネリアが必ずしも肯定的に描かれていないところが興味深い。

メロドラマ
Melodrama

この小説を元にした芝居はヴィクトリア朝演劇の特徴であった**メロドラマ**の流行の一翼を担った。型にはまった人物像を配置し、時に強引でもあるセンセーショナルな筋立てによって読者や観客の感情を過剰に刺激するメロドラマ性に対し、洗練を気取る現代文化は否定的評価を下しがちだが、実は根底においてその魅力に惹かれていることは、多くの舞台、映画、TVドラマが証明しており、**小説の吸引力**も少なからずそこにあることをこの作品は例証する。

考えるヒント ▶センセーション・ノヴェル

エレン・ウッド（1814-87） *Ellen Wood*

ミセス・ヘンリー・ウッドとして執筆活動を行った。13歳のときに脊椎湾曲症が悪化し、大人になっても身体が弱かった。22歳で実業家のヘンリー・ウッドと結婚し、以後20年ほどフランスで過ごす。夫が事業に失敗して1856年に帰国し、おそらく家計を助けるために雑誌に短編を寄稿。しかし『イースト・リン』を『ニュー・マンスリー・マガジン』（1860年1月～61年9月）で連載を始めたとき、彼女はほとんど無名の存在だった。単行本化するに当たって出版社から断られてもいるが、いざ出版されると、稀に見るベストセラーとなった。話の展開が偶然に頼りすぎ、法律や政治についての記述に誤りもあるという欠点にも拘らず「極めて面白い」という当時の評が、この作品の人気の理由を言い当てている。以後多くの作品を書き、雑誌を編集、発行もしたが、彼女の名はもっぱらこの作品と結びついて残っている。

Were our duty always pleasant to us, where would be the merit in fulfilling it?
課された義務がつねに愉快なものであるならば、義務を果たすことに何の価値があるでしょう？

The Channings

幼少期より脊椎湾曲症を患っていた。作品の多くはリクライニングチェアに座って膝の上で書かれるか、後年になると特注の椅子と机を使って書かれたとされる。

メロドラマ的な小説で知られる一方で、幽霊や降霊術、呪いなど超自然的な現象を描いた怪奇小説を複数残している。

3行で読む　エレン・ウッド「現実か妄想か？」

- ダニエル・フェラーは婚約者マリアがいながら、フランスから来たハリエットと懇意に
- ダニエルがハリエットに金の鎖を贈っていたことを知り、狂乱に陥るマリア
- ダニエルは行方不明に。納屋で目撃されたはずの彼は、わずか数分後に縊死体で見つかる

No. 18

Great Expectations

by Charles Dickens

... As I shut [the book], Saint Paul's, and all the many church-clocks in the City——some leading, some accompanying, some following——struck that hour. The sound was curiously flawed by the wind; and I was listening, and thinking how the wind assailed and tore it, when I heard a footstep on the stair.

What nervous folly made me start, and awfully connect it with the footstep of my dead sister, matters not. It was past in a moment, and I listened again, and heard the footstep stumble in coming on. Remembering then, that the staircase-lights were blown out, I took up my reading-lamp and went out to the stair-head. Whoever was below had stopped on seeing my lamp, for all was quiet.

"There is some one down there, is there not?" I called out, looking down.

"Yes," said a voice from the darkness beneath. (Chap. 39)

❖ **strike:** 時を告げる ❖ **flaw:** ～を傷つける ❖ **assail:** ～を襲撃する
❖ **tore<tear:** ～を引き裂く ❖ **nervous:** 神経の ❖ **folly:** 愚かさ ❖ **start:** ぎくりとする
❖ **connect *A* with *B*:** A と B を結びつけて考える ❖ **stumble:** よろめく

---

l.6 ***What ... sister, matters not.*** ***What*** から ***sister*** までが主部（***start*** と ***connect*** が同格）で、***matters not***（= ***doesn't matter***）が述語動詞となっている第1文型。

l.7 ***I listened again, and heard the footstep stumble in coming on*** ***hear*** は知覚動詞で、〈***hear*** ＋目的語＋動詞の原形〉の形をとる。

l.11 ***on seeing my lamp*** ***on doing*** は「～するとすぐに」の意味で、「階下にいた人は、私のランプの明かりを見るやいなや…」ということ。

『大いなる遺産』

チャールズ・ディケンズ

…本を閉じたとき、セント・ポール大聖堂をはじめとしてシティ地区にある教会の時計がひとつまたひとつと、次々に11時を告げた。時計は風のせいで妙な音を響かせていた。私は耳を澄ませ、風が音に襲いかかってひどい痛めつけかたをしていると考えていた。そのとき階段のところで足音がした。

ばかみたいに怖気づいて私はぎくりとし、恐ろしいことに死んだ姉の足音を連想してしまったのだが、それは大したことではない。その連想は一瞬頭をよぎっただけで、再び耳を澄ませると、よろめきながら歩みが近づいてくるのが聞こえた。それで階段のランプの灯が消えていたことを思い出し、読書用のランプを手に取って部屋を出ると踊り場に出た。階段をのぼってこようとしていた人物は私のランプを目にして足を止めていたので、あたりはひっそりとしていた。

「そこに誰かいるんですか？」私は階下に向かって呼びかけた。

「いるよ」下の暗がりから声が聞こえた。

解説

田舎の鍛冶屋に納まるはずの少年ピップが、匿名の人物から思いがけず金銭的援助を得て、紳士になるべくロンドンに出る。浪費三昧の生活を送る彼が嵐の夜に自室で本を読んでいるこのシーンは、本作のクライマックスのひとつ――ストーリーのうえでもピップの精神的成長の軌跡においても――を成す。暗がりから聞こえてくる男の足音にピップは慄く。大荒れの戸外に比して、階段の上に立つピップの周囲は時が止まったかのようにしんと静まり返っている。その足音はピップが子どもの頃から封印してきた記憶の扉を叩く音であり、一面識もないとピップが思ったそのひとは、実はピップにこの上ない恐怖を植え付けた忘れようもない人物、まさにフロイトが言うところの〈不気味なもの〉そのものである。記憶の底に押し込められた強烈な不安は必ず回帰する。葬り去ったはずの、ゆえに知らないものと一見おもわれる〈それ〉は、実はとてもよく知っている馴染みのものなのだ。

あらすじ

チャールズ・ディケンズ『大いなる遺産』

強権的な姉と、その夫の実直な鍛冶屋ジョーのもとで暮らす幼いピップは、ある日恐ろしい風体の男に墓場で脅され、彼のために家からヤスリと食物を盗み出す。男は監獄船から脱走した囚人であった。奇妙な老婦人ミス・ハヴィシャムの屋敷に通い始めたピップは、そこでエステラという美少女に恋をする。若い頃、財産目当ての婚約者に騙されたミス・ハヴィシャムが世の男性に復讐するための道具として冷淡で残酷な娘に育てたエステラから無骨な労働者育ちを嘲笑されたピップは深く傷つくが、それでも彼女への憧れを断ち切れず、ジョーの職業を恥じずにはいられない。そんな折、匿名の恩恵者からの援助で紳士修行をする機会を得たピップは喜び勇んでロンドンに向かい、たちまち紳士風の贅沢に染まって、借金を重ねる。ミス・ハヴィシャムこそが恩恵者であると信じ、エステラとの結婚を夢見続けるピップのもとに突然現れたのは、ピップの記憶からとうの昔に消え去っていたはずのあの囚人だった…。

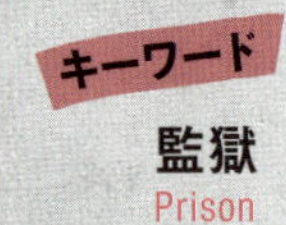

キーワード

監獄
Prison

ディケンズの小説において監獄の表象は珍しくないが、『大いなる遺産』では監獄から派生するイメージ——**囚人**、**足枷**、**首つり**、**監禁**等々—が網の目のように張り巡らされ、犯罪者でもないピップがなぜかそのイメージの連鎖に搦めとられる。なかでも、愛するエステラと対極のものとピップが考えていたニューゲイト監獄と、原風景として幼いピップに刷り込まれたハルク（監獄船）は、故郷を離れ上京した後も**罪の象徴**としてピップを苛み続ける。

変更された結末
Altered Ending

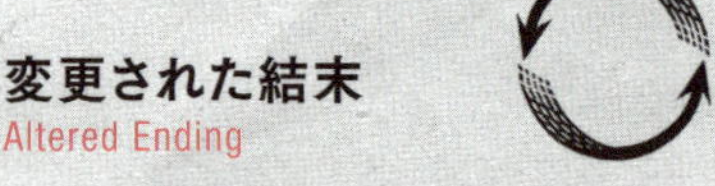

長編が主流の19世紀小説において、エンディングが持つ意味は大きい。**社会の慣習**、**倫理観**、**道徳観念との距離感を、各小説がどのように考えるか**が、エンディングのありかたに現れる。『大いなる遺産』のエンディング草稿では、ピップは再婚したエステラにばったり遭遇する。友人の小説家ブルワー＝リットンから、この形では読者を失望させると助言されたディケンズは、教養小説（p.138参照）的安定を感じさせる**結婚の可能性**を残した形に改稿した。

考えるヒント　▶犯罪小説　▶教養小説

チャールズ・ディケンズ（1812-70） *Charles Dickens*

イングランド南部の港町ポーツマスに８人姉弟妹の長男として誕生。1822 年に一家はロンドンに移るが、海軍経理局の事務官であった陽気な気質の父親は経済観念に乏しく、借財のため監獄に収監され、ディケンズの幼年期に暗い影を落とす。十分な学校教育を受けられず、ジャーナリズムの世界で新聞の報道記者として文筆業への糸口をつかんだディケンズは、『ボズのスケッチ集』『ピクウィック・ペイパーズ』に続いて 1837 年に長編小説『オリヴァー・トゥイスト』に着手し、ヴィクトリア朝を代表する作家として 60 年代半ば過ぎまで、短編を間に挟みながら、ほぼ間断なく長編小説の連載を続ける。その他、自作の朗読会、芝居、雑誌の編集・運営、慈善事業への積極的な取り組みなど八面六臂の活躍をみせる一方で、身内の金銭問題、結婚生活の破綻といった家庭の問題に恒常的に苛まれ、『エドウィン・ドルードの謎』執筆中の 1870 年に 58 歳で他界する。

I have always accepted them as the shadows inseparable from the light of my notoriety and success.
（嘘八百の流言飛語で傷つくこともあったが）そうしたことは成功して名前が売れるという光につきものの影なのだと、仕方なく受け入れてきた。

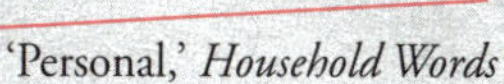

12 歳のころ、父親が債務者監獄に収監され、１年近く靴墨工場での勤務を余儀なくされた体験を深い傷として抱え、成人になってからも、ごく親しい関係者以外には打ち明けなかった。彼の小説の根底に淀んでいるのは、家族に対する複雑な感情である。

ディケンズの芝居への出演がきっかけで、彼の〈愛人〉（詳細は不明）となった 27 歳年下の女優エレン・ターナンとの旅行中に巻き込まれた列車事故は、ディケンズをこの上ない恐怖に陥れる。その出来事から５年後、まさに事故が起こった同日の６月９日に、ディケンズは息を引き取る。

3行で読む　チャールズ・ディケンズ『デイヴィッド・コパーフィールド』

- 母親の再婚で寄宿学校行きとなったデイヴィッドは、スティアフォースという友人を得る
- 憧れのスティアフォースに裏切られたデイヴィッドは、世間知らずのドーラに恋をする
- 結婚の失敗、スティアフォースの死を経てデイヴィッドは作家となり、真の愛を発見する

No. 19 *Lady Audley's Secret*

by **Mary Elizabeth Braddon**

It was so like and yet so unlike; it was as if you had burned strange-coloured fires before my lady's face, and by their influence brought out new lines and new expressions never seen in it before. The perfection of feature, the brilliancy of colouring, were there; but I suppose the painter had copied quaint mediæval monstrosities until his brain had grown bewildered, for my lady, in his portrait of her, had something of the aspect of a beautiful fiend. (Vol. Ⅰ, chap. 8)

❖ **bring out:** ～を引き出す、浮き彫りにする ❖ **expression:** 表情 ❖ **feature:** 顔立ち
❖ **brilliancy:** 輝き ❖ **quaint:** 奇妙な ❖ **mediæval:** 中世の ❖ **monstrosity:** 怪物
❖ **bewilder:** ～を混乱させる ❖ **fiend:** 悪鬼、悪霊

l.1 ***It was so like and yet so unlike*** ***so A and yet so B***は一種の決まり文句。***so near and yet so far***「近くに見えるのに、実際は手が届かない」のように、***A***と***B***は対語になる。

l.2 ***and by their influence brought out new lines ...*** 前文との共通要素である***you had***が省略されている（***you had brought out ...***）。

『レイディ・オードリーの秘密』

メアリ・エリザベス・ブラッドン

その肖像画はとてもよく似ているが、同時にまったく似ていなくもある。まるで奥方様の顔の前で奇妙な色の炎を燃やし、その作用によって、これまでは見えていなかった線や表情を浮かび上がらせたとでもいうかのようだった。完璧な目鼻立ち、顔や髪の輝くばかりの色彩はたしかにそこに描かれていたが、思うにこの絵を手掛けた画家は、奇怪な中世の怪物を模していて、ついには頭が混乱してしまったのではないか。というのもこの肖像画のなかの奥方様にはどこか美しい悪鬼といった様相がみられたからだ。

解説

伯父が再婚したうら若い天使のような美貌のレイディ・オードリーを一目見ようと、友人のジョージを伴って屋敷を訪れたロバートは、お目当ての人物が不在で失望するも、従妹のアリシアの手引きでレイディ・オードリーの私室に忍び込み、彼女の肖像画に目を奪われる。一方ジョージは、死んだと思っていた妻の似姿に相対して愕然とする。ヴィクトリア朝小説が女性表象において拠ってきた二分化の手法——fair（色白・金髪）な聖女と、dark（黒もしくは褐色の髪）な悪女——が、ここではひとりの人物に集約されている。当時絶大な人気を誇った大衆小説群〈センセーション・ノヴェル〉を糾弾する評論のなかで、レイディ・オードリーを造形したブラッドンは「金髪の悪魔の創始者」と呼ばれた。ちなみにこの場面で言及されている肖像画の画風はラファエル前派風。ラファエル前派の絵画とセンセーション・ノヴェルは、その作風においてきわめて近い位置関係にある。

あらすじ

メアリ・エリザベス・ブラッドン『レイディ・オードリーの秘密』

金髪碧眼で天使のように美しいヘレン・トールボイズは、夫のジョージがオーストラリアに出稼ぎに行ったきり消息を絶ってしまったため、仕方なく幼い子どもを実父に預け、ルーシー・グレアムという偽名で家庭教師の職に就く。その美貌と気立てのよさが評判となり、歳の離れた寡夫の准男爵サー・オードリーに見初められたルーシーは、夫が死んだものと思い、過去を隠して結婚する。しかしジョージは帰国。今やレイディ・オードリーとなったルーシーは重婚の発覚を恐れ、彼を井戸に突き落とす。ジョージの親友で、サー・オードリーの甥にあたるロバートは、親友が忽然と姿を消したことを不審に思い、調査を始めるうちに、伯父の美貌の妻に辿り着く。ジョージ殺害（実は未遂）の罪を隠すためにさらなる嘘や犯罪を重ねるも、ついに追い詰められたレイディ・オードリーは、母親が狂女であったことを告白。スキャンダラスな裁判によって伯父や家名が傷つけられることを恐れたロバートは、レイディ・オードリーを法で裁かず、ベルギーの精神病院に幽閉することを決意する。

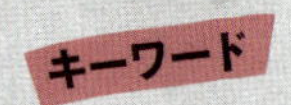

センセーション・ノヴェル
Sensation Novel

1860年代に一世を風靡した〈**センセーション・ノヴェル**〉と呼ばれる大衆小説群は、家庭＝聖域というイデオロギーを、**結婚制度の欺瞞性や抜け穴を暴く**ことによって突き崩そうとするプロットを展開する。そこで起こる様々な犯罪のうち、とくにこのジャンルが十八番としたのが**重婚**である。既婚者である事実を隠して結婚した場合、2度目の婚姻は無効となる。1603年までは教会の管轄で軽罪とされていた重婚は、以後重罪扱いとなるが、センセーション・ノヴェルではトリッキーなプロットを作りのためにこの犯罪が重宝された。

フランス小説
French Novel

本作で〈**素人探偵**〉という役柄を引き受けるロバート・オードリーは、弁護士の資格は持つものの実践にはおよばず、父親が残したそこそこの遺産で満足し、英国紳士が一般に好む狩猟には関心がなく、葉巻をくゆらせながらフランスの小説に読みふける、ものぐさな若者である。当時の保守派の批評は、**自国の小説の健全さ**を称揚するために〈いかがわしい〉フランス小説を引き合いに出すというのが常套であった。このディレッタントのロバートが本作のエンディングでいかなる変貌を見せるのかが、ひとつの読みどころとなるだろう。

考えるヒント ▶重婚　▶素人探偵

メアリ・エリザベス・ブラッドン (1835-1915)

Mary Elizabeth Braddon

ロンドンに生まれ、幼い頃に両親が別居。母娘ふたりの生活を支えるために旅回りの女優となり、やがて文筆業に移行する。『レイディ・オードリーの秘密』(1862)が大ヒットとなり、ウィルキー・コリンズと並んでセンセーション・ノヴェリストの代表格とみなされる。同棲関係を結んだ編集者ジョン・マクスウェルとの間に私生児を設け、私生活でもコリンズ同様、誹謗中傷のターゲットとなる。マクスウェルには精神を病んだ妻がおり、1874年に彼女が死亡するまで結婚が叶わなかったため、三文雑誌の編集を主に手掛けるマクスウェルをブラッドンが支え、彼と先妻の子ども5人に加え、自らの子ども6人の世話をしながらしゃにむに書き続ける。雑誌の編集にも携わりながら、ブラッドン自身は純文学への憧れを捨てきれず、センセーション・ノヴェルの路線から外れた作風の小説も手掛け、生涯で80以上の作品をものする。

Life is such a very troublesome matter, when all is said and done, that it's as well even to take its blessings quietly.
人生とはかくも厄介なものだから、要するにその恵みだけを黙って受け取っておけばよいのだ。

Lady Audley's Secret

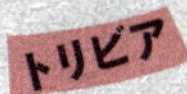

マクスウェルとブラッドンは、ふたりの関係に対する世間からの非難に耐えかね、1864年に偽の結婚告知を新聞に発表するが、マクスウェルの妻の義兄の訴えにより嘘が発覚。センセーション・ノヴェルのヒロイン顔負けの言動のせいで猛批判を浴びたブラッドンは、一時期精神を病む。

保守派の論客であったミセス・オリファントは、センセーション・ノヴェル批判を展開した匿名の書評の中で特にブラッドンをやり玉にあげ、私生活を含めた彼女の不道徳ぶりを痛烈に批判した。

3行で読む メアリ・エリザベス・ブラッドン『オーロラ・フロイド』

- 金満家の娘オーロラは、身分違いの男コニヤーズと駆け落ちしたという秘密を隠し持つ
- 夫の屋敷で彼女の飼い犬を乱暴に扱った馬番に激怒したオーロラは、彼を鞭で打ち据える
- 入れ替わりに雇われた新しい馬番は、競馬の事故で死亡したはずのコニヤーズだった…

No.
20

Can You Forgive Her?

by **Anthony Trollope**

… 'I am come, grandpapa, to tell you of another engagement.'

'Another!' said he. And by the tone of his voice he accused his granddaughter of having a larger number of favoured suitors than ought to fall to the lot of any young lady. …

'And that's the meaning of your jilting Mr. Grey, is it?'

Poor Alice! It is hard to explain how heavy a blow fell upon her from the open utterance of that word! Of all words in the language it was the one which she now most dreaded. She had called herself a jilt, with that inaudible voice which one uses in making self-accusations;—but hitherto no lips had pronounced the odious word to her ears. Poor Alice! She was a jilt; and perhaps it may have been well that the old man should tell her so.

(Chap. 32)

❖ **engagement:** 婚約　❖ **accuse *A* of *B*:** B のことで A を責める　❖ **suitor:** 求婚者
❖ **lot:** 運命、めぐり合わせ
❖ **jilt:** 女性が恋人や婚約者を急に捨てる、男性をちやほやしておいて冷たく振る
❖ **utterance:** 発声　❖ **dread:** ～を恐れる　❖ **inaudible:** 聞き取れない
❖ **self-accusations:** 自責の念　❖ **hitherto:** これまで　❖ **odious:** 醜悪な

l.1 *I am come*　この *am come* は現在完了形（＝*have come*）。
l.3 *than ought to fall to the lot of any young lady*　この *than* は擬似関係代名詞と呼ばれる用法。
l.11 *it may have been well that the old man should tell her so*　*it* は形式主語で *that* 節を、*so* は前文の「彼女は浮気女だ」という内容をそれぞれ指している。

『彼女を許せますか?』

アントニー・トロロープ

…「おじいさま、伺ったのはもうひとつの婚約のことをご報告するためなの」
「もうひとつだと！」と彼は言った。その声の調子には、孫娘が、若い令嬢であればめぐり合って然るべき好ましい求婚者の適正数以上の求婚者を相手にすることへの非難の意が込められていた。…
「つまり、浮気女らしくミスター・グレイを袖にしようというわけだな」
　哀れなアリス！「浮気女」という言葉をあからさまに口にされて、彼女がどれほど大きな打撃を受けたかは説明しがたい。英語の全単語のなかで、それは彼女が今もっとも恐れている言葉だった。彼女が自分を浮気女と呼んだことがなかったわけではない。だがそれは人が自責の念に駆られたときに発する心の声で呼んだのであり、これまで誰の口からもその忌まわしい言葉が彼女の耳に届くように発せられたことはなかった。哀れなアリス！　彼女は浮気女だった。そして老人が彼女にそう言うのも当然だったかもしれない。

解説

アリスが皆から祝福されているミスター・グレイとの婚約を破棄して、従兄弟のジョージと（再び）婚約するという報告をカントリー・ジェントルマンである祖父にする場面。彼は過去に身勝手な振舞いをしたジョージを勘当しており、その報告にアリスは格別の心理的負担を強いられる。それを聞いて彼女を「浮気性」だと断ずる祖父の反応は、気性が激しく、頑固だが、正直で愛情深い彼の性格を例証している。これ以降、「浮気性」という言葉は繰り返し彼女の脳裏をよぎり、彼女を苛む。「浮気性」と訳した原語は jilt であり、これは「相手の男をその気にさせておいてから（気紛れに）捨てる女」もしくはそうした行為を表す語で（p.9 参照）、タイトルが暗示する彼女の罪は３度繰り返されるこの行為にあるのだが、そんな彼女を許すよう読者を誘導する気配が窺われる一節。

あらすじ

アントニー・トロロープ『彼女を許せますか？』

「パリサー・ノヴェルズ」の第1作。ヒロインのアリス・ヴァヴァサーは貴族階級の親戚とは距離を置く独立心の強い娘。奔放な従兄弟のジョージとの仲を清算したという過去があり、現在はジョン・グレイと婚約中。だがグレイに物足りなさを感じていたアリスは、ジョージの妹ケイトの強い勧めもあって婚約を破棄し、ジョージとの関係を復活させる。政治的野心に燃えていたジョージは結局、選挙に落選、協力的だったケイトに暴行を加え、グレイに銃を発砲するなど自暴自棄になった挙句アメリカに渡る。最終的にアリスはグレイと結婚し、グレイは国会議員に当選する。この主筋に絡むのが、アリスの友人の貴族グレンコーラとその夫である政治家プランタジネット・パリサーの話で、グレンコーラも駆け落ちを考えるほど別の男を愛しているが、最後にはパリサー家の跡継ぎを産む。さらにケイトたちの叔母の未亡人ミセス・グリーナウの喜劇的なエピソードも類似の関係を反復している。

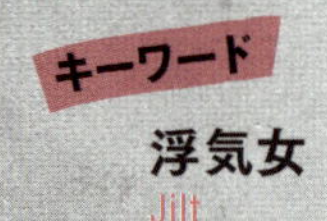

浮気女
Jilt

複数の男の間で揺れる女性は潜在的な**jilt**かもしれない。その意味ではヒロインだけがjiltではない。グレンコーラは周囲の圧力で婚約を破棄することになった野放図なバーゴー・フィッツジェラルドを忘れられず、多少とも深刻な心の揺れを見せながら、アリス同様に元の鞘に収まることで、ここで描かれる**社会の秩序を肯定**する。そんななかで一番自由な本物のjiltは、気を持たせてふたりの求婚者を手玉に取るミセス・グリーナウだろう。

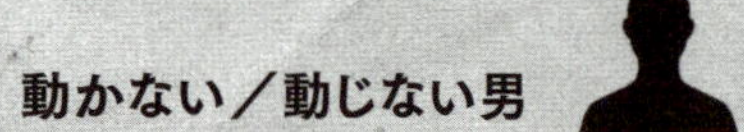

動かない／動じない男
Immovable Man

女たちはさまざまに心が揺れる、或いはそのように演技する。ジョージはさまざまに策を弄して動き回り、失敗する。対照的に好意的に描かれているジョン・グレイが鈍感と思えるほど**動かない男**である点が目を惹く。相手の女性にjiltの素質がある場合には、鈍感なくらいでないと付き合い切れないということか。**ハーディ『はるか群衆を離れて』**のオークや**エレン・ウッド『イースト・リン』**のアーチボルトが同様の傾向を持っているのも興味深い。

考えるヒント ▶連作小説

アントニー・トロロープ（1815-82） *Anthony Trollope*

ロンドンの中産階級の家に生まれ、パブリック・スクールに通ったが、父親が仕事で失敗して経済的に困窮し、1834年から67年まで逓信省の有能な官吏として働くかたわら、『自伝』（1883）によれば、朝食前に15分250語のペースで毎日3時間執筆し（これが公表されて作家としての評判が下がったとも言われる）、長編、短編ともに50近くの作品を残した。架空の土地を舞台に地主や牧師やその家族の生活をユーモアを交えつつ描いた6編から成る連作「バーセットシャー年代記」（1855-67）と、政治の世界に関わる男たちとその妻や恋人たちのさまざまの絡み合いを描いたやはり6編から成る連作「パリサー・ノヴェルズ」（1864-79）および不誠実と虚偽の横行する社会を諷刺した『今どきの生き方』（1875）などが代表作だが、最大の功績は郵便ポストをイギリスに導入したことだと考える人もいるだろう。

There is no happiness in love, except at the end of an English novel.
愛のなかに幸福があるのはイギリス小説の結末だけである。

Barchester Towers

『定められた期間』（*The Fixed Period*, 1882）は、68歳になると死を義務づけられる架空の島の未来を描いたディストピア小説である。

母親のフランシス・トロロープも作家で、100冊を超える著作がある。最もよく知られる『アメリカ人家庭の作法』（*Domestic Manners of the Americans*,1832）はアメリカ移住を試みた体験に基づくが、家族で唯一アントニーだけはイギリスに残った。

3行で読む アントニー・トロロープ『フィニアス・フィン』

- アイルランド人のフィニアス・フィンはロンドンで法律を学び、議員となる
- 議員の娘であるローラとの恋、ローラの兄であるチルターン卿との友情、決闘、和解
- 失脚後、フィンは帰国し幼馴染と結婚、コーク州の救貧院で検査官に落ち着く

No. 21

The Moonstone

by **Wilkie Collins**

… 'Look!' she said. 'Isn't it wonderful? isn't it terrible? I have seen it dozens of times, and it's always as new to me as if I had never seen it before!'

I looked where she pointed. The tide was on the turn, and the horrid sand began to shiver. The broad brown face of it heaved slowly, and then dimpled and quivered all over. 'Do you know what it looks like to *me*?' says Rosanna, catching me by the shoulder again. 'It looks as if it had hundreds of suffocating people under it——all struggling to get to the surface, and all sinking lower and lower in the dreadful deeps! Throw a stone in, Mr Betteredge! Throw a stone in, and let's see the sand suck it down!'

Here was unwholesome talk! Here was an empty stomach feeding on an unquiet mind!

(First Period, chap. 4)

❖ **point:** ～を指さす　❖ **tide:** 潮　❖ **on the turn:** 変わり目で　❖ **shiver:** 震える
❖ **heave:** 隆起する　❖ **dimple:** さざ波が立つ　❖ **quiver:** 震える　❖ **suffocate:** 窒息死する
❖ **unwholesome:** 不健全な　❖ **unquiet:** 不安な

l.1 ***I have seen …, and it's always …***　「何度も見たことがある」と「つねに目新しい」という情報が接続詞 ***and*** によって並置されている。この ***and*** は「それなのに」という逆接的な意味で捉える。

l.3 ***I looked where she pointed.***　***look*** は通常、自動詞として使われることが多いが、「～を注視する」という意味の他動詞として用いられることもある。

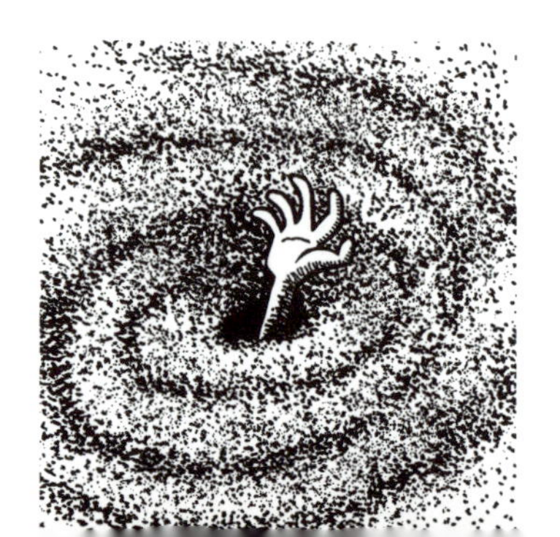

『ムーンストーン』

ウィルキー・コリンズ

…「ほら！」と彼女は言った。「ものすごいでしょう？　おそろしいほどでしょう？　これまで何度も目にしてきたのに、いつだって初めて見るような気がするんです！」

私はロザンナが指さしたほうを見やった。潮が変わり始めており、砂丘はぞっとするような動きを見せ始めていた。広大な褐色の表面がゆっくりと盛り上がり、さざ波が起きると、全面がわなわなと震えた。「わたしにはどんな風に見えているかわかりますか？」　ロザンナは再び私の肩をつかんだ。「あの砂の下で窒息しかかっている人が何百人もいるように見えるんです――みんな必死で上に出てこようとしてもがいて、ますます下へ下へと沈んで恐ろしい深みに落ち込んでしまうんです！　石を投げてみてください、ベタレッジさん！　石を投げてみて。砂が吸い込みますよ！」

なんたる不健全な話だ！　空っぽの胃袋が、不安な精神を食い物にしている！

解説

〈震える砂〉と呼ばれる砂丘は、本作の謎の解明に直結する重要な磁場である。引用の場面でのロザンナのおどろおどろしい想像は、この先彼女に訪れる悲劇的な結末の予兆となっている。不気味な響きを孕(はら)んだロザンナの叫びを牽制するのが語り手である執事のベタレッジだ。最後の２文では、彼の滑稽混じりの嘆息が、直接話法でもなく（was と過去形）、間接話法でもなく（He thought がない）、自由間接話法／文体（p.142 参照）で提示されている（よって語り手の心の声として現在形で訳す）。このあと実際に〈震える砂〉を死に場所とするロザンナは、ある仕掛けを用いることで、階級的に接点のないフランクリンをこの砂丘まで誘導する。そこでは、上記の引用で言及されている流砂の「おどろおどろしさ」が一層強調された形で描出され、強烈なクライマックスを演出し、ムーンストーンの盗難をめぐる単なる謎解きものに留まらない次元へと本作を押し上げている。

あらすじ

ウィルキー・コリンズ『ムーンストーン』

本作は、インドの貴重な宝石〈ムーンストーン〉がイングランドのハーンカースル一族にもたらされたことで起こった一連の事件の顚末を、関係者が順々に語り継ぐという形式をとる。一族の娘レイチェルは18歳の誕生日に伯父のジョンからムーンストーンを贈られるが、その夜宝石は盗まれてしまう。カフ巡査部長は、ペンキの染みのついたナイトガウンの持ち主が犯人であるという鮮やかな推理を展開するも、鍵を握る女中のロザンナの自殺で事件は暗礁に乗り上げる。一年後、レイチェルの従兄のフランクリンは、死んだロザンナが奇妙なやり方で遺した手紙を受け取る。そこには彼こそが犯人だと記されていた。しかしフランクリンはまったく身に覚えがない。実はレイチェルの誕生日の夜、彼はアヘンを盛られ、その作用下で彼女の部屋から宝石を取り出していた。そのことを証明するため、フランクリンはキャンディ医師の助手エズラ・ジェニングズの手を借りて一年前の出来事を再現する実験にとりかかる…。

警察
Police

19世紀イギリスにおける法整備の一例として**ロンドン警視庁**、通称〈**スコットランド・ヤード**〉の設置が挙げられる。ロンドンの治安悪化と犯罪事件の増加に伴い、1842年には刑事課が設けられ、特定の警察官の活躍ぶりが報じられるようになる。これらの警察官をモデルとして、小説にも警察関係者が登場し始める。ディケンズの『**荒涼館**』(1853)におけるバケット警部、本作のカフ巡査部長はその代表である。バラの栽培が趣味というひと手間かけた人物造型もさることながら、カフ巡査部長の推理がどこで間違ったのかを考えることは、コリンズの関心のありかを探るうえで重要かもしれない。

身体的特徴
Physical Features

コリンズの小説には目立った**身体的特徴**を持つ人物がしばしば登場する。本作でいえば、ロザンナは片方の肩がもう片方よりも大きい。彼女の親友のルーシーは足が悪く、'Limping Lucy' と呼ばれている。イギリス人の父親と他民族の母を持つエズラ・ジェニングズはその最たるもので、顔の造作、髪の色、全体の印象がすべて異様な様相を呈している。コリンズの小説全般に言えることであるが、こうした身体上の特徴は、ジェンダー、セクシュアリティの領域における**転覆性**と絡んでいる。

考えるヒント ▶転覆性

ウィルキー・コリンズ（1824-89） *Wilkie Collins*

ロンドンに生まれ、画家であった父親の意向により10代前半の約1年半をフランス、イタリアで過ごしたことが彼の性格形成に大きく影響する。法廷弁護士の資格（実務経験はなし）はコリンズの創作に生かされ、法の抜け穴を突いたトリッキーで複雑なプロットが彼の持ち味となる。1851年に一回り年上のディケンズの知己を得、その後長きにわたる友人兼仕事仲間として親しい関係を続ける。1859年に雑誌連載の運びとなった『白衣の女』が大評判となり、家庭内の犯罪や謎を軸とする〈センセーション・ノヴェル〉の領袖としての地位を不動のものとする。しかし私生活ではディケンズと違って、公然と婚姻契約を結ばない関係を貫き、センセーション・ノヴェルを危険視する批評家たちの攻撃の的となる。代表作は主に60年代に執筆された4作に集約されるが、持病の痛風に苦しめられ、アヘンチンキを常用しながら89年で絶命するまで健筆を揮い続ける。

Many a woman has snapped asunder all the finer ligaments which once connected her husband and his friend.
数多の女性が、夫とその友人との間にかつて結ばれていた高潔な絆を、ことごとくぶった切ってきたのだ。

'Bold Words by a Bachelor,' *Household Words*

コリンズが公然と同棲関係を結んでいた未亡人キャロライン・グレイヴズは中流階級出身を騙り、その後関係をもったマーサ・ラッドは明らかに労働者階級出身であった。コリンズの嗜好を「貴賤結婚」（a morganatic marriage）という言葉で表現した研究者もいる。

「最初にして最良の探偵小説」というT・S・エリオットの評言も与って、『ムーンストーン』は長らくセンセーション・ノヴェルよりもむしろ推理小説の系譜でとらえられてきた。

3行で読む ウィルキー・コリンズ『白衣の女』

- 絵画教師ウォルター・ハートライトは、深夜に遭遇した白ずくめの女性アンを助ける
- ウォルターは、アンに瓜二つのローラと恋に落ちるが、彼女は亡父が決めた婚約者と結婚
- 彼女の財産を狙う夫とその友人は、ローラとアンをすり替えるという陰謀を企てる…

No. 22

Middlemarch

by George Eliot

... Dorothea remembered it to the last with the vividness with which we all remember epochs in our experience when some dear expectation dies, or some new motive is born. To-day she had begun to see that she had been under a wild illusion in expecting a response to her feeling from Mr Casaubon, and she had felt the waking of a presentiment that there might be a sad consciousness in his life which made as great a need on his side as on her own.

(Book Ⅱ, chap. 21)

❖ **vividness:** 鮮明さ ❖ **epoch:** 画期的な出来事、時代 ❖ **dear:** 大切な ❖ **illusion:** 幻想
❖ **waking:** 目覚め ❖ **presentiment:** 予感 ❖ **consciousness:** 意識、自覚

l.4 ***a response to her feeling from Mr Casaubon*** 「彼女の思いに対する、カソーボン氏からの反応」、つまり「彼女の思いに夫が答えてくれること」。

l.5 ***a presentiment that ...*** この ***that*** は同格の名詞節を導く ***that***。直前の名詞 ***presentiment*** の内容を、***that*** 節が「…という予感」のように補足説明している。

l.6 ***as great a need on his side as on her own*** 形容詞を伴う名詞を ***as ... as*** で挟む場合、このように〈***as*** ＋形容詞＋不定冠詞＋名詞＋ ***as***〉という語順になる。

『ミドルマーチ』

ジョージ・エリオット

われわれは生きていくなかで、大切にしていた期待が消えてしまったり、新しい目標が生まれたりするような重大なときのことは鮮明に記憶しているもので、ドロシアはまさにその日のことを後々まではっきりと憶えていた。この日ドロシアは、夫のカソーボン氏が彼女の感情に応えてくれると期待していた自分がとんでもない幻想のもとにあったことに気づき始めた。そして夫の人生にも悲しいと痛感する瞬間があり、それを癒す必要が自分同様、彼のなかにもまた強烈に生じているのかもしれないという考えが芽生え始めていたのだった。

解説

20歳そこそこのドロシアは47歳のカソーボンの学才と知性に幻惑され、学問に専心する彼の手助けをしたいという切なる思いから、周囲の忠告をよそに、自ら望んで彼と結婚する。そのカソーボンが女性の学識など一切信用しない偏狭で傲慢な精神の持ち主であり、彼が生涯をかけて取り組んでいる仕事はがらくた同然であったことがわかったとき、ドロシアは彼を責めるのではなく、彼の立場から物事を見ようとする。あたかも夫のために役立ちたいという利他的な願いは、裏返せば彼女のエゴイスティックな欲望の押し売りであったと悟ったかのように。エゴイズムの克服から他者への共感へという流れは、エリオットの作品に通底する倫理的モチーフである。では夫のまやかしの人生に気づいてしまった妻は、彼に共感を寄せ、その偽りには目をつぶるべきなのか。この先ドロシアをさらに待ち受けるのは道徳上のジレンマである。これもまた、エリオットの登場人物たちにとって避けては通れない人生の倫理的課題である。

あらすじ

ジョージ・エリオット『ミドルマーチ』

1830年前後のミドルマーチという架空の地方都市を舞台に、産業革命、選挙法改正、宗教的少数派の権利拡充など社会の変化の影響下にある人々の生活をパノラミックに描き出す。聡明なヒロイン、ドロシア・ブルックは、夫を支えながら自らの知的活動を実現したいと願い、壮大な研究に没頭している初老のカソーボンと結婚するが、ほどなく彼の研究が見掛け倒しにすぎないことに気づき、無残な現実に直面する。狭量なカソーボンは、彼の若い身内ラディスローに嫉妬し、自分の死後に彼とドロシアが結婚することを阻止するための条項を遺書に付記するが、ドロシアは相続を放棄してラディスローと結ばれる道を選択する。これと並行して、もう一組の夫婦の結婚も挫折を迎える。医師としての高邁な理想を胸にミドルマーチにやってきたリドゲイトは、町で評判の美女ロザモンドと恋に落ち結婚するが、世俗的で浪費家の妻との結婚生活は彼の人生を蝕み、後ろ暗い事件に巻き込まれたリドゲイトは50歳で他界する。

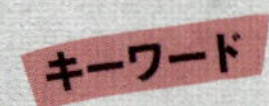

「地方生活の研究」
'A Study of Provincial Life'

「地方生活の研究」という副題でエリオットが企図するのは、政治、宗教、文化、産業等の各所における変化が著しい時代のイギリス社会の様相を、**地方都市のなかに縮図として描き出す**ことである。当初別の作品として予定されていたドロシアの物語とリドゲイトの物語は合体して本作の中心柱となり、このふたつのプロットをつなぐ人間関係や出来事、そこから派生するさらなる関係をクモの巣のように張り巡らしていく**微細なリアリズム**がこの一大構想を支えている。

『神話学全解』

あらゆる神話を正しく体系化し、**『神話学全解』**という書物を著すための壮大な研究に何十年も没入してきた牧師のカソーボンは、無数の古文書を読み、膨大な記録をとり、山のような資料に埋もれているうちに、当初の目的を見失ってしまっていることに完全に無自覚である。彼の「研究」の果てしない空疎さは、高邁な精神と知的優位を気取る俗物カソーボンの壮大にして滑稽な**内面の空虚さ**を象徴する。

考えるヒント　▶リアリズム

ジョージ・エリオット（1819-1880） *George Eliot*

イングランド中西部のウォリックシャーで地主の土地管理人を務める父とその後妻との間に生まれる。当時の女性としては異例なほど学問に通じ、シュトラウスの翻訳や、急進派の季刊誌『ウエストミンスター・レヴュー』の編集に関わり、フォイエルバッハの翻訳を手がけるなかで、人間中心の彼の宗教観に賛同する。ハーバート・スペンサーの知遇を得、恋心を抱くも実らずに終わる。多才な文芸批評家G・H・ルイスと出会い、大陸に出奔。兄アイザックから絶縁される。既婚者であるルイスとは同棲関係を貫く。帰国後、周囲からの批判に耐え、36歳でジョージ・エリオットという筆名による小説執筆に着手。『アダム・ビード』（1859）で高い評価を得る。自伝的小説『フロス河の水車場』（1860）以後、中・長編作品を着実に発表し、1872年に19世紀リアリズム小説の極地とも評される『ミドルマーチ』を完成。ルイス逝去の翌年1880年に20歳ほど年下のジョン・クロスと結婚し、ようやく兄の許しを得るが、その7か月後に永眠。

In the most entire confidence even of husband and wife there is always the unspoken residue——the *undivined* residue——perhaps of what is most sinful, perhaps of what is most exalted and unselfish.
夫婦間の全幅の信頼の中にも口にされない残滓——喝破されない残滓——がつねにある。非常に罪深いものの残滓かもしれず、また非常に気高く利他的なものの残滓かもしれない。

George Eliot's Life, as Related in Her Letters and Journals

トリビア

名前を度々変更する（Mary Anne Evans, Mary Ann Evans, Marian Evans, Marian Evans Lewes, Mary Ann Cross）。George Eliot **は1857年から使用したペンネーム。**

エリオットとの新婚旅行中、クロスは突然滞在中のホテルから飛び降りたが、事無きを得る。

3行で読む　ジョージ・エリオット『フロス河の水車場』

- 知的なお転婆娘マギーの唯一の味方であった父は、宿敵ウェイカムを恨みつつ絶命
- ウェイカムの息子ポールとの友情を断たれたマギーは、従姉の婚約者との仲を疑われる
- 最愛の兄トムに絶縁されたマギーは、大洪水のなか兄の救出に向かい、ともに溺死する

No. 23

The Story of an African Farm

by Olive Schreiner

It was not very long after when Em came out at the backdoor with a towel thrown across her head, and in her hand a cup of milk.

'Ah,' she said, coming close to him, 'he is sleeping now. He will find it when he wakes, and be glad of it.'

She put it down upon the ground beside him. ... the chickens had climbed about him, and were perching on him. One stood upon his shoulder, and rubbed its little head softly against his black curls; another tried to balance itself on the very edge of the old felt hat. ...

Em did not drive them away; but she covered the glass softly at his side. 'He will wake soon,' she said, 'and be glad of it.'

But the chickens were wiser. (Part 2, chap. 14)

❖ **not very long after:** まもなく ❖ **wake:** 目を覚ます ❖ **beside:** ～のそばに
❖ **perch:** 止まる、羽を休める ❖ **rub:** ～をこすりつける ❖ **curl:** 巻き毛
❖ **balance:** バランスを取る ❖ **edge:** 縁 ❖ **felt hat:** フェルト帽 ❖ **drive away:** ～を追い払う

l.1 ***with a towel thrown across her head*** 〈***with*** ＋名詞＋補語〉で【付帯状況】を表している。

l.11 ***But the chickens were wiser.*** 「そのように考えるエムよりも賢い」、つまり「ウォルドーがそのうち目を覚まして喜ぶと考えるほど愚かではない」ということ。

『アフリカ農場物語』

オリーヴ・シュライナー

エムが裏口から出てきたのはそれほど時間が経ってからのことではない。頭にタオルをかぶり、手にはミルクのはいったコップを持っていた。
「あら」と彼（＝ウォルドー）に近づくと彼女は言った、「眠っているのね。目を覚ましたらミルクに気づくでしょう。きっと喜ぶわ」
彼女は座っている彼のわきの地面にコップを置いた。…彼の身体のあちこちに這い上がっていたひよこが今や何羽もそこに居座っている。肩に止まって小さい頭を彼の黒髪に静かに撫でつけているものもあれば、古びたフェルト帽のまさに端っこでバランスを取ろうとしているものもいた。…
エムはひよこたちを追い払いはせず、ただ彼のわきに置いたミルクの容器にそっと蓋をした。「そのうち目を覚ますわ」彼女は言った、「そうしたらきっと喜ぶ」
だが、ひよこたちはそう考えるほど愚かではなかった。

解説

本作の結末部分。この前でウォルドーは「人生は素晴らしい（delicious）」と感じさせる夢を見て、喚起力のある描写で記されたその夢から覚めると、周りで遊んでいるひよこが自分の身体の上で遊べるよう手を伸ばす。ひよこは逃げてしまうが、そんなかれらに心惹かれた彼は微笑を浮かべながら、半ば閉じた目でかれらを眺め、昔よくしたように腕を組んで何やら独り言を繰り返す。その後に続くのが引用箇所である。リンダルの死と比べ、最後の一文で記されるウォルドーの運命を読者は少なからぬ驚きとともに受け容れ、これが挫折の物語であったことに改めて気づかされる。「努力して、努力して、最後は無に帰す」人生（第1部10章）というものにウォルドーが覚えたらしい満足は満足として、ひよこの知恵は別の余韻を響かせる。欲しいもの、渇望していたものが手に入るようになるのは、もう欲しくなくなってから、という結婚を控えたエムのこの最終章での言葉も心に残る。

あらすじ

オリーヴ・シュライナー『アフリカ農場物語』

南アフリカの農場で暮らす３人の子ども――ドイツ人の農場管理人の息子で敬虔なクリスチャンであるウォルドー、信仰や慣習とは無縁で自由奔放な美少女リンダル、彼女の従妹で従順なエム――の成長を、作者の世界観の提示を交えながら、通時性を放棄した挿話を連ねて物語る。農場に居ついて植民地主義の戯画を演ずる西欧人との遭遇などを経て、ウォルドーは次第に信仰への深い懐疑に囚われるようになり、花嫁学校から農場に帰ったリンダルは妊娠しているが、結婚はしない。エムは新たな来訪者グレゴリー・ローズと婚約するが、グレゴリーは密かにリンダルに惹かれる。農場から姿を消したまま死産を経験し、自らも死の床に就いたリンダルを、女装したグレゴリーは看護婦を名乗って看取り、彼女の遺言に従ってエムと結婚する。ウォルドーはリンダルの死を聞かされ激しく動揺するが、厳しい干ばつが終わって緑の蘇った自然に次第に心を開く。農場の陽だまりで微笑む彼の目は閉じられたまま。

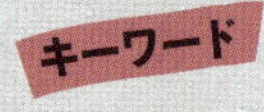

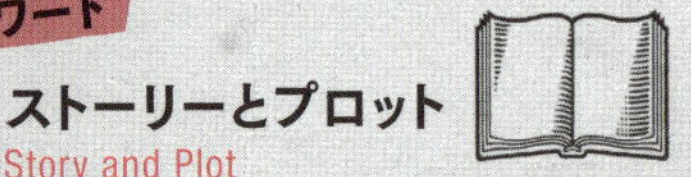

ストーリーとプロット
Story and Plot

他にもファビュラとシュジェット、ストーリーとディスコースなど類似概念を表す物語論上の用語があるが、いずれの二項も、前者は**物語の素材となる出来事**の総体、後者は**物語として表現された出来事**を指すと考えるのが便利。本作で両者の違いが歴然とするのは、主人公たちの成長を示す断片的なエピソードが**時系列を無視**して配置されているからで、語られない出来事を含め、読者には後者から前者を想像する余地がふんだんに残されている。

新しい女
New Woman

先行世代とは異なったタイプの女性を指す一般的な表現だが、とくに19世紀後半の英国において、ヴィクトリア朝の中産階級（の男性）の用意した**「家庭の天使」**という女性の理想像に異議を唱え、それを拒否する女性を指すことが多い。リンダルのさまざまの言動は女性に課せられたそうした行動規範を拒否する思想、**フェミニズム**を体現する。この作品が、しかし、否定的造型を含め、ほとんど白人しか描いていないという点は指摘しておくべきだろう。

考えるヒント　▶物語論　▶フェミニズム

オリーヴ・シュライナー（1855-1920）*Olive Schreiner*

1855年、ドイツ生まれの宣教師を父にイギリス人を母に南アフリカのヴィッテベルゲンの伝道所で生まれる。母による教育を除けばほぼ独学で知識を吸収し、住み込みの家庭教師として働きながら、創作に手を染め、当初、兄弟姉妹の死を身近に感じていたためか、医学の道を目指して1881年にイギリスに渡るが、独学による知識の偏りと健康上の理由から文筆の道へと方向転換し、南アフリカを舞台に「新しい女」の可能性を追求した『アフリカ農場物語』（1883）が出世作となった。フェミニズムと反帝国主義を核とする彼女の主張は、1889年に帰国した南アフリカの植民地化を背景にセシル・ローズ批判の中編『狙撃兵ピーター・ハルケット』（1897）や先見性に溢れた評論に窺われ、後者は『南アフリカをめぐる思索』（1923）に纏（まと）められた。『女性と労働』（1911）はフェミニズムの古典的著作で、ふたりの姉妹の人生を通して性の不平等を告発する『人から人へ』（1926）が遺作。

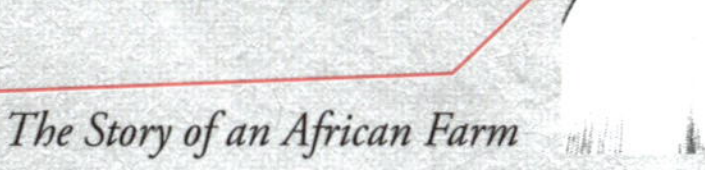

[W]e have been so blinded by thinking and feeling that we have never seen the world.
私たちは考えたり感じたりすることで目がくらんで、世界を見たことがない。

The Story of an African Farm

『アフリカ農場物語』は出版直後からD・H・ロレンスやジョージ・ムーアらに激賞され、オスカー・ワイルドらの知己を得た。

本名のオリーヴ・エミリー・アルベルティーナ・シュライナーは、彼女が生まれる前に亡くなった3人の兄弟（オリバー、アルバート、エミール）にちなんで名付けられた。

3行で読む　オリーヴ・シュライナー『狙撃兵ピーター・ハルケット』

- イギリス植民地ローデシアで、20歳のピーターは仲間とはぐれ荒野で一夜を過ごす
- これまで働いた先住民への狼藉を思い出していると、キリストを思わせる男と出会う
- 男との会話を通して改心したピーターだったが、部隊へ戻ると現実に直面し殉教する

No. 24

She: A History of Adventure

by H. Rider Haggard

... Never before had I guessed what beauty made sublime could be——and yet, the sublimity was a dark one——the glory was not all of heaven——though none the less was it glorious. ...

Drawn by some magnetic force which I could not resist, I let my eyes rest upon her shining orbs, and felt a current pass from them to me that bewildered and half-blinded me.

She laughed ... and nodded her little head at me with an air of sublimated coquetry that would have done credit to a Venus Victrix.

'Rash man!' she said; 'like Actæon, thou hast had thy will; be careful lest, like Actæon, thou too dost perish miserably, torn to pieces by the ban-hounds of thine own passions. I ... am a virgin goddess, not to be moved of any man, save one, and it is not thou. ...' (Chap. 13)

❖ **sublime:** 崇高な ❖ **sublimity:** 崇高 ❖ **none the less:** それにもかかわらず
❖ **magnetic force:** 磁力 ❖ **orb:** 眼球 ❖ **bewilder:** ～を困惑させる
❖ **half-blind:** ～の目をくらませる ❖ **sublimate:** ～を昇華させる ❖ **coquetry:** なまめかしさ
❖ **do credit to:** ～の名誉となる ❖ **rash:** 軽率な
❖ **Actæon:** アクタイオーン（ギリシャ神話の英雄。アルテミスの入浴を見てしまったため牡鹿に変えられ、自身の猟犬に八つ裂きにされた）
❖ **thou=you** ❖ **hast=have** ❖ **thy=your** ❖ **will:** 意志 ❖ **lest:** ～しないように
❖ **dost=do** ❖ **perish:** 死ぬ ❖ **ban-hounds:** 呪いをかける猟犬
❖ **thine=your** ❖ **virgin goddess:** 処女神 ❖ **save:** ～を除いて

l.1 *Never before had I guessed* ***never before*** が文頭に出たことによる倒置。

l.1 *what beauty made sublime could be* 〈***make O C***〉が受け身になっており、「***sublime*** にされるどんな ***beauty*** がありうるのか」という意味。

l.8 *would have done* 直前の ***that*** の先行詞 ***an air of sublimated coquetry*** に仮定の意味が含まれており、仮定法過去完了の形になっている。

l.9 *Rash man!* 呼びかけなので、不定冠詞が省略されている。

『洞窟の女王』

ヘンリー・ライダー・ハガード

…崇高に転じ得る美があるとは思いも寄らないことだった。とはいえそれは暗い影を帯びた崇高だった――栄光はすべてが天に由来するわけではなかった――だがそれにも拘らず、その崇高は栄光に包まれていた。…

抗えない磁力のようなものに引き寄せられ、わたしの目は彼女の輝く双眸(そうぼう)に釘付けになった。そしてそこから我が身に何かが流れ込むのを感じたわたしはうろたえ、半ば目がくらんでしまった。

彼女は声を立てて笑い…わたしに向けて頷いたその小さな顔には、モデルにすれば素晴らしい「ヴィーナス・ヴィクトリクス(勝利のヴィーナス)像」が生まれていただろうと思わせる昇華したなまめかしさが漂う。

「向こう見ずなやつだな」と彼女は言った、「アクタイオーンのように、おまえは我を通した。おのれ自身の色情という恐ろしい猟犬に噛み砕かれて身を亡ぼさぬよう気をつけることだ。わたしは…処女神、男なんぞに心が動きはしない、ひとりを除いてはな。そしてそのひとりはおまえではない…」

解説

アントニオ・カノーヴァ(1757-1822)作の『ヴィーナス・ヴィクトリクスとしてのパオリーナ・ボルゲーゼ』(1805)はナポレオンの妹がモデルだが、半裸像であることが有名であり、したがって、この連想はホリーがアッシャの官能的な美に夢中になっていることを示すだろう。同時にここで、彼女の美に潜む「崇高」(sublime, sublimity, sublimated)を強調している点が注目される。18世紀の美学において崇高は美の対極として捉えられた概念で恐怖に由来し、ホリーとレオを惹きつけるアッシャの「宿命の女」としての特異性は、この対照的な属性を兼備している点にある。レオが最初にアッシャに反応するのはその美しい姿態を見る前で、カーテン越しに感知した視線に得体の知れない恐怖を覚えるのであり、彼女が「誰もが従うしかない女王」の恐ろしさを示すのはこの後である。

あらすじ

ヘンリー・ライダー・ハガード『洞窟の女王』

ケンブリッジ大学に勤めるホリー（語り手）が友人の遺言により、彼の息子と謎めいた箱を託されて20年が経過。その息子レオが成人し、箱が開封される。中にあったのは古代の壺の破片で、そこに記された文字に誘われてふたりは中央アフリカの奥地コールへの旅に出発する。船が沈没し、猛獣や原住民に襲われながらも何とか死線を乗り越え目的地にたどり着くと、一行を迎えたのは「誰もが従うしかない女王」アッシャ（表記はAyeshaだがAsshaと発音されるとホリーが注記）。二千年もの間、自ら殺した恋人の生まれ変わりを信じて待ち続けていた（ほぼ）不老不死の彼女はレオにその姿を見出し、超自然の力で瀕死の彼を助ける。彼女は殺人をも厭わぬ恐るべき美女だが、その魅力にホリーもレオも抗することができない。自分と同じ永遠の命をレオに与えるため、真っ先に命の炎を身に浴びた彼女が急に老いさらばえて死んだ結果、ふたりはその呪縛から逃れ、英国に帰還する。

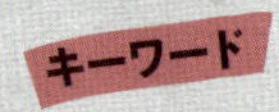

冒険譚の変異
Variation of Adventure Fiction

勇敢な探検家が危険な隘路を通って人跡未踏の地に到着。そこで見たこともない魅力的な宝物を発見すると、それを土産に本国へ凱旋する。そしてそれを契機に未知、未開の土地は文明化すべき既知の場所となる。この**帝国主義的侵略のアレゴリー**とも読める冒険譚の基本的な図式は、宝物が絶世の美女であっても変わらない。ところが本作はこの図式からの**逸脱**が甚だしい。ホリーもレオも何の土産も持ち帰らず、コールは相変わらず神秘の土地であり続ける。

男同士の絆
Between Men

左記の意味でホリーとレオの冒険は露骨な帝国主義的企てというより、ミソジニーを伴う**男同士の絆の強化**といった意味合いを帯びる。アッシャを間にして一時的にふたりの間に**ライバル関係**が生じるが、帝国主義者のお株を奪うようにイギリス征服を口にした彼女が炎に包まれて動かなくなった洞窟を出て、無事母国に帰還した二人についての最後の記述「わたしの古い研究室でレオはわたしの肩に凭れている」には**ホモエロティックな関係**も暗示される。

考えるヒント　▶帝国主義　▶ホモソーシャル／ホモエロティック

ヘンリー・ライダー・ハガード（1856-1925）

H. Rider Haggard

ノーフォークの地主で弁護士の息子として生まれる。グラマー・スクール卒業後、1875年に父親の斡旋でナタール総督の秘書助手となり、1875-79年と80-81年の計6年間南アフリカに滞在し、ズールー戦争（1879）や第一次ボーア戦争（1880-81）を身近に経験しつつ、当地の風土、風俗、神秘的な過去に強く惹かれる。帰国後、弁護士資格を得たが、スティーヴンソンの『宝島』（1883）に触発されたアフリカを舞台とする『ソロモン王の洞窟』（1885）がベストセラーになり、以後、本作を含め、アフリカの歴史、神話、言語に関する広範な知識を土台にして語られる神秘的な驚異と戦慄に満ちた諸作がハガードをロマンス作家として不動の地位に押し上げた。キプリングや民俗学者で詩人でもあったアンドルー・ラングと親交を結び、また農業改革に向けての著作を発表するなど、多方面で活躍し、1912年にはナイトの称号を与えられている。

Yea, all things live for ever, though at times they sleep and are forgotten.
そう、あらゆるものは未来永劫生きつづけるのであって、ときどき眠りについたり忘れられたりするだけだ。

She: A History of Adventure

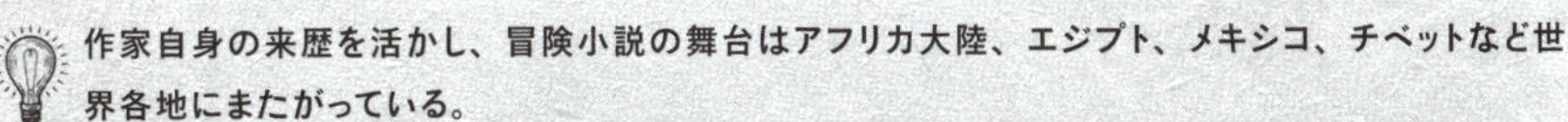

作家自身の来歴を活かし、冒険小説の舞台はアフリカ大陸、エジプト、メキシコ、チベットなど世界各地にまたがっている。

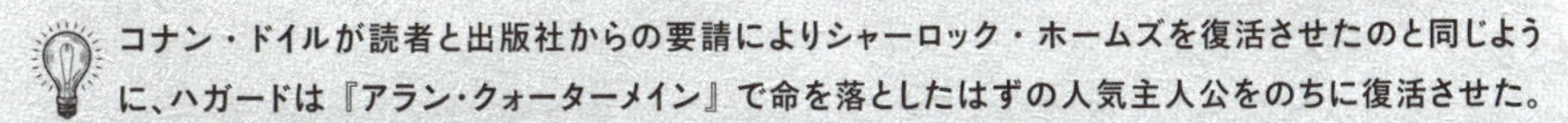

コナン・ドイルが読者と出版社からの要請によりシャーロック・ホームズを復活させたのと同じように、ハガードは『アラン・クォーターメイン』で命を落としたはずの人気主人公をのちに復活させた。

3行で読む　ヘンリー・ライダー・ハガード『ソロモン王の洞窟』

- クォーターメインは人探しのため、ウンボパら現地人を率いてアフリカ奥地へ向かう
- 象の攻撃、砂漠と喉の渇きなどの苦難を乗り越え、ククアナ族の国へ到達する
- ウンボパがククアナ族の王子と判明。悪王を倒した一行は鉱山で財宝を得る

No. 25

‘The Man who would be King’

in *The Phantom ’Rickshaw*

by **Rudyard Kipling**

‘Take some more whisky,’ I said very slowly. ‘What did you and Daniel Dravot do when the camels could go no farther because of the rough roads that led into Kafiristan?’

‘What did which do? There was a party called Peachey Taliaferro Carnehan that was with Dravot. Shall I tell you about him? He died out there in the cold. Slap from the bridge fell old Peachey ... or I am much mistaken and woeful sore. ... And then these camels were no use, and Peachey said to Dravot——“For the Lord’s sake let’s get out of this before our heads are chopped off,” and with that they killed the camels all among the mountains, not having anything in particular to eat, but first they took off the boxes with the guns and the ammunition, till two men came along driving four mules. ...’

❖ **camel:** ラクダ ❖ **lead into:** 〜に通じる ❖ **party:** 人、やつ ❖ **slap:** まともに、まっすぐ
❖ **woeful<woefully:** 痛々しいほど ❖ **sore:** 心を痛める ❖ **for the Lord’s sake:** お願いだから
❖ **chop off:** 〜を切り落とす ❖ **take off:** 〜を取り外す ❖ **ammunition:** 弾薬 ❖ **mule:** ラバ

l.4 ***What did which do?*** ***What did we do?*** の変形で「どちらが、何をしたかですか？」ということ。

l.6 ***Slap from the bridge fell old Peachey ...*** 場所を表す副詞句 ***Slap from the bridge*** が文頭に置かれ、主語 ***old Peachey*** が動詞 ***fell*** の後に移動している。

l.7 ***woeful sore*** この ***woeful*** は副詞で、「痛々しいほど」の意味。***sore*** は「傷ついた」の意の形容詞。

「王を気取る男」

『幽霊リキシャ』より

ラドヤード・キプリング

「もう少しウィスキーをお飲みなさいよ」とわたしはどこまでもゆったりとした口調で言った。「カフィリスタンに向かう道が険しくて、ラクダが先に進めなくなったとき、あなたとダニエル・ドラヴォットはどうしたんです？」

「どっちが何をしたかって？　ドラヴォットの連れにピーチー・タリアフェロ・カーナハンって男がおりましてね。そいつの話をしましょうか。そいつは寒空の下、あっちで死にました。橋から真っ逆さまにね、ピーチーの野郎がですよ…それとも俺はひどい思い違いをしていて、悲嘆に暮れているのか…。それでまあともかく、ラクダは役立たずになったわけで、ピーチーはドラヴォットに言いましたね、『俺たちの頭が飛ばねえうちに、何としてもこんな状態から抜け出さないとな』そしてそう言いながらふたりはラクダを殺したんですよ、一面、山に囲まれたところでね、これと言った食いものもないわけで。でもまずは銃と弾薬の入った箱をラクダから下ろした。するとそこへ男がふたり、ラバを4頭連れてやってきましてね…」

解説

正気を失ったカーナハンの混乱した説明は、「わたし」の助けによって次第に辻褄の合うものになるが、ドラヴォットの斬首が近づくにつれてまた乱れる。恐怖経験のもたらす精神の錯乱を表現しようとする工夫だろう。引用はふたりがカフィリスタンに向かう旅の苦労を語っている箇所だが、カーナハンは自分（たち）を三人称で表すばかりか、ドラヴォットと自分を区別できなくなっている。急に（先の出来事である）死が言及され、しかも死んだのがカーナハンになっているのは斬首の恐怖の表れと読める。通時性の混乱は、ラクダ殺しと荷下ろし作業が逆の順序で告げられているところにも示される。この最後の文については、kill や take off といった一過性の行為を、till 節とともに使っているのもいささか奇妙であると言えよう。作者の配慮はそこにも行き届いている。

あらすじ

ラドヤード・キプリング「王を気取る男」

語り手はインド在住の英国人の新聞記者。フリーメイソンとしての仲間意識から、車中で知り合った浮浪者カーナハンの依頼で、ドラヴォットなる人物にメッセージを届ける。数日後、語り手のオフィスに現れたふたりは、アフガニスタン北東部のカフィリスタンの王になるという企てに協力を求め、無謀だという語り手の忠告を無視して出発。2年後、変わり果てたカーナハンが語り手に会いに来て、事の顚末を語る。ふたりは危険を乗り越え、目的地に到着。ライフルの威力やフリーメイソンの知識により、ドラヴォットは土地の住人たち（なぜか白人）から神と崇められ、王冠を授けられる。だがカーナハンの反対にも拘らず、妻を得ようとした彼が花嫁に噛まれて出血したため、人間であると分かり、反逆した住民たちに殺される。カーナハンは何とか生き延び、ドラヴォットの頭と王冠を携えて戻ってきたのだった。語り手は正気を失った彼の入院を手配するが、彼はその翌日に死んだと知らされる。

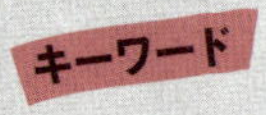

白人の被植民者
Colonized White

ドラヴォットが王を目指したカフィリスタンの住人は白人である。非白人を劣位の他者と看做して、白人によるその征服を正当化する考え方が西欧帝国主義の支柱であるとすれば、**「帝国主義の伝道者」**とも呼ばれる作者のここでの伝道内容には**奇妙な曖昧さ**が付きまとうことになる。カーナハンの忠告を無視して跡継ぎのためドラヴォットが企てる現地の娘との結婚（の失敗）の意味するところも、それが異人種間結婚なのかどうかを含めて、**多義的**である。

ひねりのある語り
Twisted Narrative

カーナハンの語りには非西洋の征服を目指す西洋人が相手の謎めいた存在に脅かされるプロットによって、文明の野蛮への先祖返りや帝国支配の弱体化への不安を投影する**インペリアル・ゴシック性**が顕著だが、特異なのは浮浪者ふたりと微妙な距離に立つ**外側の語り手**の設定である。言い間違いと脱線を繰り返すカーナハンの語りに彼が差しはさむコメントによって、左記のような多義性をはらんだ帝国主義的冒険譚にもう一段**ひねり**が加えられている。

考えるヒント ▶インペリアル・ゴシック

ラドヤード・キプリング（1865-1936）　*Rudyard Kipling*

インドのボンベイ（現ムンバイ）に生まれる。父親はインドの美術学校の教授、母親の妹たちはラファエル前派の画家などと結婚している。7歳のとき、教育のために妹とともにイギリスのサウスシーで辛い寄宿生活を送る。その後、先駆的な学園もの、『ストーキーと仲間たち』（1899）の舞台となった軍人の子弟のための寄宿学校を経て82年にインドに戻ると、その地の英字新聞の編集に従事。85年にフリーメイソンとなり、ジャーナリスト活動と並行して創作を開始。インドを舞台にした『高原平話集』（88）以降、次々と短編集を刊行し、90年代には詩人としても評価され、イギリス本国でも地位を確立したが、その帝国主義思想が批判されるようになり、それは現代まで続いている。だが、長編『キム』（1901）以降の後期の短編は心霊現象を含む多彩なテーマを語りの技巧を駆使して描き、モダニズムの先駆者と位置づけられもする。1907年ノーベル文学賞受賞。

[W]ords are, of course, the most powerful drug used by mankind.
言うまでもなく、言葉は人類が用いる最も強力なドラッグである。

'Surgeons and the Soul' in *A Book of Words*

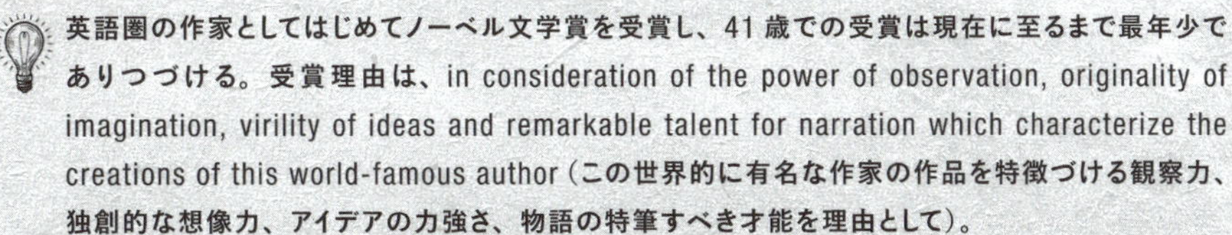
英語圏の作家としてはじめてノーベル文学賞を受賞し、41歳での受賞は現在に至るまで最年少でありつづける。受賞理由は、in consideration of the power of observation, originality of imagination, virility of ideas and remarkable talent for narration which characterize the creations of this world-famous author **(この世界的に有名な作家の作品を特徴づける観察力、独創的な想像力、アイデアの力強さ、物語の特筆すべき才能を理由として)。**

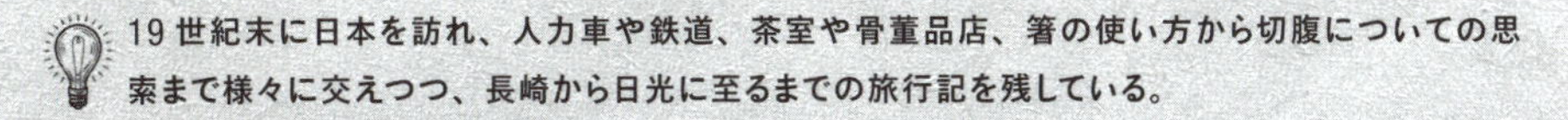
19世紀末に日本を訪れ、人力車や鉄道、茶室や骨董品店、箸の使い方から切腹についての思索まで様々に交えつつ、長崎から日光に至るまでの旅行記を残している。

3行で読む　ラドヤード・キプリング『キム』

- 19世紀末イギリス統治下のインドで、白人の出ながら孤児として路上で暮らすキム
- チベットのラマ僧の知遇を得て旅に出ると、かつて父親が所属した連隊と出会う
- スパイ教育を受けるキムは、やがてグレート・ゲームに巻き込まれていく…

No. 26

Tess of the d'Urbervilles

by Thomas Hardy

... But, might some say, where was Tess's guardian angel? where was the providence of her simple faith? Perhaps, like that other god of whom the ironical Tishbite spoke, he was talking, or he was pursuing, or he was in a journey, or he was sleeping and not to be awaked.

Why it was that upon this beautiful feminine tissue, sensitive as gossamer, and practically blank as snow as yet, there should have been traced such a coarse pattern as it was doomed to receive; why so often the coarse appropriates the finer thus, the wrong man the woman, the wrong woman the man, many thousand years of analytical philosophy have failed to explain to our sense of order. (Phase the First, chap. 11)

❖ **providence:** 神、神意　❖ **faith:** 信仰　❖ **ironical:** 皮肉な
❖ **the ironical Tishbite:** 旧約聖書に登場する預言者で、ギレアデのテシベに住むエリヤのこと
❖ **tissue:** 薄い織物　❖ **sensitive:** 繊細な　❖ **gossamer:** 蜘蛛の巣　❖ **trace:** ～を描く
❖ **coarse:** 粗野な　❖ **doomed to *do*:** ～する運命にある　❖ **appropriate:** ～を独占する
❖ **fine:** 繊細な　❖ **order:** 秩序

l.7 ***as it was doomed to receive***　擬似関係代名詞の ***as*** で、先行詞についた ***such*** と対応関係にある。
l.8 ***the wrong man the woman***　前項と共通要素の ***appropriates***（～を独占する）が省略されている。
l.9 ***many ... philosophy have failed to explain***　***explain*** の目的語は ***l.5*** にある疑問詞節 ***Why it was ...*** および ***l.7*** の ***why so often ...*** のふたつ。

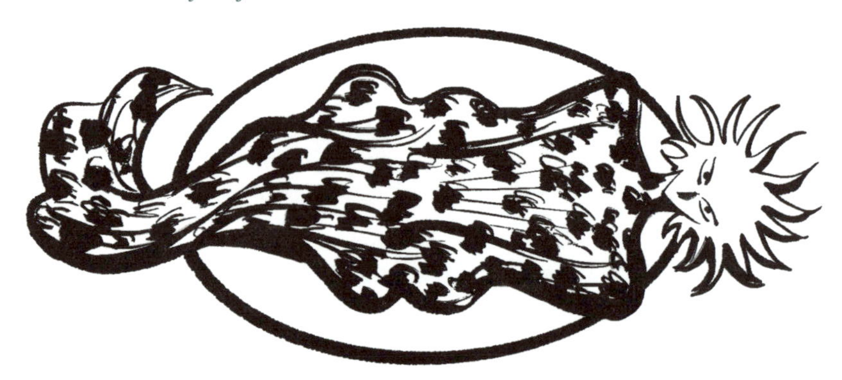

『ダーバヴィル家のテス』

トマス・ハーディ

…だが一体テスの守護天使はどこにいたのか、彼女の素朴な信仰の対象である神はどこにいたのか、と問う向きもあるかもしれない。ひょっとしたら、あのテシベ人が皮肉な口調で語った例の神のように、話し込んでいたか、別のことをしている最中だったか、旅に出ていたのか、それとも眠り込んで目を覚ますことがなかったのかもしれない。

この美しい娘の蜘蛛の巣のように繊細で、未だ雪のように真っ白な生地の上に、それが定めだったとはいえ、なぜかくも粗雑な模様が描かれねばならなかったのか。こんな風に粗野なものが繊細なものをわがものとしたり、女が間違った男に、男が間違った女性に奪われるといったことが、なぜこうもしばしば起こり得るのか。何千年にも及ぶ歴史をもつ分析哲学ですら、われわれの秩序の感覚が納得するような説明を与えられないでいる。

解説

村祭りの夜、仕事仲間の女性たちに絡まれたテスは、偽の従兄アレックに助けられる。森で迷い、道を探しに行ったアレックが戻ってみるとテスは眠っており、涙が頬を伝っていた。上記引用はそれに続く場面である。ここでは凌辱という行為が直截に表現されているわけではない。語り手が中立の立場を捨て、自らの意見を吐露することによって、この場面の特異性を強調するという工夫がなされている。比喩的表現により露骨な性的描写は回避されているが、この曖昧さはヴィクトリア朝特有の過度に世間体を気にするグランディイズムへの配慮であると片づけるのは早計で、次作の『日陰者ジュード』では、夫との性交渉を嫌悪するヒロインの抵抗や服従のさまが当時の読者の神経を逆なでするほど赤裸々に描かれている。むしろこの場面の言葉遣いは、作者であるハーディがテスをどのような人物として提示したかったのかという問題との関連で重要であるのかもしれない。

あらすじ

トマス・ハーディ『ダーバヴィル家のテス』

マーロット村の行商人ジョン・ダービフィールドは、〈好古家〉の牧師から名家ダーバヴィルの末裔ではないかと吹き込まれて有頂天になり、美貌の長女テスを近隣のダーバヴィル家に挨拶に行かせるが、家名を買っただけのダーバヴィル家の息子アレックに騙されたテスは森で凌辱される。私生児として生まれた赤ん坊はほどなく死を迎え、教区牧師に弔いを拒否されたテスは、自らその子どもに洗礼を施す。故郷を離れ、心機一転トールボットヘイズの農場に働きに出たテスは、そこで牧師の家系の息子エンジェル・クレアに出会い、恋に落ちる。エンジェルに押し切られて結婚を承諾したテスは、式の夜、彼に過去を告白する。ショックを受けたエンジェルはテスを置きざりにしてブラジルに出立。困窮状態に陥ったテスはやむなくアレックと同棲関係に入るが、帰国したエンジェルが彼女を訪ねると、テスはアレックを刺し殺してエンジェルの後を追う。ふたりは数日間の幸福な日々を過ごしたのち追手に捕らえられ、テスの死刑の日の場面でエンディングを迎える。

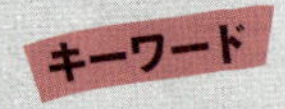

39箇条
Thirty-nine Articles

英国国教会の聖職者になる者は、任命式でこの信仰箇条に同意しなければならない。その第4条（キリストの復活に言及）に同意できないエンジェルは牧師の道を諦め、植民地での農場経営を志す。だが科学的根拠のない〈奇蹟〉の言説を信じられないエンジェルのなかにキリスト教への愛着は燻り続け、教義に囚われない素朴な信仰を抱くテスへの矛盾した言動となって現れる。時代の移行期における精神風土の抗しがたい変化や苦悩をこの小説に見たある批評家は、それを「**モダニズムの疼き**（うず）」と評した。

自然描写
Nature Description

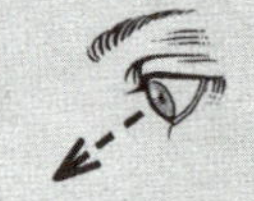

「ハーディ・カントリー」を舞台とするハーディの地方小説としての魅力の一端は、その**自然描写**にある。ロンドンに馴染めず、ドーセットの田舎に終の棲家を求めたハーディが自然に見出したのは、単に都会や人工的なものに対する優位性という意味作用だけではない。ハーディが描く自然は**多様性**に満ちている。なかでもグロテスクな自然——例えばエンジェルを神と崇めるテスと、テスのなかに女神を見るエンジェルが初々しい恋を育む場面にすら織り込まれる毒々しい赤や、忍び寄る蛇のイメージなど——は、ハーディ独自の自然観を反映している。

考えるヒント　▶グランディイズム

トマス・ハーディ（1840-1928） *Thomas Hardy*

1840年、イングランド南部のドーセット州で石工の息子として生まれたハーディは、音楽や読書に親しみながら建築家を志す。国教会の牧師を目指すほどの信仰心は、ダーウィンの『種の起原』や、当時の宗教論争に触れるなかで熱量を失う。処女作『窮余の策』（1871）を皮切りに、故郷を舞台とした小説を立て続けに発表。『はるか群衆を離れて』（1874）の成功を機に文筆業への専念を決意する。牧師の義妹エマ・ギフォードと結婚するが、階級意識の強いエマとの結婚生活はハーディを苦しめ続ける。小説家としての名声が高まる一方で、彼の作品を不道徳と批判する声は止まず、『ダーバヴィル家のテス』（1891）は出版が難航、度重なる削除修正を要請され、続く『日陰者ジュード』（1895）でも激しい批判を浴び、すでに経済状況が安定していたハーディは小説家人生に終止符を打つ。以後は詩作に注力し、1912年のエマの死後、ハーディの秘書であった38歳年下のフローレンス・ダグデイルと再婚する。

[I]t has never struck me that the spider is invariably male and the fly invariably female.
蜘蛛はつねにオスで、蜘蛛の巣にかかる蠅のほうはつねにメスなどといった考えを抱いたことは一度もない。

'The Tree of Knowledge'

トリビア

自分と妻がそうであったように、女性のほうが階級的に格上という男女の関係性にハーディは拘泥し、自作にもしばしば持ち込んでいる。

1928年に亡くなったとき、国民的作家・詩人として、ハーディの遺骨はウェストミンスター・アビーの〈ポエッツ・コーナー〉に納められたが、ドーチェスターを愛して止まなかったハーディの心臓だけは、故郷の一族の墓に埋葬されている最初の妻エマの隣に埋められた。

3行で読む トマス・ハーディ『日陰者ジュード』

- 貧しい孤児のジュードは、大学に進学し、牧師になるという大望を抱く
- 肉感的なアラベラに誘惑され結婚するもすぐに別居。再びかつての大望を取り戻す
- ジュードは従妹スー、アラベラ、フィロットソンとの四つ巴の悲劇に突入する

No. 27

'A Case of Identity'

in *The Adventures of Sherlock Holmes*

by Arthur Conan Doyle

'My dear fellow… life is infinitely stranger than anything which the mind of man could invent. We would not dare to conceive the things which are really mere commonplaces of existence. If we could fly out of that window hand in hand, hover over this great city, gently remove the roofs, and peep in at the queer things which are going on, the strange coincidences, the plannings, the cross-purposes, the wonderful chains of events, working through generations, and leading to the most *outré* results, it would make all fiction with its conventionalities and foreseen conclusions most stale and unprofitable.'

❖ **dare to *do*:** あえて〜する　❖ **commonplace:** ありふれたこと　❖ **peep:** 覗き見する
❖ **queer:** 奇妙な　❖ **coincidence:** 偶然の一致　❖ **cross-purpose:** 食い違った目的
❖ ***outré*:** 風変わりな　❖ **conventionality:** 慣例となった形式　❖ **stale:** 陳腐な

l.3 ***If we could ... outré results***「もし〜できたら」と条件を表す仮定法過去の従属節。

l.5 ***the strange coincidences ...*** 以下は ***the queer things*** の例示。

l.7 ***working ..., and leading ...*** ***peep in at*** の目的語である ***the queer things***（およびその具体例）の補語のような役割を果たしている。〈知覚動詞＋目的語＋***doing***〉の形が想起される。

l.8 ***it would make ...*** 仮定法過去の主節で、***make*** が動詞、***all fiction with its conventionalities and foreseen conclusions*** が目的語、***most stale and unprofitable*** が補語の第５文型。

「花婿失踪事件」

——『シャーロック・ホームズの冒険』より

アーサー・コナン・ドイル

「なあ、ワトソン…この人の世ってやつは人間の頭では到底創り出せないほどとんでもなく不可思議なものだね。本当にどこにでも転がっているような平凡極まることでさえ、とてもじゃないが想像しきれやしない。あの窓から手を繋いで飛び立って、この大都会の上空のどこかで留まり、家々の屋根をそっと外し、中を覗いてそこで進行中の奇妙な出来事を目の当たりにする、つまり、不可思議な偶然の一致やら企みやら行き違いやら出来事の驚くべき連鎖やらが何世代にもわたって続いた挙句、とてつもなく奇っ怪な結果を生み出している様子を目にすることができたら、ということだが、そうなったら、紋切り型の筋立てで結末の分かりきった小説など、どれも退屈で何の役にも立たないってことになるだろうね」

解説

作品冒頭のホームズの発言である。これに対してワトソンは新聞に載る事件はつまらないものばかりだと反論するが、「真実はつねに不可思議なもの、フィクションよりも不可思議」というバイロン（『ドン・ジュアン』第14歌）を思わせるホームズの見解の方が、例によって、正しいと証明される。興味深いのは引用最後の言葉。デンマークの王子が世の営みは退屈で味気なく無意味だと stale と unprofitable という語を使って嘆いている（『ハムレット』1幕2場）のである。ホームズがしばしば吐露する退屈という不満は主役ふたりに共通するロマンティックな憂鬱の反映だろうか。しかし注目すべきは、家の屋根を外すという空想が探偵行為（ひいては読解行為）の比喩になっている点かもしれない。読者はホームズに肩入れするが、誰も彼にプライヴァシーを探られたいとは思うまい。おそらく（探偵）小説は覗くのは好きだが覗かれるのは嫌いという読者の身勝手に支えられている。

あらすじ

アーサー・コナン・ドイル「花婿失踪事件」

ベイカー街の下宿でホームズとワトソンが推理合戦の趣もある会話をしているところに依頼人のメアリ・サザーランドがやってくる。ホームズは例によって、鋭い観察眼を発揮し、彼女の職業（タイピスト）などを見事に推理する。彼女の依頼は結婚式当日に消えてしまった花婿を探してほしいというもの。意外なことにホームズはその依頼に興味を示し、彼女から詳しい話を聞いて見事にその謎を解く。当時普及しつつあったタイプライターを小道具として取り入れるところにも作者の工夫が見られるが、一番の工夫はタイトルだろう。「花婿失踪事件」などと翻訳される原題は A Case of Identity であり、これは「人違い」（a case of mistaken identity）を下敷きにした表現で、この事件を見事に説明している。

定型
Formulaic Convention

ホームズものは**探偵小説の型**の形成に大きく貢献したが、シリーズとしても　①下宿でのホームズとワトソンの会話　②依頼人が登場、事件を説明　③ワトソンの反応、推理（ミスリード）④事件への直接介入（ふたりが現場を訪れたりして証拠収集）⑤刑事か誰かが間違った推理を披露、ホームズはパイプやバイオリンで気分転換　⑥大団円（犯人逮捕のないこと多し）⑦ホームズによる真相の説明　という**基本パターン**が見られる。本作の場合はどうか。

科学探偵

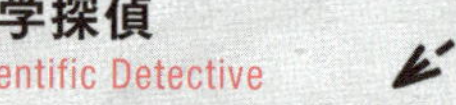

作者は自伝で探偵術を**「厳密な科学」**に近づけたいと考え、優秀な能力を使って事件を解決する「科学探偵」を造型しようとしたと記している。実際、本作でもワトソンが「謎を解いたか」と尋ねると、ホームズは趣味で行っていたと思しい化学実験の結果を答えるほどである。観察を土台に依頼人の素性や当日の行動までも正しく推理する姿はまさに科学探偵にふさわしい。だが事件の解明に関しては、特別な科学的知識を使うことはなく、指紋照合を馬鹿にするなど、科学探偵とは言い難い。

考えるヒント　▶読解行為

アーサー・コナン・ドイル (1859-1930) *Arthur Conan Doyle*

エディンバラに生まれエディンバラ大学で医学を修めて医院を開業する。仕事の合間に創作を始め、『緋色の研究』(1887)が最初の小説。同作でデビューしたシャーロック・ホームズの造型が学生時代の恩師、ベル博士の人物観察に触発されたことは有名。ホームズは1891年以降『ストランド・マガジン』に掲載された短編で人気を集める。その短編を纏めたのが『シャーロック・ホームズの冒険』(1892)と『シャーロック・ホームズの思い出』(1894)で、作者は後者の最後の作品でこの人気者を宿敵モリアーティとともに死なせてシリーズに終止符を打ったが、読者の強い要望で復活させた。ドイル本人は『白衣の騎士団』(1891)といったウォルター・スコットのような歴史小説を目指していたらしい。類まれな科学者チャレンジャー教授を登場させた冒険小説『失われた世界』(1912)が大成功をおさめたが、晩年は心霊主義に傾いた。

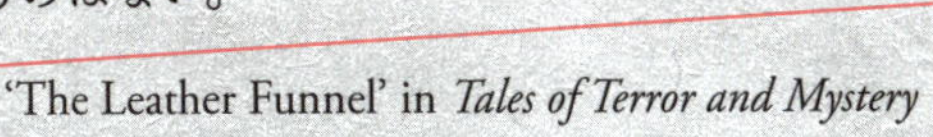

[T]here is no scent so pleasant to my nostrils as that faint, subtle reek which comes from an ancient book.
私の鼻によると、古い本から立ちのぼるかすかで繊細な香りほど喜ばしいものはない。

'The Leather Funnel' in *Tales of Terror and Mystery*

もともとは医者であり、北極圏行きの捕鯨船やアフリカ行きの汽船に船医として乗り込んだ経験もある。後に自身の診療所を構え、患者のいない待ち時間を使って小説を書き始めた。

実際に起きた事件の容疑者として逮捕された人物の冤罪を晴らしたことが、一度ならず二度までもある。自ら容疑者と接見し、犯行現場に足を運ぶなどホームズ顔負けの活躍をみせた。

3行で読む コナン・ドイル『失われた世界』

- 絶滅したはずの古代生物を求めて、チャレンジャー教授の一行は英国から南米へ向かう
- アマゾン川を遡った先で、探検隊は高原に取り残された〈失われた世界〉を発見する
- 翼竜や肉食恐竜、類人猿の襲撃を受けながら、原住民の助けにより英国へ帰還する

No. 28

The Odd Women

by **George Gissing**

‘They all strike me as childish. Monica is a dear little girl; it seemed a great absurdity to talk to her about business. Of course she must find a husband.’

‘I suppose so.’

Rhoda’s tone of slighting concession amused her companion.

‘My dear, after all we don’t desire the end of the race.’

‘No, I suppose not,’ Rhoda admitted with a laugh.

‘A word of caution. Your zeal is eating you up. At this rate, you will hinder our purpose. We have no mission to prevent girls from marrying suitably, ——only to see that those who can’t shall have a means of living with some satisfaction.’ (Chap. 6)

❖ **childish:** 子どもっぽい ❖ **absurdity:** 愚かなこと ❖ **slighting:** 軽蔑したような
❖ **concession:** 譲歩 ❖ **caution:** 警告 ❖ **zeal:** 熱意 ❖ **eat up:** 〜を食い尽くす
❖ **at this rate:** この分では ❖ **hinder:** 〜を妨げる ❖ **means of living:** 生活手段

l.1 ***it seemed a great absurdity to talk ...*** ***it*** は形式主語で、真の主語は ***to talk to her about business*** という ***to*** 不定詞句。

l.10 ***see that*** この ***see*** は ***that*** 節を伴い、「〜となるように気をつける、取り計らう」の意味。

l.10 ***those who can't shall have ...*** ***those who can't*** は ***that*** 節内の主語で、***can't*** のあとに ***marry suitably*** が省略されている。

『余った女たち』

ジョージ・ギッシング

「彼女たち3人とも子どもっぽいわね。モニカは可愛らしい娘さんだけど、あの子に仕事の話をするなんてとんだ筋違いだったみたい。彼女に必要なのは夫よ」

「そのようね」

こう言ったときのローダの軽蔑したような口調が相手［メアリ］を面白がらせた。

「ねえ、わたしたちはべつに人類の滅亡を願ってるわけじゃないんだから」

「たしかにそうね」ローダは笑い声を立てた。

「一言だけ言わせて。その熱意はあなたを消耗させるわよ。そんな調子じゃ、わたしたちの目的の妨げになってしまうわ。わたしたちの使命は、娘さんたちが相応の結婚をするのをやめさせることじゃなくて、結婚できない女性たちが、そこそこ満足した生活手段をもてるように手を貸すことなのよ」

解説

1890年代に登場する「新しい女」（the New Woman）はフェミニストと一括りにされがちであるが、政治活動にはほぼ参加せず、その関心はむしろ新しい生活様式――結婚制度に縛られない性的自由、飲酒や喫煙、服装改革等々――にあるという点で、後者との差異化が必要である。メアリとローダは公的運動への参加には興味がなく、半ば慈善、半ば仕事として、若い女性たちにオフィス・ワークの技能を教える「新しい女」たちである。「人類の滅亡」という言葉遣いが示すように、共にダーウィン以後の知的文化に浴しながらも、しかしふたりの結婚観は必ずしも一致しない。より穏当なメアリに対し、結婚（＝男性への依存）という生き方しか望めないモニカを侮蔑するローダは、彼女が好意を抱くエヴェラードとモニカの関係を疑い、モニカに嫉妬し、結局エヴェラードとの対等な関係の構築に失敗することで、決して幸福な結末に行き着かないニュー・ウーマン小説のヒロインの系譜にその名を連ねることになる。

あらすじ

ジョージ・ギッシング『余った女たち』

開業医の父の死後、マドン家の長女アリスは中流階級のご婦人の話し相手兼世話係、次女のヴァージニアは家庭教師として自活するが、30代に入り健康を損なって職を失い、極度に切り詰めた生活を強いられ、宗教やアルコールに逃げ道を求める。「余った女」としてのふたりは女店員として働く美人の末妹モニカに期待をかけるも、モニカには経済的に自立した女性になる気概はなく、二倍も年上の紳士ウィドウソンの求婚に応じる。ほどなく嫉妬深い夫に嫌気がさし、他の男性に心を移すも、独り相撲に終わり、結局モニカはウィドウソンとの子どもを産み落として死に至るが、ウィドウソンはそれが我が子かどうか疑念を抱く。一方、モニカのような若い女性に職業訓練を受けさせ、自活の手段を与えようとする「新しい女」ローダ・ナンとメアリ・バーフットは男性に頼らない人生を理想として掲げながら、メアリの従弟エヴェラードがローダに求婚したことで、彼女たちもまた、自らの理想を裏切る本音と対峙せざるを得なくなる。

余った女たち
Odd Women

19世紀英国における男女比の偏りは結婚できない「**余った／変な**」女たちを大量に生み出し、その対策として植民地への移住や新たな職種の開拓など賛否両論姦(かしま)しい社会問題へと発展する。本作では女性の数が男性より50万人も上回る現状打破のため、ローダは**女性の職業訓練**を企図する。19世紀半ばには家庭教師が女性にとっての唯一の「お上品な」職であったのに対し、後半にかけて女性事務員の数が増加、なかでもタイピストはその代表格であった。

独身男性の都市住居
Bachelor Flats

衣料店での1日13時間以上の重労働に疲れ、結婚に逃げ込むも、夫の束縛に耐え難さを覚えるモニカが社交的な若者ビーヴィスの招待で訪問した彼の住居は**フラット**（アパートメント）である（同じフラットにはローダと恋仲になるエヴェラードの居室もある）。中流階級の伝統的な屋敷とも、『ダロウェイ夫人』で言及される高級独身アパートとも異なり、手狭で召使もいないビーヴィスのモダンかつコンパクトなフラットは、モニカの**不徳**を促す危険な空間となっている。

考えるヒント ▶新しい女

ジョージ・ギッシング（1857-1903） *George Gissing*

ヨークシャーの薬屋の家に生まれ、知的教養に憧れを抱く父の影響で学業に秀で、奨学金を得てマンチェスターのオーエンズ・コレッジに入学する。しかし、恋人の売春婦ネルを社会の犠牲者とみなして更生させようとし、友人から金を盗んだ罪で投獄、退学の憂き目にあう。１年間のアメリカ生活を経て帰国したギッシングはネルと結婚し、小説家を目指すが、彼女の飲酒癖が主たる原因で結婚は破綻。４年後ネルは死亡。遅筆のため貧困から抜け出せないなか、知的女性との結婚を望みつつ、過去の過ちのせいで世をすねた彼は、再び下層階級の無教養な娘を妻にするも、妻への不満と健康の悪化から家庭を捨て、妻は精神病院に収容される。彼の代表作『三文文士』（1891）の翻訳を申し出たフランス人ガブリエル・フルリとの内縁関係によって、追い求めてきた理想がついに実現し、随筆集『ヘンリ・ライクロフトの私記』（1903）も人気を博するが、体調をこじらせ、46 歳で絶命する。

To every man is it decreed: thou shalt live alone.
あらゆる人間がこう定められているのだ
——「汝、ひとりで生きるべし」と。

The Private Papers of Henry Ryecroft

最初の妻ネルと結婚後、ギッシングは彼女の矯正を諦めるが、別居後ネルが飲酒と梅毒で身を持ち崩し、貧民街で亡くなるまで、金銭的援助を続けた。

彼の小説は批評家たちから然るべく評価を受けていたが、ギッシングはその評価と金銭的対価が見合っていないことに不満を抱き続けていた。

3行で読む ジョージ・ギッシング『三文文士』

- 実利主義のジャスパー・ミルヴェインは、芸術価値よりも金銭的関心から文筆業に勤しむ
- 対照的に芸術的理想を追求するエドウィン・リアドンは小説が売れず、不遇のうちに死亡
- ミルヴェインは婚約者の財政状況が悪化すると、リアドンの未亡人にあっさり乗り換える

No. 29

The Time Machine

by **H. G. Wells**

The question had come into my mind abruptly: were these creatures fools? You may hardly understand how it took me. You see I had always anticipated that the people of the year Eight Hundred and Two Thousand odd would be incredibly in front of us in knowledge, art, everything. Then one of them suddenly asked me a question that showed him to be on the intellectual level of one of our five-year-old children——asked me, in fact, if I had come from the sun in a thunderstorm! It let loose the judgment I had suspended upon their clothes, their frail light limbs and fragile features. A flow of disappointment rushed across my mind. For a moment I felt that I had built the Time Machine in vain. (Section 4)

❖ **abruptly:** 突然　❖ **take:** (感情などが) ～を襲う　❖ **anticipate:** ～を予期する
❖ **odd:** ～あまり　❖ **incredibly:** 信じられないほど　❖ **in front of:** ～より進んでいる
❖ **intellectual:** 知的な　❖ **thunderstorm:** 雷、雷雨　❖ **let loose:** ～を解放する
❖ **suspend:** ～を保留する　❖ **frail:** 虚弱な　❖ **limb:** 手足　❖ **fragile:** 弱い、もろい
❖ **feature:** 顔立ち

l.1 *The question ... : were these creatures fools?*　コロン以下に *The question* の内容が示されている。

l.4 *Then one of them suddenly ...*　前文の「予想」に反する内容が続くので、文頭の *Then* には逆接的なニュアンスがあると解釈できる。

l.6 *asked me, ..., if I had come ...*　この *if* は「～かどうか」という意味の名詞節を導く従属接続詞。

l.7 *It let loose the judgment I had suspended ...*　*the judgment* と *I* の間に目的格の関係代名詞が省略されている。

『タイム・マシン』

H・G・ウェルズ

唐突に疑問が生まれていた。この連中は低能なのではないか？　その疑問に取り憑かれたわたしがどれほどショックを受けたことか、誰にも分かるまい。八十万二千年あまり後の人類は知識であろうが芸術であろうが、つまりはすべてにおいて我々よりも信じられないほど先を行っているとずっと思っていたのだ。それなのに、かれらの中のひとりが突然わたしに問いかけた内容は、その男が我々の見知った五歳児の知的レヴェルにしかないことを示していた。実際、彼が尋ねたのは、わたしが雷にのって太陽からやって来たのか、ということだった。そのせいで、かれらの身につけている衣服、かよわい手足、はかなげな目鼻立ちについて、それまで保留していた判断をためらいなく下すことになった。一気に落胆して心が沈んだ。タイム・マシンを作ったのもまったくの徒労だったという思いにしばし囚われたのだ。

解説

時間旅行から戻ったタイム・トラベラーが友人たちに語る未来人との最初の遭遇の場面。彼は相手の幼稚な質問から、その知性が自分たち現代人の小児と同じくらいだと悟って、タイム・マシンの制作が無駄だったと感じるほど大きな失望を味わっている。しかも彼の期待がいかに大きかったかは（否定的な）判断を「保留していた」ところにも表れている。その期待とは、自分たちから著しく「発達（developments）」した未来の人類、自分たちの「原始的な文明（rudimentary civilization）」を大きく「進歩（advancement）」させたはずの未来社会に向けられていた。この物語はそうした進化への信仰を裏切る。エロイとモーロックは、言ってみれば19世紀英国社会の資本家と労働者の進化形もしくは退化形である。しかも前者による後者の搾取、抑圧、支配という力関係の逆転には、ダーウィニズムに接ぎ木された革命思想が窺えるとも言えよう。

あらすじ

H・G・ウェルズ『タイム・マシン』

第４次元である時間を旅するタイム・マシンを発明し、時間旅行をするタイム・トラベラーの話をその知人が語るというフレーム・ストーリー形式を持つ。タイム・トラベラーが最初に到達した802701年の世界は楽園を思わせたが、次第に人類が２種族に分化しているという真相が明らかになる。地上で暮らすエロイという種族は、身体も知力も子どものようで、優雅な生活を享受していた有閑階級のなれの果てであり、かつてエロイの支配下で生産活動に従事し、地下へと追われた労働者階級はモーロックとなり、夜に地上に出てエロイを捕らえて食糧にしている。モーロックに襲われそうになったタイム・トラベラーはタイム・マシンで辛うじて逃れ、さらに未来に赴き、人類が滅亡し、巨大な蟹に似た生物が這いずり回っているだけの世界や、苔以外の生物は皆無と思われる冷気に覆われた世界を目撃して帰還。彼はその経験を語ったのち、再び時間旅行に出かけ、そのまま姿を消す。

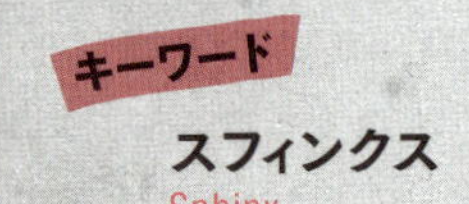

キーワード

スフィンクス
Sphinx

訪れた未来世界でタイム・トラベラーが最初に目にするのが、彼の「驚きに微笑みながら、ずっとその様子を観察しているかのような」スフィンクスに似た建造物で、以後、何度も「白いスフィンクス」として言及される。当然スフィンクスの謎を解いたオイディプスの答が連想されるので、これは**人類、さらには地球の運命**を暗示しているらしい。T・H・ハクスレーが放物線に譬えたように、進化とは**進歩、発展の先に待つ退化、衰退**をも意味する。

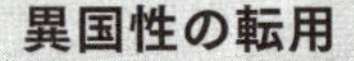

異国性の転用

Conversion of Spatial Foreignness

ここで描かれる未来の世界は帝国のゴシックが描く空間上の**異郷の地の変奏**といった側面を持つ。エロイとモーロックは西欧の冒険家が探検する未踏の地の原住民が冒険者にとって味方と敵に分かれるというパターンを踏襲し、冒険者を神と看做す（味方となる）原住民の姿はエロイの反応に繰り返されており、冒険者に恋し、彼を助ける健気な娘という類型の影をウィーナに見ることができる。**「時間は一種の空間にすぎない」**とタイム・トラベラーは説明していた。

考えるヒント　▶冒険小説　▶ダーウィニズム

H・G・ウェルズ（1866-1946） *H. G. Wells*

ケント州の貧しい商人の家の末子として生まれ、強い知識欲と不本意な丁稚奉公との間で揺れる子ども時代を送る。グラマー・スクールの見習い教師となり、奨学金を獲得してロンドンの科学師範学校に入学、T・H・ハクスレーの生物学の講義から大きな影響を受ける。次第に関心が文学や政治に移り、学位を取らないまま、教鞭をとりつつ雑誌に寄稿。『タイム・マシン』を皮切りに、90年代にSFの古典とされる作品を続々と発表。20世紀に入ると偽物に踊らされる社会を描く『トーノ・バンゲイ』（1909）や自らの女性遍歴を背景に「新しい女」を描く『アン・ヴェロニカ』（1909）、半伝記的な『ポリー氏の生涯』（1910）などを代表とする風俗小説に方向転換する。同時期、フェビアン協会に入るなど、社会的関心も強く、第一次世界大戦を経験した世界への提言や壮大な人類史と言うべき『世界文化史』（1920）などの評論を含め、膨大な著作を残した。

I had rather be called a journalist than an artist.
芸術家というよりはジャーナリストと呼ばれたい。

'A Letter to Henry James'

SFの父と呼ばれることがある。実用に先駆けてウェルズの作品に登場したモチーフは戦車、原子爆弾、無線通信、遺伝子工学など多岐にわたる。

『月世界最初の人間』や『宇宙戦争』などの作品で知られる作家にちなんで、H. G. Wellsと名付けられたクレーターが月にある。

3行で読む H・G・ウェルズ『宇宙戦争』

- 20世紀初頭、落下した流れ星から火星人が現れ、周囲の人々を熱線で焼き尽くす
- 軍隊が出動するもテムズ川での戦闘を経て壊滅。ロンドンから逃げ出す人々
- 焼け跡にて、火星にはない細菌によって死んだらしい火星人の死骸が発見される

No. 30 *The Scarlet Pimpernel*

by Baroness Orczy

Chauvelin, who, as he told Marguerite once, had seen a trick or two in his day, had never dreamed of this one. With one ear fixed on those fast-approaching footsteps, one eye turned to that door where Desgas and his men would presently appear, lulled into false security by the impudent Englishman's airy manner, he never even remotely guessed the trick which was being played upon him.

He took a pinch of snuff.

Only he, who has ever by accident sniffed vigorously a dose of pepper, can have the faintest conception of the hopeless condition in which such a sniff would reduce any human being.

Chauvelin felt as if his head would burst——sneeze after sneeze seemed nearly to choke him; he was blind, deaf, and dumb for the moment, and during that moment Blakeney quietly, without the slightest haste, took up his hat, took some money out of his pocket, which he left on the table, then calmly stalked out of the room! (Chap. 25)

❖ **trick:** 策略、たくらみ ❖ **lull:** ～を安心させる ❖ **impudent:** 厚かましい ❖ **airy:** 軽薄な
❖ **remotely:** すこしも ❖ **a pinch of:** ひとつまみの～ ❖ **snuff:** 嗅ぎ煙草 ❖ **sniff:** ～を嗅ぐ
❖ **vigorously:** 勢いよく、元気に ❖ **reduce:** ～を陥らせる ❖ **sneeze:** くしゃみ
❖ **choke:** ～を窒息させる ❖ **stalk:** 闊歩する

l.2 *this one*　この ***this*** は、これから紹介する内容を後方照応的に指している。

l.2 *With one ear fixed on ..., one eye turned to ...*　付帯状況の ***with*** を使った構文で、〈***with*** ＋名詞＋分詞〉の形をとる。***one eye*** の前の ***with*** は省略されている。***lulled into*** 以下は分詞構文。

l.8 *Only he, ...*　この ***he*** は特定の人物ではなく、一般の人を指す総称的な用法。

『紅はこべ』

バロネス・オルツィ

以前マルグリートに語ったように、ショーヴランも若い頃には策略のひとつやふたつ目にしたものだが、こんなやり口があろうとは夢にも思わなかった。近づいてくる急ぎ足に片耳をそばだて、片目はデガとその部下たちが今にも現れるはずの戸口を注視し、この無遠慮なイギリス人の軽薄な態度に安心しきっていたので、自分に仕掛けられようとしている企みには微塵も思い至らなかった。

彼は嗅ぎ煙草をひとつまみ嗅いだ。

うっかりコショウを威勢よく吸い込んでしまった経験がなければ、それが人をどんな惨状に陥れるか到底わかるまい。

ショーヴランは頭が爆発するかと思った。立て続けにくしゃみが出て窒息しそうになり、しばらくは目も見えず耳も聞こえず口もきけない状態だったが、その間ブレイクニーは落ち着き払い、少しも慌てずに帽子を取り上げ、ポケットから幾らかの金を出すとテーブルの上に置き、平然と部屋から歩み去っていったのだ！

解説

「紅はこべ」が現れる宿の情報をショーヴランに伝えたあとで、噂の英雄が自分の夫であることを知ったマルグリートは、夫にこの危機を伝えたい一心で、問題の宿の屋根裏に身を潜めて階下の様子を盗み見る。聖職者に変装したショーヴランが待ち受けるその宿に入ってきたパーシー・ブレイクニーは、ショーヴランに悠然と話しかけて彼を動転させ、その隙に嗅ぎ煙草にコショウをふりかけ、何食わぬ顔でショーヴランに煙草を勧める。ショーヴランが手配した警察が今にも宿に到着するという極限まで緊迫した状況でパーシーがとった行動は、お気楽な仮面を裏切ることなく、敵を滑稽極まりない混乱に陥れ、自身は一滴の血も流さずに窮地を脱する。マルグリートの視線を通して、読者は緊張と安堵、爽快な笑いを彼女と共有する。絶世の美女と英雄との愛は、メロドラマの王道的クリシェである。

あらすじ

バロネス・オルツィ『紅はこべ』

時は1792年、ギロチンの血が乾く暇もない恐怖のなか、フランスからの脱出を図る貴族たちに手を貸すイギリス貴族の一派が出現する。彼らのリーダー「紅はこべ」の胆力と機智に翻弄され続け、業を煮やしたフランス側は、紅はこべの正体を突き止めるべく、大使のショーヴランをスパイとしてイギリスに送り込む。ショーヴランは、かつてのフランス女優マルグリートの兄が紅はこべと通じていることをネタにマルグリートを脅迫し、紅はこべの逮捕を画策する。今やイギリス社交界一の人気者サー・パーシー・ブレイクニーの奥方に納まっているマルグリートは、洒落者で鈍間(のろま)なパーシーを軽蔑しているが、ひょんなことからそのパーシーこそが紅はこべであることを知る。兄を助けたい一心でショーヴランの脅しに屈してしまったマルグリートは、フランス貴族の救出のためカレーに向かった勇敢な夫に危険が迫っていることを知らせるため、自ら彼の後を追ってフランスの地に降り立つ。

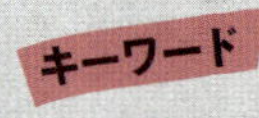

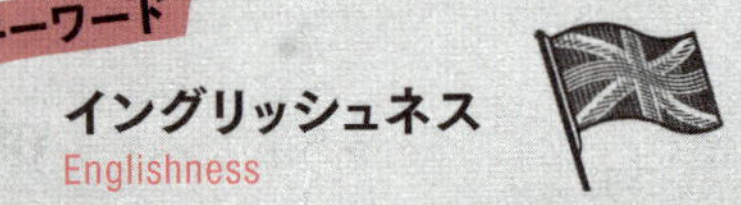

イングリッシュネス
Englishness

ハンガリーの貴族の出身で数か国語を操るオルツィの描くイギリス人の英雄サー・パーシー・ブレイクニーと彼の仲間たちは、中世の**騎士道精神**に則って忠義を重んじ、利他的な働きに命をかけ、女性を敬う勇敢で洗練された上流社会の面々という理想のステレオタイプを体現している。とりわけフランスとの対比においてその優越性が際立つこうした「**英国人**」像こそが、歴史ロマンスかつ大衆小説としての本作の中核を成している。

変装
Disguise

「紅はこべ」ことサー・パーシー・ブレイクニーが英仏を股にかけ、フランス革命軍の網の目をかいくぐっての救出劇を成功させる**冒険活劇**において、彼の機知に富む戦略が発揮されるのがその**変装術**である。あるときは空っぽの樽を積んだ荷馬車をまず城門から通した後、その荷馬車を追いかける守備隊長に、あるときは天然痘に罹った孫を運ぶ老婆に化けてまんまと敵方の裏をかくパーシーは、社交界では戯者の昼行燈を装う仮面の人である。

考えるヒント　▶冒険小説　▶メロドラマ

バロネス・オルツィ（1865-1947） *Baroness Orczy*

オルツィ男爵の次女としてハンガリーに生まれる。地主の父が小作農の反乱に遭い、３歳のころブダペストに移動、その後ブリュッセル、パリへと移り住み、父親とはハンガリー語、母親とはフランス語、祖母とはドイツ語で会話をする。芸術家を目指し、ヘザーリー美術学校に入学。そこで出会ったヘンリ・バーストウと 1894 年に結婚。夫妻は書籍や雑誌のイラストで生計を立てる。30 代半ばから文筆活動を始め、1900 年開催の万博見物で訪れたパリに刺激を受けて 5 週間で書き上げた『紅はこべ』は複数の出版社から却下されるも、舞台版を経て 1905 年に小説として出版されると人気に火が付き、以後映画、ミュージカル、バレエなどにも派生する大ヒットとなる。第一次大戦後、別荘を購入したモナコで夫妻はそれぞれ肺病、神経衰弱の療養をおこなう。イタリアにも家を得るが、ムッソリーニ政権への嫌悪から 1933 年に手放す。第二次大戦後イングランドに戻り、腎臓不全と老衰により永眠。享年 82 歳。

Thus human beings judge of one another, superficially, casually, throwing contempt on one another, with but little reason, and no charity.
かように人間とは互いを上っ面だけで適当に判断し、軽蔑し合うものなのだ。ほんの少しの理由で、思いやりの心は一切ないままに。

The Scarlet Pimpernel

トリビア

15 歳でロンドンに渡るまで英語が話せなかったという逸話はオルツィの作り話である可能性が高い。

『紅はこべ』の続編 11 冊をはじめ女性探偵の走り（レイディ・モリー）などの小説も手掛ける。

3行で読む　チャールズ・ディケンズ『二都物語』

- サン・テヴレモンド侯爵の悪行を目撃したマネットは、18 年間バスティーユに投獄される
- 侯爵の甥チャールズ・ダーネイはイギリスに逃れ、マネットの娘ルーシーと愛し合い結婚
- フランスで死刑宣告を受けたダーネイは、彼と瓜二つのシドニー・カートンに救われる

No. 31

The Secret Agent: A Simple Tale

by **Joseph Conrad**

A mistrust of established reputations was strictly in character with the Assistant Commissioner's ability as detector. His memory evoked a certain old fat and wealthy native chief in the distant colony whom it was a tradition for the successive Colonial Governors to trust and make much of as a firm friend and supporter of the order and legality established by white men; whereas, when examined sceptically, he was found out to be principally his own good friend, and nobody else's. Not precisely a traitor, but still a man of many dangerous reservations in his fidelity, caused by a due regard for his own advantage, comfort, and safety. A fellow of some innocence in his naïve duplicity, but none the less dangerous. He took some finding out. (Chap. 6)

❖ **mistrust:** 不信　❖ **in character with:** ～の特質に合って　❖ **evoke:** ～を呼び起こす
❖ **make much of:** ～を重んじる　❖ **whereas:** ～である一方で　❖ **traitor:** 裏切り者
❖ **reservation:** 留保　❖ **fidelity:** 忠誠　❖ **due:** 相応の　❖ **duplicity:** 二枚舌

l.3 *it was a tradition for ...*　形式主語の文。***for*** 以下が意味上の主語で、***to trust*** 以下が真主語。

l.10 *He took some finding out.*　この ***take*** はうしろに動名詞を伴って「～することを要する、～する必要がある」の意味。***take*** の主語が動名詞 ***finding out*** の意味上の目的語になっていることに注意。もちろん ***find him*** と ***find him out*** の違いを意識しなければならない。

『シークレット・エージェント』

ジョウゼフ・コンラッド

定評を疑ってかかることこそまさに看破者としての警視監の才能が発揮されるところだった。記憶が蘇り、はるか遠方の植民地で知ることになった原住民の族長のことが思い出される。植民地総督は代々、族長の立場にある太った財産持ちのこの老人を白人の確立した秩序と遵法精神の忠実な味方であり支持者として、信用し厚遇するのが長年の伝統となっていた。ところがいざ懐疑の目を向けて調べてみると、その族長は何より自分自身の味方で、他の誰の味方でもないことが判明した。厳密な意味で裏切り者というわけではない。だがそれでも、彼は自らの利益と安楽と安全に対する相応の配慮を怠ることがなく、よってその忠誠心には多くの危険な保留条項がつく人物だった。天真爛漫な二枚舌を使うような無邪気なところもあったが、やはり危険人物であることに変わりはない。なかなか正体を掴ませない男だった。

解説

ロンドン警察の警視監が有能と目される部下の警部を前にして、「生まれながらの刑事」としての自己像を確認するために過去を回想する場面。彼が部下の警部に対抗して、自ら爆弾事件の捜査に乗り出すのには実は隠れた動機があるのだが、ここではもっぱら事の真相なり人物の深層なりを「看破する（detect, find out）」彼の能力が強調される。「厳密な意味で裏切り者というわけではない。だがそれでも……」と述べられるように、人間は截然と白か黒か分けにくいというのは「単純な話」で、それを描こうとすれば、「天真爛漫な二枚舌」といった、或いはそれが「無邪気」であるといった撞着語法が多用されるのも当然である。それは人間の言動がそれほど論理的に説明できるものでなく、矛盾をはらんでいることの反映である以上、この些末と見える一節は本作の人物や出来事がおしなべてアイロニカルに描かれることを集約している。アイロニーは「AはBである」と言いながら、B以外の何かを含意していると察知されるときに生まれるのだから。

あらすじ

ジョウゼフ・コンラッド『シークレット・エージェント』

19世紀末のロンドン。ヴァーロックは怪しげな店を経営しつつ某国のスパイとして働いているが、職務怠慢をとがめられ、グリニッジ天文台を爆破するよう命じられる。彼はアナキストの一員でありながら、実は警察とも通じている二重スパイで、この指令にどう対処するか苦慮した結果、知的障害のある義弟を連れて自ら爆破を試みるが、思いがけず義弟の悲惨な死を招くことになる。弟スティーヴィを溺愛し、そのために結婚したとも思える妻ウィニーは、その死を知ると、鈍感な夫への憎悪を募らせ、刺し殺してしまう。その後、憎からず思っていたアナキストのひとりと国外逃亡を図るが、彼女に恐怖を感じた彼にも裏切られて、最後は海に身を投げたことが暗示される。大言壮語の議論に明け暮れるアナキストと孤独な爆弾魔との皮肉な対比があり、事件を捜査する警察側でも敏腕警部と警視監が犯人逮捕とは別の思惑から皮肉なつばぜり合いを演ずる。全編を通じて作者の皮肉な視線が際立つ。

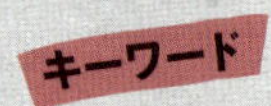

秘密の行為体
Secret Agent

タイトルの**「シークレット・エージェント」**はスパイか諜報員を意味するのはもちろんで、主人公と思しき人物はたしかにその任にある。だが、スパイは隠れた真相を探るために、自らの正体を隠すわけで、その**二面性**を考えると、人は誰しも多かれ少なかれスパイではないか。エージェントとは**「行為体」**の意でもあり、この作品に登場する人物はほぼ全員がその意味では相手の秘密を探ると同時に自らの正体を偽装するシークレット・エージェントである。

二重性
Duality

シークレット・エージェントとしての人間存在は、**二重性**を帯びる。二重スパイである主人公はもちろん、ここでは社会の転覆を目指すアナキストが現実の社会体制に依存しており、犯罪者を摘発すべき刑事がどこか犯罪者に似てしまうという**逆説**が描かれる。ヴァーロックと結婚したウィニーはもちろん、植民地の族長という端役にまで二重性は浸透していて、それを免れているのはおそらく弱者への同情や権力への怒りに身を委ねることのできるスティーヴィだけである。

考えるヒント　▶スパイ小説　▶アイロニー

ジョウゼフ・コンラッド（1857-1924） *Joseph Conrad*

ポーランド人で、現ウクライナ北部の上流階級の家に生まれた。父が反ロシアの蜂起計画に加わって失敗し、家族と流刑生活を余儀なくされた挙句、孤児となる。母方の伯父に育てられた後、船員となり、船長の資格を獲得してイギリスに帰化。1879年ころより執筆を始め、90年代には主に海と船を舞台とする作品を発表した。中編『闇の奥』（1899）と『ロード・ジム』（1900）ではマーロウという語り手を設定し、辺境で露呈する帝国の限界を地として、個人の欲望と尊厳の形を追求した。前者に窺われる白人中心主義をナイジェリア出身のチヌア・アチェベが指弾したことは有名。20世紀に入ると、『シークレット・エージェント』（1907）の他、南米の架空の国の銀鉱経営を背景に革命騒ぎを描く壮大な『ノストローモ』（1904）と裏切り行為の行く末をサスペンスフルに描く『西欧人の眼に』（1911）などの傑作が並ぶが、創作力の衰退を指摘されていた『放浪者』（1923）などの後期作品も再評価されつつある。

It's only those who do nothing that make no mistakes, I suppose.
間違いを犯さない者は、何もしない者だけである。

An Outcast of the Islands

トリビア

生涯を通じてヨーロッパ各地や東南アジア、アフリカ大陸などを旅する流浪の日々を送った。これらの経験は、コンラッドが1886年に国籍を取得したイギリスの言語、つまり英語で書かれた作品として実を結ぶことになる。

『闇の奥』は、フランシス・フォード・コッポラによって『地獄の黙示録』として映画化された。『闇の奥』の主な舞台はアフリカ大陸だが、コッポラは翻案して舞台をベトナム戦争に置き換えた。

3行で読む　ジョウゼフ・コンラッド『闇の奥』

- 船乗りであるマーロウが貿易会社に入り、アフリカにある出張所へと赴く
- 奥地から大量の象牙をもたらすクルツという人物に会うべく、コンゴ川を遡る
- クルツは王のように現地人たちを支配する人物だったが、病気により息絶える

No. 32

'The Blue Cross'

in *The Innocence of Father Brown*

by G. K. Chesterton

The most incredible thing about miracles is that they happen. A few clouds in heaven do come together into the staring shape of one human eye. A tree does stand up in the landscape of a doubtful journey in the exact and elaborate shape of a note of interrogation. ... Nelson does die in the instant of victory; and a man named Williams does quite accidentally murder a man named Williamson; it sounds like a sort of infanticide. In short, there is in life an element of elfin coincidence which people reckoning on the prosaic may perpetually miss. As it has been well expressed in the paradox of Poe, wisdom should reckon on the unforeseen.

❖ **elaborate:** 手の込んだ　❖ **note of interrogation:** 疑問符　❖ **infanticide:** 嬰児殺し
❖ **elfin:** 妖精のような（エルフはいたずら好きの妖精で、**play the elf** は「いたずらをする」の意）
❖ **coincidence:** 偶然の一致　❖ **reckon on:** ～を当てにする　❖ **prosaic:** 散文的な
❖ **perpetually:** 絶え間なく、ひっきりなしに　❖ **unforeseen:** 思いがけない、不測の

l.1 ***that they happen***　*that* は接続詞で名詞節をつくり、「奇蹟が起こるということ」の意。
l.2 ***do come***　この *do* は強調の助動詞で、*l.3, l.4, l.5* の *does* も同じ。
l.6 ***it sounds like a sort of infanticide***　*Williams* が *Williamson*（「ウィリアムズの息子」と読める）を殺すことを、ここでは「嬰児殺し」になぞらえている。
l.8 ***reckoning on the prosaic***　*people* を後置修飾する分詞句。

「青い十字架」

――『ブラウン神父の無心』より

G・K・チェスタトン

奇蹟のいちばん信じがたいところは、それが現実に起きるということである。空に浮かぶ2、3の雲が集まってじっと見開いた人の眼の形になる。たどるべき道筋の定かならぬ旅路の風景のなかに、木が1本まさに疑問符そっくりの形で立ち現れる。…ネルソンは勝利の瞬間に息絶え、ウィリアムズという名の男がまったく偶然にウィリアムスンという名の男を殺す。どこか嬰児殺しのような話。つまり、人生には妖精のいたずらみたいな偶然の要素があるのだが、散文的な考え方に信を置いている人はいつもそれを見過ごしているのかもしれない。ポーの逆説に見事に表現されているように、叡智は予見されぬことに信を置くべきなのである。

解説

Miracleは神か超自然の存在が介在したとしか思えない不思議な現象で、奇蹟／奇跡など起こりはしないという通念を揺さぶる冒頭の一文はこの作者らしい逆説だが、作者の世界観の表明でもあると考えられる。ここでは逆説そのものはエドガー・アラン・ポーに委ねられている。具体的な言及先は不明だが、「マリー・ロジェの謎」の冒頭に「単なる偶然の一致であるとは知性が受け容れられないほど現実離れしていると見える偶然の一致によって、超自然の存在を半ば信じる」経験は誰にもあると記され、また同作には、かなりの真実は「無関係と思えること」から浮かび上がるので、「現代科学は予見されぬことを重視する」という指摘もある。探偵小説は「予見されぬこと」の上に成立するが、この作品はその定型の用意する予見をも裏切る「予見されぬこと」をちりばめていて、それが本作で初めて読者の前に姿を現すブラウン神父という、常識的な知性では受け容れられないほど現実離れしていると見える人物像を特徴づける。

あらすじ

G・K・チェスタトン「青い十字架」

大泥棒フランボーを追って、パリ警察の敏腕刑事ヴァランタンがイギリスにやってくる。ロンドンに向かう列車内でみすぼらしい傘を抱えた小柄な神父を見かけ、彼が所持している大切な青い宝石のついた銀器のことを言いふらすその無防備な呑気さをたしなめる。ロンドンに到着後、レストランや露店や菓子屋で次々と奇妙な出来事に遭遇。どれにも聖職者がふたり関わっているらしい。ヴァランタンはハムステッド・ヒースでふたりの神父を発見する。ひとりは列車で見かけた神父で、もうひとりは彼の青い十字架を狙う変装したフランボー。その取り合わせには驚かないヴァランタンだが、それが一連の奇妙な出来事とどう結びつくか分からない。ふたり連れはしばしば理性をめぐる形而上的な会話を交わすが、そのうちフランボーが大泥棒としての正体を現す。しかし彼は狙った獲物を奪うことに失敗し、ヴァランタンに逮捕されてしまう。謎はそこに至る過程に宿っている。

逆説
Paradox

一見、真理に反するようだが、一面の真理をついているとされる逆説という表現が成立するのは、最終的に人間が**一筋縄ではいかない存在**だからだろう。習慣化された知覚や認識に揺らぎを与え、読者が新たな視点を獲得するように仕向ける表現手段としての逆説は、**撞着語法**とともに、チェスタトンの得意とした修辞で、本作でも多くの例が見られるが、一番の逆説は、**探偵らしくない名探偵**を先陣を切って造型した点にある。

予見
Foreknowledge

どんなテクストを対象としても、読者が先入見、予見なしに接することはまずありえない。そのテクストについて、表紙やまえがきなど**何らかの情報（パラテクスト）**が与えられているからである。シャーロック・ホームズが祖型を完成させた探偵小説は以降ジャンルとして洗練され、その流れは現在まで続いているが、そこで前提となる近代合理主義にブラウン神父は疑問を投じているようで、習慣化された認識で探偵小説を捉える読者は**「予見されぬこと」**に驚くことになる。

考えるヒント ▶パラテクスト

G・K・チェスタトン（1874-1936） *G. K. Chesterton*

ロンドンに生まれ、学校時代はディベート・サークルで活躍。最初は画家を目指すが、20歳過ぎには文才に目覚め、雑誌に書評などが掲載されるようになる。詩集やディケンズ伝などを発表後、都市国家に分裂した未来のロンドンを描く最初の小説『新ナポレオン奇譚』（1904）や社会秩序の転覆を図るアナキストとそれを阻止する刑事を描く『木曜日だった男』（1908）といったファンタジー色濃厚な作品で注目される。しかし彼の名を不朽のものとしたのは何よりも『ブラウン神父の無心』（1911）から始まる数冊の短編集だろう。この小柄なカトリックの神父は類まれな観察眼と贖罪司祭としての経験に基づく（とくに犯罪に対する）卓越した洞察力によって、印象深いシリーズ探偵となった。また彼の多くのエッセイは軽妙かつ時に深遠で、奇抜な警句が読者を飽きさせない。1922年イギリス国教会からカトリックに改宗した。

Literature is a luxury; fiction is a necessity.
文学は贅沢品、小説は必需品。

'A Defence of Penny Dreadfuls' in *The Defendant*

身長193 cm、体重130 kgの巨漢ながら〈逆説の王子様〉と呼ばれるほど、巧みな修辞で知られる。多作でも有名であり、約200もの短編小説や4,000のエッセイを残している。

1930年、〈ノックスの十戒〉で知られるロナルド・ノックスやアガサ・クリスティら著名な推理作家が集まるディテクションクラブ（英国推理作家クラブ）の初代会長に就任した。

3行で読む G・K・チェスタトン『木曜日だった男』

- 詩人のガブリエル・サイムは警視庁の命を受け無政府主義者の秘密集会に潜入する
- サイムは弁舌をふるい、中央評議会を構成する七曜の一員〈木曜日〉に選出される
- 議長の〈日曜日〉を除く全員が刑事であることが発覚。日曜日の行方を追うが…

No.
33

Sons and Lovers

by D. H. Lawrence

... A half-moon, dusky gold, was sinking behind the black sycamore at the end of the garden, ... Nearer, a dim white fence of lilies went across the garden, and the air all round seemed to stir with scent, as if it were alive. He went across the bed of pinks, whose keen perfume came sharply across the white barrier of flowers. ...

And then, like a shock, he caught another perfume, something raw and coarse. Hunting round, he found the purple iris, touched their fleshy throats and their dark, grasping hands. At any rate, he had found something. They stood stiff in the darkness. ...

Breaking off a pink, he suddenly went indoors. ...

"I shall break off with Miriam, mother," he answered calmly.

She looked up at him over her spectacles. He was staring back at her, unswerving. ... The male was up in him, dominant. She did not want to see him too clearly.

(Part Ⅱ, chap. 11)

❖ **sycamore:** 楓の木 ❖ **stir:** かすかに動く ❖ **scent:** 香り ❖ **pink:** 撫子
❖ **raw:** 洗練されていない ❖ **coarse:** 粗野な ❖ **hunt:** 探す ❖ **iris:** アヤメ
❖ **fleshy:** 多肉質の ❖ **grasping:** 握る ❖ **break off:** 別れる ❖ **spectacles:** 眼鏡
❖ **unswerving:** 確固たる、不動の ❖ **dominant:** 支配的な

l.6 ***he caught another perfume, something raw and coarse*** ***something***は名詞で、***something raw and coarse***は***another perfume***の言い換え。

l.7 ***their fleshy throats and their dark, grasping hands*** 花の擬人化という手法が用いられている。

l.10 ***Breaking off a pink, ...*** ここでは花を「手折って」の意味で、***l.11***の***break off with***は「〜と関係を絶つ」の意味。

l.13 ***unswerving. ... dominant*** ***unswerving***も***dominant***も形容詞だが、形容詞的にも副詞的にもとれるような使い方はロレンスにしばしばみられる特徴である。

『息子と恋人』

D・H・ロレンス

…ほの暗い金色の半月が庭の端の黒い楓の木の背後に沈みつつあった。…手前のほうでは、庭を横切るように百合がおぼろな白い垣根を作り、辺り一面の空気はその香りにかき立てられて、まるで生きているかのように揺れていた。撫子の花壇を通ると、その強烈な匂いが白百合の垣根を越えて鋭く香った。…

そのときまた別の、何かむき出しのような野卑な香りをとらえて彼ははっとした。何だろうと見回すと紫色のアヤメで、その肉厚の花被が重なった喉の部分と薄黒い握り拳のような花冠に触れてみた。とにかく彼はその何かを見つけ出したのだった。それらは暗闇のなかで身を固くして立っていた。…

彼は撫子の花を一本折ると、つと家のなかに入った。…

「お母さん、ミリアムとは別れるよ」彼は穏やかな口調で言った。

母は眼鏡越しに彼を見上げた。彼はまっすぐ母を見返した。…彼の中の男が立ち上がり、聳(そび)え立っていた。彼女はその姿をあまりはっきりと見たくなかった。

解説

精神と肉体の二分法にがんじがらめになっているポールは、ミリアムの純潔な精神性を愛しつつも彼女に性的関係を求めずにはおれず、挙句の果てに彼女には肉体的な愛を抱けないと言い放つ。若い身体を持て余すポールが彷徨う庭では、咲き乱れる花々が嘔気を催させるほどの官能的で濃厚な香りを放っている。この庭で愉しむことをポールに禁ずるのは、彼の愛して止まない母の厳格な道徳律である。しかし彼女もまたこの二分法に苦しめられたひとりである。お上品で潔癖な彼女が炭鉱夫を夫としたのは、彼の官能性に魅せられたためである。その夫との関係はほどなく破綻し、にもかかわらず3人目の子どものポールを宿していることに罪の意識を感じたミセス・モレルは、泥酔した夫に家から閉め出され、白百合が咽(むせ)るように咲く月夜の庭で一夜を過ごす。上述の引用のポールは、その若かりし頃のミセス・モレルの反復であり、このシーンはいわばポールにとっての原風景である。

あらすじ

D・H・ロレンス『息子と恋人』

炭鉱労働者のウォルター・モレルは中流階級のガートルードと結婚するも、教養や趣味嗜好の違いから夫婦仲は破綻し、夫に失望したミセス・モレルは全愛情を４人の子どもに注ぐ。長男のウィリアムが肺炎で死亡、次男のポールも同じ病に罹り、一命をとりとめると、母と息子の絆は更に強固なものとなる。ポールは近隣の娘ミリアムと親しくなり、文学や芸術への志向を共有するが、一方で精神性を重視するミリアムに苛立ちと息苦しさを感じ、手酷い言動で彼女を傷つけずにはいられない。ミリアムと、彼女を毛嫌いする母との間で引き裂かれたポールは、ミリアムから人妻のクララに乗り換えるが、その関係は長続きしない。ミセス・モレルは癌を患い、その苦しみを見るに堪えないポールは姉と共謀して母に致死量のモルヒネを与える。母の死後、打ちひしがれたポールは彼女の後を追って暗闇へと向かう衝動に駆られるも、その誘惑を振り切って街の灯りのほうへ足を踏み出す。

長編３作目にあたる本作はロレンスの**自伝的作品**、正確には母の死を迎える25歳までの彼の半生を形作った要素を多分に織り込んだ作品である。母を失ったポールが絶望の淵から立ち上がる兆しを見せるところで幕が閉じ、その後の社会的栄達までは描かれていないという点で**19世紀的教養小説**の定型から外れるものの、個人と社会との緊張関係のなかでポールが経験する内的葛藤と成長を描いた本作は、やはりこのジャンルの系譜に連なる一作である。

本作の要所要所で、ポールは暗闇に強い親近性を覚えている。ミリアムと暗い森に入り、雨に打たれながら彼女を抱擁したとき、ミリアムの絶対的な他者性に気づいて愕然とし、このまま暗闇に溶けて**「偉大なる存在」(the great Being)**と同化したいと願うポールのなかでは、**死への強烈な憧れ**が彼の宗教観と一体化している。ポールにとっての「生」は、母の死後、後を追いたいという欲望を振り切り、暗闇に背を向けて明るいほうへと歩き出すというエンディングからようやく始まることになる。

考えるヒント　▶自伝　▶猥褻・検閲

D・H・ロレンス（1885-1930） *D. H. Lawrence*

ノッティンガム近郊の炭鉱町に生まれ、夫婦仲が円満とは言い難い炭鉱夫の父と教養ある母のもとで育つ。奨学金を得て、ノッティンガム大学で教職の資格を取って、小学校の教員となる。『白孔雀』（1911）が最初の小説。『息子と恋人』（1913）で作家としての地位を確立するが、執筆中に大学時代の恩師の夫人と駆落ちし、14年に結婚。猥褻を理由に没収された『虹』（1915）は19世紀中葉から近代化の波に洗われる農家の3代記。その姉妹作で、男女の恋愛におけるエゴの問題を追求する『恋する女たち』（1920）も私家版で出版された。以後、アメリカ、オーストラリア、メキシコなどに滞在しながら、社会改革の実現を模索する諸長編を発表。評論や紀行文、短編、詩も多く、小説家の枠に収まらない幻視者として20世紀英国文学を代表する存在となり、熱狂的読者を持つ。日本でも『チャタレイ夫人の恋人』（1928）をめぐる裁判は有名。

I think, when one loves, one's very sex passion becomes calm, a steady sort of force, instead of a storm.
ひとが真に誰かを愛するとき、性欲は凪の状態、つまり嵐ではなく、安定したような力になるのだと思う。

'A Letter to Frieda Weekley'

第一次大戦中に出版された『虹』は、性描写が問題となり、発禁処分となる。1917年にはスパイ容疑で家宅捜索を受け、滞在中のコーンウォール州からの退去を命じられる。

『チャタレイ夫人の恋人』は1928年にイタリアで私家版として出版されるが英米では輸入が禁じられ、1960年にようやく無削除版がイギリスで出版される。日本でも本作の翻訳を猥褻とする「チャタレイ裁判」が起こった。

3行で読む D・H・ロレンス『チャタレイ夫人の恋人』

- コンスタンスは、第一次大戦で半身不随となったクリフォード・チャタレイ准男爵と結婚
- 外で子を作るよう夫から命じられたコンスタンスは、猟場番のメラーズと愛し合う
- コンスタンスは夫にすべてを打ち明け、メラーズと一緒になるために離婚を願い出る

No. 34

'Mr and Mrs Dove'

in *The Garden Party and Other Stories*

by **Katherine Mansfield**

Of course he knew——no man better——that he hadn't a ghost of a chance, he hadn't an earthly. The very idea of such a thing was preposterous. So preposterous that he'd perfectly understand it if her father——well, whatever her father chose to do he'd perfectly understand. In fact, nothing short of desperation, nothing short of the fact that this was positively his last day in England for God knows how long, would have screwed him up to it. And even now ... He chose a tie out of the chest of drawers, a blue and cream check tie, and sat on the side of his bed. Supposing she replied, "What impertinence!" would he be surprised? Not in the least, he decided, turning up his soft collar and turning it down over the tie.

❖ **ghost of a chance:** わずかなチャンス
❖ **not have an earthly (chance):** まったく見込みがない　❖ **preposterous:** 馬鹿げた
❖ **nothing short of:** 〜に他ならない　❖ **desperation:** 自暴自棄
❖ **screw *A* up:** A を奮い立たせる　❖ **supposing:** もし〜ならば　❖ **impertinence:** 無礼

l.1 ***no man better ...***　前文との共通要素である ***knew*** が省略されている（***no man knew better***）。
l.1 ***he hadn't ...***　この ***hadn't*** はイギリス英語の用法で、アメリカ英語の ***didn't have*** と同じ。
l.2 ***The very idea of such a thing was preposterous.***
この ***very*** は「〜ですら」の意味。
l.3 ***it***　以下の省略された ***if*** 節の内容を指す。
l.6 ***for God knows how long, ...***　***God knows*** は「神のみぞ知る」、つまり「誰にも分からない」。
l.7 ***it***　***l.2*** の ***such a thing*** を指す。彼には何のことかわかっているが、読者にそれが求婚であると分かるのはもっと先である。

「鳩氏と鳩夫人」

『園遊会その他』より

キャサリン・マンスフィールド

もちろん分かっているさ――誰よりもよく、だ――夢がかなう可能性などないってことは。まったくないんだから。そんなことを夢見るだけで馬鹿げている。度外れて馬鹿げているから、心底から納得するさ、もし彼女の父親が――いや、彼女の父親がどんな態度を取ろうと、至極ごもっともと納得するとも。実際、捨て鉢な気分になっていなければ、明日には間違いなくイギリスを発って、その後いつになったら戻って来られるのか分からないということがなけりゃ、とても思い切るだけの勇気は湧いてこなかっただろう。今でさえ…。彼はタンスからネクタイを、青地にクリーム色の模様のはいった１本を取り出し、ベッドの縁に腰を下ろした。もし彼女が「なんて身の程知らずなの！」と言ったら、自分は驚くだろうか？　驚くはずもない。そう腹をくくると、彼は立てたソフトカラーを折り返してネクタイにかぶせた。

解説

この短編の冒頭部分。自由間接文体（描出話法）が採用されていて、語り手はもっぱら「彼」に寄り添い、その意識の流れがほぼそのまま再現され、状況説明はなされない。省略が多く、「彼」にとって当然ながら分かり切ったsuch a thingやitの内容が明示されないのもそのためである。それを推測する手立てとなるif her father以下が途切れているのは、浮かんできそうな言葉が彼にとって辛いものなので意識下に抑え込み、well以下で言い換えようとしたためであり（そのwhatever節はunderstandの目的語となっているように読める）、even now以下の省略も躊躇う気持ちを顕在化させないための彼の心理を映し出す。語り手は一度彼から離れ、その行動を報告するが、Not in the leastまで再び彼の意識と一体化する。次のhe decidedという語り手の注釈が、捨て鉢の行動に出ることを彼が「決断」した背景には「驚かないことに決めた」意志の力が働いていることを示唆して絶妙。

あらすじ

キャサリン・マンスフィールド「鳩氏と鳩夫人」

気性の強い母ひとりに育てられたレジーは叔父の遺したローデシアの果樹園を任されているが、休暇でイギリスに戻っている。休暇の最終日、無理だと思いながらも、心を寄せるアンに求婚しようと意を決し、彼女の家を訪れるが、彼を見るとなぜか笑ってしまうアンを前に、話を切り出せない。鳩（ダヴ）がつがいで飼われていて、ミセス・ダヴの後をミスター・ダヴがついて回っている。そんな夫の姿を見てミセス・ダヴが笑うのだとアンは説明する。それを上の空で聞いていたレジーの「自分を好きになれると思うか」という問いかけに、アンは彼を好きだけれども「そんな風にではない」と答え、もしふたりが結婚したら、この鳩の夫婦みたいになってしまうと言う。レジーは諦めて帰ろうとするが、アンは惨めな気持ちで帰らせたくないと言い張る。憐れまないで、と言いおいて帰りかけた彼の耳に鳩の鳴き声と「戻ってきて、ミスター・ダヴ」というアンの言葉が届き、レジーはのろのろと戻る。

自由間接話法／文体

Free Indirect Speech / Style

多くの場合人称（一人称→三人称）と時制（現在→過去）は変化するが、間接話法に見られるhe saidといった伝達部を持たないので、**直接話法と間接話法の中間形態**と捉えることができる。引用箇所について言えば、「彼」を外側から描写する場合を除いて、全体がhe was saying to himself (that) の内容を構成していると考えられる。間接話法のように心に浮かぶ発話が文法的に完全な文へと整形されることもなく、**意識の流れ**技法（p.150参照）に多用される。

開かれた結末

Open Ending

話が終わったという**収束感のない結末**のこと。**多様な解釈の余地**を残す結末がその典型例。例えばトリックも犯人も判明したが、その犯人が姿を消してしまう、或いは犯人以上の黒幕の存在を暗示して終わるような犯罪小説の結末も開かれていると言える。小説が現実を描こうとすれば、絵空事から離れるのは当然で、めでたく一件落着とはなりにくい。本作の場合もレジーとアンが結婚するといういわばロマンティックな結末が明示的に示されてはいない。

考えるヒント ▶意識の流れ

キャサリン・マンスフィールド（1888-1923）

Katherine Mansfield

ニュージーランドはウェリントンの裕福な家庭の3女として生まれる。本名キャスリーン・マンスフィールド・ビーチャム。自由奔放な振舞いが短い人生を特徴づける。1903年からロンドンで学び、一時帰国を挟んで08年より英国に戻り、以後帰国することはなかった。09年に若い音楽家の子を身ごもったまま、別の音楽教師と形ばかりの結婚をするが、バイエルンに移り、その地で流産する。滞在中に執筆した作品が最初の短編集『ドイツの宿にて』（1911）となる。英国に戻り、文芸批評家ミドルトン・マリーと12年より同棲、18年に結婚する。ロレンス夫妻との親交は愛憎半ばする激しい感情の揺れを招いた。第一次大戦で弟が死に、自ら結核を罹患したこともあってか、人生の諸相を皮肉な醒めた視線で捉え、繊細な感性に支えられた陰影に富む表現を駆使する書き手だった。チェーホフに比される『園遊会その他』や『至福その他』（1920）といった短編集はモダニズム文学の一翼を担う。

I have made it a rule of my life never to regret and never to look back.
けっして後悔も振り返りもしないことを私は人生のルールにしてきた。

'Je ne Parle pas Français'

トリビア

マンスフィールドの訃報に接したヴァージニア・ウルフは、日記に 'I was jealous of her writing —the only writing I have ever been jealous of.' **（私は彼女の作品に嫉妬していた。嫉妬したのは彼女の作品だけ）と記した。**

D・H・ロレンスと親交を結び、ロレンスの『恋する女たち』に登場するグドルーン・ブラングウェンのモデルはマンスフィールド、ルパート・バーキンのモデルはロレンス自身と考える向きがある。

3行で読む キャサリン・マンスフィールド「園遊会」

- 園遊会の準備に勤しむローラの耳に、近所に住む若い労働者の訃報が届く
- パーティの中止を提案するローラだが、家族は受け入れようとしない
- 母親の命で残り物を届けに、ローラは労働者の住む地区へ足を踏み入れる

No. 35

Ulysses

by **James Joyce**

… The cat walked stiffly round a leg of the table with tail on high.

—— Mkgnao!

—— O, there you are, Mr Bloom said, turning from the fire.

The cat mewed in answer and stalked again stiffly round a leg of the table, mewing. Just how she stalks over my writingtable. Prr. Scratch my head. Prr.

Mr Bloom watched curiously, kindly, the lithe black form. Clean to see: the gloss of her sleek hide, the white button under the butt of her tail, the green flashing eyes. He bent down to her, his hands on his knees.

—— Milk for the pussens, he said.

—— Mrkgnao! the cat cried.

They call them stupid. They understand what we say better than we understand them. She understands all she wants to. (Episode 4)

❖ **stiffly:** 堅苦しく ❖ **mew:** ニャーと鳴く ❖ **stalk:** 気取って歩く
❖ **lithe:** しなやかな ❖ **sleek:** 光沢のある ❖ **hide:** 皮膚
❖ **butt:** 根元 ❖ **pussens<puss:** ネコちゃん

l.7 ***Clean to see*** *Mr Bloom thought (that) she was clean to see.* ということ。

解説

この作品で華々しく展開される言語実験を予感させる第４挿話の冒頭近く。主人公レオポルド・ブルームが台所で朝食の準備をしている。妻のモリーのためにバター付きのパンを用意し、紅茶のためのお湯がそろそろ沸きそうというところで、猫に気づく場面。引用最初の文は猫の姿を外側の視点から描いているが、以下、主語と動詞が揃っていないという意味で、不完全な文が散見される。これはブルームの意識の流れをそのまま表現したものと考えられ、モダニズ

『ユリシーズ』

ジェイムズ・ジョイス

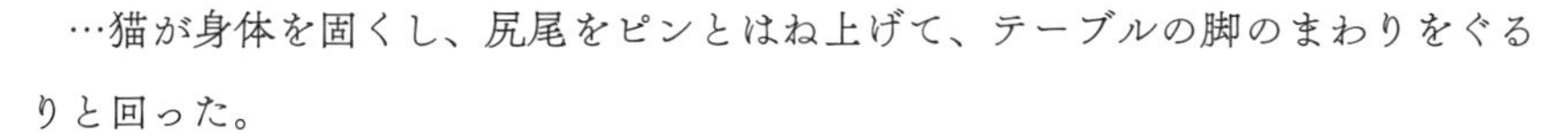

…猫が身体を固くし、尻尾をピンとはね上げて、テーブルの脚のまわりをぐるりと回った。
——ムクニャーオ！
——おっ、そこにいたのか、と火加減を見ていたミスター・ブルームが振り向いて言った。
猫はニャーと答え、テーブルの脚のまわりをニャーと鳴きながらもう一度澄ました様子で歩いた。こいつがおれのライティングテーブルの上を闊歩する姿ときたら。プルル。頭を掻いてちょうだい、ってか。プルル。
ミスター・ブルームは不思議そうに愛情をこめてそのしなやかで黒いからだを見つめた。すっきりした見た目。皮膚には滑らかな艶があり、尻尾の付け根の下にはボタンみたいに白い尻の穴が覗き、目は緑色に光っている。彼は両手を膝に当てて猫の方へ屈みこんだ。
——ネコちゃんにはミルクだな、と彼は言った。
——ムルクニャーオ！　と猫が叫んだ。
猫は頭が悪いと言われている。でも猫は人間の言うことがよく分かっているのさ、人間が猫のことを分かっているよりずっと。こいつにしても分かりたいことは全部分かっているんだ。

ム小説ならではの技法と言える。さらに猫の鳴き声の再現法が斬新で、Mkgnao もMrkgnao も英語として認定された語彙にはない。日本語の「ニャー」に相当する mewが使われている地の文との対比も強烈で、いわゆる（認定された）擬音語がいかに対象の音とは別物であるかが露呈する。そして同時に、こうした見慣れぬ表記はふだん意識されない言葉の物質性を際立たせ、言語が現実を再現する透明な媒体でないことも明らかにするのである。

あらすじ

ジェイムズ・ジョイス『ユリシーズ』

伝統的な小説が基本とする直線的な時間軸に沿った物語の展開を放棄する代わりにホメロスの叙事詩を下絵に使って、1904年6月16日のダブリンの朝から深夜までを舞台に、広告取りを職業とする中年のユダヤ人、レオポルド・ブルームを主人公、前作『若い芸術家の肖像』での夢を果たせずこの都市に戻ったスティーヴン・ディーダラスを副主人公に設定し、主としてふたりの行動（作品途中で出遭い、最後にふたりは父と子のようにブルームの家に行く）と意識の流れを通じて、政治や宗教といった社会問題が話題になるのはもちろん、生まれてから死ぬまでの人間の諸経験をすべて（自慰行為や排便、排尿を含む）作中人物に追体験させるかのように、様々の言葉遊びや文体模写を駆使して描き出しながら、最終18挿話の半醒半睡状態にある浮気妻モリーのピリオドのほとんどない語のつながりによって再現される（無）意識の流れを彼女のYesという何に対する肯定か不明な一語で締めくくり、読者を煙に巻く。

内的独白
Interior Monologue

作中人物の言葉として発せられることのない心の動き（知覚、思考、感情など）を語り手の注釈、介入なしに表現する。**モダニズム小説**の代表的な技法のひとつ。**「意識の流れ」**技法とほぼ同義であるが、引用箇所における現在時制の採用に見られるように、he said / thought といった伝達部の省略がより徹底していて、人物の心のなかで発せられる独り言がそのまま提示される度合いが強く、典型的な例がこの作品の最終挿話における切れ目のないモリーの独白に見られる。

神話的方法
Mythical Method

ユリシーズはオデュッセウスの英語読みであり、一見混沌としたこの作品はホメロスの叙事詩を下敷きにしている。もちろん**『オデュッセイア』**では英雄が貞淑な妻のもとに帰るのだが、ブルームの留守中、妻モリーは別の男と浮気をするという具合に皮肉なひねりが加えられている。この作品が発表された早い段階で、混沌とした現代社会を描くためには、小説はこれまで採用してきた物語的方法ではなく神話的方法によるべきだと主張したのが**T・S・エリオット**である。

考えるヒント ▶モダニズム ▶オノマトペ

ジェイムズ・ジョイス（1882-1941） *James Joyce*

ダブリンに生まれ、同市のユニヴァーシティ・コレッジ在学中にイプセンに心酔する。1904年、伴侶となったノーラと偏狭な文化と訣別すべく国外脱出を図り（生涯を通じて帰郷したのは3回のみ）、1905年トリエステで英語教師の職につくと、ケルト民族の幻想性を重視するアイルランド文芸復興運動とは距離を置いた創作活動を続け、ダブリン社会の「麻痺」を描いた連作短編集『ダブリン市民』（1914）、主人公が最終的に帰属する社会の規範を否定する視点を獲得し、「自発的亡命」を決意するまでを描く典型的な芸術家小説、自伝的な『若い芸術家の肖像』（1916）を経て、さまざまの言語実験を試みたモダニズム小説の代表作『ユリシーズ』（1922）を完成させた。最後の大作『フィネガンズ・ウェイク』（1939）は実験性が極端に高められ、もはや英語とは言えない夢の言語が酒場経営者（HCE）を中心とするダブリンの人々の夢幻的な物語をつむぐ。

Love loves to love love.
愛は、愛を愛することを愛する。

Ulysses

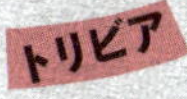

『ユリシーズ』の舞台である1904年6月16日は、ジョイスが後に妻となるノーラ・バーナクルと初めてデートをした日。ダブリンでは毎年6月16日を「ブルームズ・デイ」と呼んで祝う。

1904年に故郷を離れてからは、トリエステ、チューリッヒ、パリなどヨーロッパ各地を転々とした。とくにパリではT・S・エリオットやヘミングウェイ、ベケットなどの作家と親交を結んだ。

3行で読む　ジェイムズ・ジョイス「死せるものたち」

- ガブリエル・コンロイと妻のグレタは毎年恒例のクリスマスパーティに参加する
- 客のひとりが歌うアイルランドの伝統曲を聞いたグレタが、なぜか物思いに耽る
- 夫は妻が初めて明かす過去を知る。生者と死者に等しく、静かに雪が降りしきる

No. 36

Mrs Dalloway

by **Virginia Woolf**

Mrs Dalloway said she would buy the flowers herself.

For Lucy had her work cut out for her. The doors would be taken off their hinges; Rumpelmayer's men were coming. And then, thought Clarissa Dalloway, what a morning——fresh as if issued to children on a beach.

What a lark! What a plunge! For so it had always seemed to her, when, with a little squeak of the hinges, which she could hear now, she had burst open the French windows and plunged at Bourton into the open air.

❖ **cut out:** ～をあてがう　❖ **hinge:** 蝶番　❖ **issue:** ～を放つ、発する
❖ **lark:** 愉快で楽しいこと　❖ **plunge:** 飛び込み、(向こうみずな) 突進
❖ **squeak:** キーキーいう音　❖ **burst open:** 勢いよく開く

l.1 ***would***　未来を表す助動詞の ***will*** が、時制の一致を受けて過去形になったもの。

l.3 ***And then, ...***　この文は伝達部（***thought Clarissa***）が挿入句となっているので、完全な間接話法となっているのかどうか微妙である。つまり ***Clarissa*** の意識に立ち昇ったフレーズが ***'And then'*** なのか ***'And now'*** なのか判然としないということで、以下、感嘆表現が動詞なしで続くのも巧みな工夫。

l.5 ***What a lark! What a plunge!***　どちらも「なんて～でしょう」を意味する感嘆文。

l.5 ***it had always seemed ... she had burst ...***　過去完了時制なので、過去時制で語られるこの小説の「今」より前のことだと分かる。

『ダロウェイ夫人』

ヴァージニア・ウルフ

　そうね、花はわたしが買ってきましょう、とミセス・ダロウェイは言った。

　だってルーシーにはやらなくてはならない仕事があるもの。ドアは蝶番から外されるだろうし、ランプルメイヤーの店の人たちも来ることになっている。それに、とクラリッサ・ダロウェイは思った、なんて気持ちのいい朝かしら——まるで浜辺にいる子どもたちに与えられるような爽やかさ。

　ああウキウキする。外気に飛び込む気持ちよさ。そう、いつもそんなふうだった。蝶番の小さくきしむ音が耳に残っているけれど、その音とともに、思い切りフランス窓を開け、ブアトンの大気に身を躍らせたあのときの感じは。

解説

作品冒頭の一節。したがって最初の文中の the flowers の the の指示する対象が与えられておらず、これはヒロインの 'I will buy the flowers myself' という（おそらくルーシーに向けられた）発話を間接話法で記したものと理解される。当事者間では「その花」が何を指すか理解されているが、読者は置き去りにされる。それはルーシーという固有名詞についても言える。まず人物紹介や状況説明をして、それからおもむろにストーリーが展開するといったいわば読者フレンドリーな小説とは異なる書法の作品——モダニズムの小説——だということである。その特性は蝶番とランプルメイヤーとの近接から、これが建具を扱う店だろうという推測を裏切るところ（菓子店らしい）にも表れている。What a lark! は浮き立つ気分を表す定型的表現だが、次の a plunge の喚起する快感は想像するしかない。しかもこの語は作品を貫くキーワードで、死への誘いを含め重層的な意味を担っている。そこに垂直的な落下——「飛び込み」——が含意されているとすれば、lark には「戯れ、愉快」とは別単語の一直線に空へと上昇する「ヒバリ」のイメージも仄見える。

あらすじ

ヴァージニア・ウルフ『ダロウェイ夫人』

第一次世界大戦の爪痕の残るロンドンの6月の朝。クラリッサ・ダロウェイは政治家の夫のために催すパーティ用の花を買いに家を出る。玄関のドアの音によって、若いころ家のフランス窓を開けて外に出たときのことを思い出す。それは彼女がこの日さまざまに経験する蘇る過去の始まりだった。同じころ、従軍して戦争神経症を病んだセプティマスは精神科医の診察を受けるため、妻とともに街を歩いているが、結局診断に絶望し、夕刻、投身自殺する。クラリッサは昼間、昔の恋人ピーターの来訪を受けて、表面上うまくいっている夫との、そして家庭教師に影響された娘との気持ちのすれ違いを感じつつ、パーティを迎える。その席でセプティマスの自殺を知らされた彼女は、自室でそのショックを受け止め、パーティに戻る。ピーターはそんなクラリッサの姿に圧倒される。これはヒロインが冒頭のダロウェイ夫人（夫の付属物）から、最後から2番目の文（It is Clarissa.）で記されるクラリッサへと変貌する物語でもある。

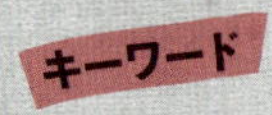

意識の流れ
Stream of Consciousness

哲学、心理学者のウィリアム・ジェイムズが唱えた用語で、文芸用語としては人間の心の中に絶えず生起する様々の知覚、感情、思考をそのまま記録しようとする技法と結びつけて用いられる。語り手が作中人物の心理を秩序立てて説明する記述と対照的に、語り手の介在の少ない自由間接文体が採用されて、引用箇所での感嘆符の使用のように文法上の整合性が無視されることも少なくない。本作ではほとんどすべての作中人物の心の動きがこの技法によって描写される。

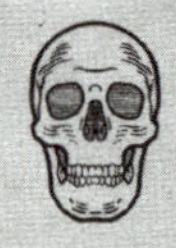

戦争神経症
Shell Shock

初老の域に達したダロウェイ夫人は、残された生を「取りこぼすことなく」存分に享受しようとする。そのために彼女は「瞬間の核そのものに飛び込む（plunged into the very heart of the moment）」のだが、それはどこかで**死を招き寄せる行為**でもある。戦争神経症（shell shock）を患っているセプティマスが自殺したことを聞いた彼女は、「彼は身を投げる（plunged）ことで、自分の大切なものを守ったのか」と自問する。彼女の生への執着の裏には**死への願望**が潜んでいる。

考えるヒント　▶モダニズム　▶生のなかの死

ヴァージニア・ウルフ（1882-1941） *Virginia Woolf*

高名な思想家、文人であったレズリー・スティーヴンを父に持つロンドンの上層中産階級の家に生まれ、正規の学校教育を受けずに洗練された教養を身につけた。父の死後、一家でブルームズベリー地区に転居し、そこに兄のケンブリッジ大学時代の友人たちが集って、自由に議論を交わし恋愛を試みる緩やかな知的エリートのサークル、「ブルームズベリー・グループ」が生まれ、彼女は精神の病に苦しみながらも、その中心的存在となる。20代より書評などを雑誌に寄稿するようになり、アーノルド・ベネットなどの先輩作家を「物質主義者」として批判しつつ、小説としては『ダロウェイ夫人』（1925）、『灯台へ』（1927）、『波』（1931）など、伝統的な物語性を放棄したモダニズム色濃厚な代表作を発表。評論『自分だけの部屋』（1929）や『三ギニー』（1938）ではフェミニストとしての社会批判の議論が展開される。死後出版の『幕間』（1941）を書き上げた後、入水自殺を遂げた。

[T]hey must keep the windows open and the doors shut ...
窓は開けて、ドアは閉めておくようにしなくては…

To the Lighthouse

男性から女性に生まれ変わる青年貴族を描いた『オーランドー』や、女性詩人エリザベス・バレットの人生を愛犬の視点から描いた『フラッシュ』などの実験的な作品でも知られる。

ブルームズベリー・グループの6名で変装してエチオピア王族に扮し、イギリス海軍を騙して戦艦ドレッドノートを視察する、という悪戯に加担したことがある（偽エチオピア皇帝事件）。

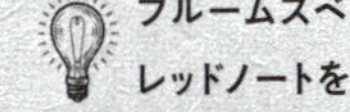

ヴァージニア・ウルフ『灯台へ』

- ラムジー夫妻と8人の子、数名のゲストがスカイ島の別荘で夏の1日を過ごす
- 時は過ぎ、第一次世界大戦が起き、ラムジー夫人や息子のアンドルーが亡くなる
- 10年ぶりに別荘に集まったラムジー氏たち。あの日、行けなかった灯台を目指す

No. 37

At Swim-Two-Birds

by **Flann O'Brien**

[A] satisfactory novel should be a self-evident sham to which the reader could regulate at will the degree of his credulity. It was undemocratic to compel characters to be uniformly good or bad or poor or rich. Each should be allowed a private life, self-determination and a decent standard of living. ... The entire corpus of existing literature should be regarded as a limbo from which discerning authors could draw their characters as required, creating only when they failed to find a suitable existing puppet. The modern novel should be largely a work of reference. Most authors spend their time saying what has been said before——usually said much better.

❖ **self-evident:** 自明の　❖ **sham:** 偽物　❖ **regulate:** ～を調整する　❖ **at will:** 自由に
❖ **credulity:** 信じやすさ　❖ **undemocratic:** 民主的でない　❖ **self-determination:** 自己決定
❖ **decent:** 適切な　❖ **standard of living:** 生活水準　❖ **corpus:** 総体　❖ **limbo:** 煉獄
❖ **discerning:** 慧眼の　❖ **puppet:** 操り人形　❖ **reference:** 参照

l.8 ***The modern novel should be ...***　主語の ***The modern novel*** は総称表現で、「現代の小説というものは…」といった意味。

l.9 ***what has been said before——usually said much better***　ダーシ以降は反復構造になっており、***what has been*** を補って考える。

『スウィム・トゥ・バーズにて』

フラン・オブライエン

満足できる小説は紛うかたなき紛い物であるべきで、それにどれほど誑かされるかは読者が好きに決めればいい。作中人物をこの人間は善人だ悪人だ、或いは貧乏人だ金持ちだ、と一律に決めつけるのは非民主的である。作中の各人はそれぞれ私人としての生活と自決権と然るべき生活水準を与えられねばならない。…既存の文学の全作品が煉獄と看做されるべきで、慧眼の作者はそこから必要に応じて人物を引き出すことができ、適当な操り人形が見つからない場合のみ、創作すればいい。現代小説はおしなべて他の書物への参照を旨とすべきである。多くの作家たちはすでに言われていることを繰り返すことに時間を費やしており、しかも多くの場合、先人たちの方がはるかに巧みに表現しているのである。

解説

名前のない語り手は作品冒頭で主張した小説の複数の始まりの妥当性を証明するかのように、異種のストーリーを断片化して配置するが、それに混じって挿入された自作の小説について友人に「自発的に説明」した部分。ジョイス以後のいわゆるリアリズムへの回帰という大きな流れに抗して、「独裁的」でない小説は「紛うかたなき紛い物」であるべきという誰もが引用したくなる発言によって小説の虚構性が改めて宣言されている。これはロレンス・スターンやジョイスの衣鉢を継ぐばかりでなく、素朴なリアリズムとはさまざまな身振りで距離を置こうとするポストモダニスト小説の特性を先取りする発言である。先行テクストへの参照を重視する姿勢も「引用の織物（テクスチャー）」というポストモダン的なテクスト概念に繋がるものであり、すべて書き尽くされてしまったという感覚が根にあるのか、古典的な作品の焼き直しや後日談、前日談という形で1980年代に流行したポストモダニスト小説の到来を予言している。

あらすじ

フラン・オブライエン『スウィム・トゥ・バーズにて』

「スウィム・トゥ・バーズ」はゲール語の地名を英語に置き換えたもの。一つの小説に始まりが三つあってもいいと考えるダブリンの大学生で小説を執筆中の「ぼく」が語り手で、その小説の主人公は長年ホテル暮らしをしている作家トレリス。彼は創造した人物たちを監視下に置き、自ら生み出した絶世の美女と交わって息子オーリックをもうける。作中人物たちは横暴な創造主を眠らせ、監視を免れたその間に、文才のあるオーリックに苦しむトレリスを描いた小説を書かせて復讐しようとする。のらりくらりと暮らす「ぼく」の日常が大枠として与えられる一方、トレリスによって生み出された作中人物としてアイルランドの伝説の英雄フィン・マックールや民話馴染みの悪魔も登場し、さらに例えばこの英雄は吟遊詩人として狂気の王スウィーニーの物語を語るという多層構造になっているが、何より注目すべきは、オーリックを典型例として、階層の横断、さらには転覆の可能性が暗示されている点だろう。

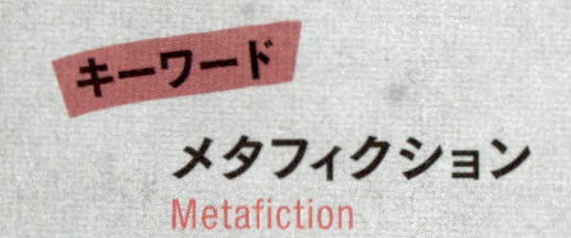

キーワード

メタフィクション

Metafiction

虚構（フィクション）であることに意識的な小説のこと。その意識はさまざまな形で表現されるが、ほぼ例外なく、語り手が自らの語りについて語るという行為が前景化されるか、語り手とは別に作者を名乗る存在が作中に登場して、作品の**作り物性**を強調する。英文学ではスターンの**『トリストラム・シャンディ』**が古典的な例であり、リアリズムによる現実再現性への懐疑を根底に持つ**ポストモダニスト小説**にはメタフィクション性が色濃く漂う。

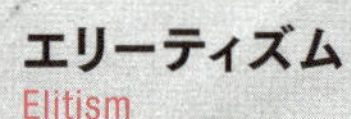

エリーティズム

Elitism

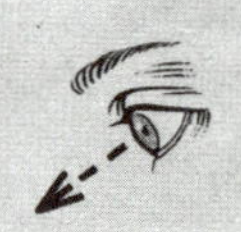

モダニスト小説にもポストモダニスト小説にも知的エリーティズムの影がちらつく。事実、ハイモダニズムに大衆文化への敵視を見る議論があり、「劣等な教育」しか身につけていない人間を蔑視する姿勢を共有するらしい「ぼく」とオーリックはトレリスを介して独裁的な作者の権威の転覆を図るわけだが、その**「小説内小説内小説」**によって、「ぼく」は否定すべき作中人物に対する**作者の独裁**を実行してしまっていると読むことも可能かもしれない。

考えるヒント　▶ポストモダニズム　▶先行テクスト

フラン・オブライエン（1911-66） *Flann O'Brien*

フラン・オブライエンはブライアン・オノーランの筆名。北アイルランドに生まれ、ユニバーシティ・コレッジ・ダブリンを卒業。公務員として働きながら小説や新聞のコラム記事を執筆した。1940年以降『アイリッシュ・タイムズ』に舞台で典型的なアイルランド人像を表す名前 Myles na gCopaleen で掲載した "Cruiskeen Lawn"（「満杯の水差し」の意）というゲール語、後に英語で書かれた諷刺に富むコラム連載が有名。小説としては本作と、執筆は本作『スウィム・トゥ・バーズにて』（1939）と同時期ながら出版社が見つからず死後出版となった『第三の警官』（1967）――研究に没頭したあまり殺人を犯す語り手（実は死んでいた）の経験を描く滑稽味に満ちた非リアリズム小説――の他、後者の語り手の研究対象だった人物に焦点を当てた破天荒な『ドーキー古文書』（1964）などがあり、実験性やアイルランド的ユーモアに溢れた作風から、ジョイスの正統な後継者と評価される。

One beginning and one ending for a book was a thing I did not agree with.
ひとつの本につきひとつの始まりと終わり、というのではあきたりない。

At Swim-Two-Birds

『スウィム・トゥ・バーズにて』は刊行直後わずか244部しか売れず、ロンドンの出版社が空襲を受けたため残りの在庫も焼失した。

ジョイスの影響下にあり、『スウィム・トゥ・バーズにて』刊行時にはパリのジョイス宛に献本している。ジョイスがアイルランドを出てなおアイルランドを舞台にした作品を書きつづけたのに対して、オブライエンはアイルランドに留まった。

3行で読む フラン・オブライエン『ドーキー古文書』

- 世界破壊を目論むド・セルビィが大気中の酸素を消滅させる薬品DMPを発明
- 死んだはずのジェイムズ・ジョイスはダブリン近郊でバーテンとして働いていた
- ふたりを会わせようと画策する主人公、イエズス会に入りたいと言い出すジョイス

No. 38

Nineteen Eighty-Four

by George Orwell

What most afflicted him with the sense of nightmare was that he had never clearly understood *why* the huge imposture was undertaken. The immediate advantages of falsifying the past were obvious, but the ultimate motive was mysterious. He took up his pen again and wrote:

I understand HOW: I do not understand WHY.

He wondered, as he had many times wondered before, whether he himself was a lunatic. Perhaps a lunatic was simply a minority of one. At one time it had been a sign of madness to believe that the earth goes round the sun: today, to believe that the past is unalterable. He might be *alone* in holding that belief, and if alone, then a lunatic. But the thought of being a lunatic did not greatly trouble him: the horror was that he might also be wrong.

(Part 1, chap. 7)

❖ **afflict:** ～を苦しめる　❖ **imposture:** 詐欺行為　❖ **falsify:** ～を偽造する　❖ **ultimate:** 究極の
❖ **lunatic:** 狂人　❖ **simply:** 本当に、実に　❖ **madness:** 狂気　❖ **unalterable:** 不変の

l.1 ***What most afflicted ... was that ...***　*what* 節が主語になっている擬似分裂文で、補語である *that* 節が強調されている。

l.7 ***a minority of one***　「他と意見を異にする」という含意がある。*of one* は「ひとりから成る」「ひとりから構成された」の意味。

『1984年』

ジョージ・オーウェル

何にもまして彼を悪夢のように悩ますのは、この途方もないごまかしがなぜ行われるのか、その**理由**がどうにも判然としないことだった。過去を偽造することによって得られる眼前の利は明らかである。だが究極の動機は謎だった。彼はふたたびペンを取り上げた――

その〈方法〉は分かる。その〈理由〉が分からない。

彼はそれまで何度も考えたように、はたして自分は狂人ではないのかと考えた。ひょっとすると狂人は孤立無援の少数派そのものかもしれない。かつて地球が太陽のまわりを回っていると信ずることは狂気のしるしだった。現在では、過去は変更不可能だと信じることがそのしるし。そのように信じるのは自分**ただひとり**かもしれない。そしてひとりなら、狂人であるということだ。だが、狂人であると考えても彼はそれほど動揺しなかった。怖いのは自分が間違ってもいるかもしれないということだった。

解説

本作に繰り返し現れる改竄（かいざん）をめぐる記述のうちのひとつで、ウィンストンは日記を書きながら、考えをまとめようとする。この一節では、狂気や狂人と結びつけられる「たったひとりの少数派」という単独者性の強調が目を惹く。というのも、この特性はガリレオを想起させることも相まって、党による洗脳に染まらず、あくまで真実を追求する反逆者というロマンティックな人物像をウィンストンに付与するからである。後の章では、どれほど多数派と対立しようと、真実に目をつぶらないかぎり「たったひとりの少数派」は狂人ではないと主張されてもいる。しかし同時に彼はデータの改竄という仕事に生きがいを感じ、そこに喜びを見出している。しかも彼自身、どうやら自分の過去を直視できず、それを改竄している人間でもあるらしい。「たったひとりの少数派」としての彼は拷問によってそうした自己欺瞞からの覚醒を遂げるようにも見え、引用最後の一文はそれを暗示する。

あらすじ

ジョージ・オーウェル『1984年』

ビッグ・ブラザーによる一党支配下にあるオセアニア社会では自由な思考を封じる「ニュースピーク」という言語政策下、人々の行動は監視され、戦争による物資不足にも不満を抱かないよう情報操作が行われている。真理省で働くウィンストンは党にとって不都合なデータの改竄作業に従事しているが、そうした社会体制に疑問を抱き、犯罪行為と知りながら日記に自らの思索を書き留める。やはり体制に反発する女性ジュリアと逢瀬を重ね、上級党員であるオブライエンの誘導で、ふたりともゴールドスタインをリーダーとする反体制組織のメンバーとなる。実はオブライエンは党の中枢にいる人物で、ジュリアとともに心の不可侵性を確かめ合ったウィンストンだが、捕らえられて拷問を受けた結果、ビッグ・ブラザーを愛するようになる。本書は個人の尊厳を抑圧する社会批判という政治性を帯びつつも、ウィンストンは母や妹に対する罪意識を抱えており、反体制の闘士の象徴であると簡単に割り切れる主人公ではない。

語り手の位置
Narrative Viewpoint

本作は三人称で語られるが、語り手は神のような全能の視点に立っているのではなく、その語りは主人公ウィンストンから離れることがない。オセアニア社会の状況はほぼ彼の視点から、或いは彼の肩越しに観察され、それに対する彼の反応とともに語られる。読者は彼の視点に沿って状況を認識するので彼の反応に一定の**共感**を覚えると同時に、語りに仄めかされる彼の認識に潜む**矛盾**から、そこに錯誤の可能性をも疑う**「二重思考」**の状態に導かれる。

二重思考
Doublethink

不都合な真実（らしきもの）はきれいに忘れ、しかし必要になればそれを思い出し、そしてまた直ちに忘れること。重要なのはこの**「忘却→想起→忘却」**というプロセスをこのプロセス自体に適用することであり、意識的に無意識状態になりながら、自ら行ったその催眠行為を意識しなくなるという**迷宮**に身を置く思考法。つまり二重思考によってはじめて**二重思考が身につく**のだが、それを身につけているのはオセアニアの住民だけではないかもしれない。

考えるヒント　▶改竄　▶ニュースピーク

ジョージ・オーウェル (1903-50) George Orwell

税関吏の息子としてインドのベンガルに生まれる。本名エリック・アーサー・ブレア。幼少期から英国で教育を受け、パブリック・スクールの名門イートン校を卒業。大学へは進まず、ビルマで警察官として働くが、植民地支配の実態を目にして辞職。『ビルマの日々』(1934) はそのときの経験を元にした小説第1作。帰国後、パリとロンドンで最下層の人々に交じって暮らし、最初の著作『パリ・ロンドン放浪記』(33)、さらに失業者の溢れる炭鉱町を取材した『ウィガン波止場への道』(37) を発表、ルポルタージュ作家としての才能を開花させた。スペイン内戦には反フランコ陣営の兵士として参加し、スターリン批判を込めた『カタロニア讃歌』(38) は優れた従軍記である。様々のテーマで多くの名エッセイを残したが、反権力のメッセージを込めた政治寓話『動物農場』(45) とSF仕立てのディストピア小説『1984年』(49) が彼の名を不朽のものとした。

Let us face it: our lives are miserable, laborious, and short.
現実を認めましょう。人生は惨めで、面倒で、短いということを。

Animal Farm

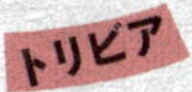

イートン校ですごした学生時代、オルダス・ハクスリーにフランス語を学んだ。ハクスリーの『すばらしい新世界』とオーウェルの『1984年』はともに、20世紀を代表するディストピア小説とされる。

1944年、ロンドンの自宅がドイツ軍V1飛行爆弾の爆撃を受けた。オーウェル自身が何時間もかけて瓦礫の山のなかから『動物農場』の原稿を探し出した、という養子の証言がある。

3行で読む ジョージ・オーウェル『動物農場』

- マナー農場の動物たちが集会を開き、自由を求めて人間へ反旗を翻す
- やがて豚のナポレオンが権力を握り、他の動物たちを搾取しはじめる
- 豚たちは2本足で歩き服を着て、もはや人間と見分けがつかなくなる

'The Canterville Ghost'

A HYLO-IDEALISTIC ROMANCE

by **Oscar Wilde**

I

When Mr. Hiram B. Otis, the American Minister, bought Canterville Chase, every one told him he was doing a very foolish thing, as there was no doubt at all that the place was haunted. Indeed, Lord Canterville himself, who was a man of the most punctilious honour, had felt it his duty to mention the fact to Mr. Otis when they came to discuss terms.

'We have not cared to live in the place ourselves,' said Lord Canterville, 'since my grand-aunt, the Dowager Duchess of Bolton, was frightened into a fit, from which she never really recovered, by two skeleton hands being placed on her shoulders as she was dressing for dinner, and I feel bound to tell you, Mr. Otis, that the ghost has been seen by several living members of my family, as well as by the rector of the parish, the Rev. Augustus Dampier, who is a Fellow of King's College, Cambridge. After the unfortunate accident to the Duchess, none of our younger servants would stay with us, and Lady Canterville often got very little sleep at night, in consequence of the mysterious noises that came from the corridor and the library.'

minister: 公使　**chase:** 私有の猟場　**punctilious:** 几帳面な　**honour:** 道義心
dowager duchess: 公爵未亡人　**fit:** 発作　**rector:** 教区牧師　**parish:** 小教区
Rev.<reverend: 尊師　**fellow:** （卒業生の中から選ばれた）評議員

l.4 had felt it his duty to mention ...　*it* は形式目的語で、真目的語は *to* 不定詞以下。
l.8 by two skeleton hands being placed ...　*being placed* は動名詞で、*two skeleton hands* は意味上の主語。
l.13 none ... would stay　固執を表す *would* が *none* をともない「どうしても～しようとしない」の意。

「カンタヴィルの幽霊」

唯物唯心論[*1]めいたロマンス

オスカー・ワイルド

I

駐英アメリカ公使のミスター・ハイラム・B・オーティスがカンタヴィル猟園を買い取ったとき、とんでもない愚行だと誰もが口々に忠告した。その屋敷には紛れもなく幽霊が取り憑いていたからで、実際、何事にも筋を通さずにはおかない信義の人であるカンタヴィル卿自身、売買条件を話し合うことになったときに、ミスター・オーティスにその事実は告げておかねばならぬと感じたのだった。

「わたしたち一同、以前からあの屋敷で暮らす気にはならなくなっています」とカンタヴィル卿は言った、「わたしの大叔母に当たるボルトン公爵未亡人が恐怖のあまり完治しないほどの発作に襲われたのは、ディナーのためのドレスに着替えているときに骸骨に両手で肩に触られたからなんです。しかもミスター・オーティス、お知らせしておかなくてはならないと思うのですが、その幽霊をわたしの今の家族がひとりならずその目ではっきり見たばかりか、教区牧師であるオーガスタス・ダンピア師も目撃していましてね。尊師はケンブリッジ大学キングズ・コレッジの歴とした評議員なのですよ。公爵夫人を襲った不幸な出来事の後、若手の召使は誰ひとり住み込みで働こうとはしなくなり、廊下や図書室から怪しい音が響いてくるおかげで、妻は枕を高くして寝られない夜を何度過ごす羽目になったことか」

*1　精神的・霊的なものも物質的な領域に属するとみなして、心と物との調和を図ろうとする考え方で、1880年代に広まった。ワイルドはその教義を広めたバーミンガム生まれの詩人コンスタンス・ネイデンを称賛していたらしい。

'My Lord,' answered the Minister, 'I will take the furniture and the ghost at a valuation. I come from a modern country, where we have everything that money can buy; and with all our spry young fellows painting the Old World red, and carrying off your best actors and prima-donnas, I reckon that if there were such a thing as a ghost in Europe, we'd have it at home in a very short time in one of our public museums, or on the road as a show.'

'I fear that the ghost exists,' said Lord Canterville, smiling, 'though it may have resisted the overtures of your enterprising impresarios. It has been well known for three centuries, since 1584 in fact, and always makes its appearance before the death of any member of our family.'

'Well, so does the family doctor for that matter, Lord Canterville. But there is no such thing, sir, as a ghost, and I guess the laws of Nature are not going to be suspended for the British aristocracy.'

'You are certainly very natural in America,' answered Lord Canterville, who did not quite understand Mr. Otis's last observation, 'and if you don't mind a ghost in the house, it is all right. Only you must remember I warned you.'

valuation: 査定（額）　**spry:** 元気な
paint the Old World red<paint the town (red): （盛り場を）飲み歩く、どんちゃん騒ぎをする
reckon: ～と考える　**such *A* as *B*:** BのようなA　**I fear that:** 残念ですが～
resist: ～に抵抗する　**overture:** 提案、申し入れ　**enterprising:** 進取の気性に富んだ
impresario: 興行主　**make an appearance:** 現れる　**I guess:** ～と思う（典型的なアメリカ口語）
laws of Nature: 自然法則　**suspend:** ～を保留する　**aristocracy:** 貴族社会　**observation:** 見解

---

l.12 so does the family doctor for that matter　副詞***so***が前に出て倒置が起こっている。***does so***が指すのは直前のカンタヴィル卿のセリフの***always makes ... our family***の箇所。

「閣下」と公使が答えた、「家具も幽霊も込みで、査定価格で買い取らせていただきましょう。わたしの母国は現代的な国で、金で買えるものは何でも揃っています。同胞のやんちゃな若者連中は旧世界で羽目を外したり、こちらの最高の役者やらプリマ・ドンナやらを奪い去ったりするわけですから、もしヨーロッパに幽霊なんてものが実在するなら、我が国に迎えてどこかの博物館に陳列してすぐにでも一般公開するでしょう。いや、見世物にして各地を巡業するのも悪くありませんね」

「わたしどもの屋敷に幽霊が実在するというのは嘘じゃありませんよ」と言うカンタヴィル卿の顔には微笑みが浮かんでいる、「もっとも、お国のやり手の興行主のご提案におとなしく従ったとはかぎりませんが。3世紀にもわたって、正確には1584年からということになりますが、よく知られた幽霊でしてね、われらが一族の誰かが死ぬ前に決まって現れるのです」

「そういうことなら、かかりつけの医者も御同様でしょう、カンタヴィル卿。ですが、幽霊などというものは存在しません。まさか英国貴族には自然法則の適用が一時停止されるなんてことはないと思うのですが」

「アメリカでは皆さんさぞかし自然に暮らしておられるのでしょうな[*1]」とカンタヴィル卿は答えたが、ミスター・オーティスの最後の言葉の意味がよく分かっていなかった、「ですからもし屋敷の幽霊が気にならないのであれば、それで結構。ただわたしが警告したということだけはお忘れにならないように」

*1　旧大陸の「人工、成熟、文明」との比較でアメリカの「純真、無垢、自然」を強調するのはひとつの定型。イギリスの上流階級を諷刺したワイルドの戯曲『なんでもない女』(1892年刊、93年初演)に登場するアメリカ娘について、イギリスの貴族夫人が「痛々しいほど自然」と述べる場面がある(第2幕)。

A few weeks after this, the purchase was concluded, and at the close of the season the Minister and his family went down to Canterville Chase. Mrs. Otis, who, as Miss Lucretia R. Tappen, of West 53rd Street, had been a celebrated New York belle, was now a very handsome, middle-aged woman, with fine eyes, and a superb profile. Many American ladies on leaving their native land adopt an appearance of chronic ill-health, under the impression that it is a form of European refinement, but Mrs. Otis had never fallen into this error. She had a magnificent constitution, and a really wonderful amount of animal spirits. Indeed, in many respects, she was quite English, and was an excellent example of the fact that we have really everything in common with America nowadays, except, of course, language. Her eldest son, christened Washington by his parents in a moment of patriotism, which he never ceased to regret, was a fair-haired, rather good-looking young man, who had qualified himself for American diplomacy by leading the German at the Newport Casino for three successive seasons, and even in London was well known as an excellent dancer. Gardenias and the peerage were his only weaknesses. Otherwise he was extremely sensible. Miss Virginia E. Otis was a little girl of fifteen, lithe and lovely as a fawn, and with a fine freedom in her large blue eyes. She was a wonderful amazon, and had once raced old Lord Bilton on her pony twice round the park, winning by a length and a half, just in front of the Achilles statue, to the huge delight of the young Duke of Cheshire, who proposed for her on the spot, and was sent back to Eton that very night by his guardians, in floods of tears. After Virginia came the twins, who were usually called 'The Stars and Stripes,' as they were always getting swished. They were delightful boys, and with the exception of the worthy Minister the only true republicans of the family.

belle: 美人　**profile:** 横顔、輪郭　**adopt:** ～を取り入れる　**chronic:** 慢性的な
constitution: 体格　**animal spirits:** 元気、生気　**christen:** ～に洗礼名をつける
fair-haired: 金髪の　**the German (cotillion) :** 19世紀頃に流行した社交ダンスの一種
successive: 連続した　**gardenia:** クチナシの花　**peerage:** 貴族　**lithe:** 柔軟な　**fawn:** 仔鹿
amazon: 女丈夫　**length:** 馬身　**guardian:** 後見人　**swish:** ～を鞭打つ　**republican:** 共和主義者

数週間後、購入手続きが完了し、ロンドンの社交シーズンが終わると公使一家はカンタヴィル猟園に居を移した。ミセス・オーティスは若いころ、西53丁目のミス・ルクリーシャ・R・タペンの名で、ニューヨークで評判の美人として鳴らし、今でも澄んだ目とどこまでも端正な顔立ちのきりっとした美しい中年女性になっている。えてしてアメリカの貴婦人たちは母国を後にした途端、長年にわたって体調が思わしくないという風を装いがちなのは、それがヨーロッパらしい洗練の一形式だと思い込んでのことだが、ミセス・オーティスはそんな過ちとは縁がなかった。彼女は立派な体格に恵まれ、実に活動的な生気にあふれた女性だった。実際、彼女は多くの点でほとんどイギリス人であり、昨今われわれはアメリカと事実上あらゆるもの――もちろん言語は除いて――を共有しているという事実を証明する典型例と言えた。彼女の長男は、いっとき愛国心に浮かれた両親によって授けられた洗礼名ワシントンをどうしても好きになれなかったが、金髪でなかなかの男前の青年だった。ニューポート・カジノ[*1]で行われる舞踏会で、ジャーマン・コティリオンと呼ばれる難しいダンスの先導役を社交シーズン3期にわたって見事にやってのけ、アメリカ式外交術の持主というお墨付きを獲得していたばかりか、ロンドンにおいてもダンスの名手として広く知られていた。彼の欠点はお洒落と貴族風を意識しすぎることだけで、他の点では極めて分別のある若者だった。ミス・ヴァージニア・E・オーティスは15歳の少女。仔鹿のように身のこなしがしなやかで可愛らしく、大きな青い目が屈託なく軽やかに動く。驚くほど勇猛果敢な少女戦士で、ポニーに乗って公園を2周するレースで老ビルトン卿と競ったことがある。アキレス像の真正面のゴールでは一馬身半の差で勝利し[*2]、これを見た若きチェシャー公は欣喜雀躍、その場で彼女に結婚を申し込んだのだが、後見人たちによってその晩のうちにイートン校に送り返され、涙にくれたのだった。ヴァージニアの後に生まれた双子はアメリカ国旗に因んでいつもは「星と条」と呼ばれていた。何しろ学校で始終鞭打ちのお仕置きを食らって、痣(あざ)の消えることがなかったのである。この愉快な兄弟は、公使殿を除けば、この一家のなかで唯一の真の共和主義者だった。

*1　このカジノはアメリカ合衆国、ロードアイランド州の港湾都市ニューポートにある娯楽社交施設のことだろう。一般にカジノは元々舞踏会や音楽会を開く広間を指したが、後にギャンブルのための設備が整えられた。

*2　ロンドンのハイド・パークの南側を東西に走るロトン・ロウと呼ばれるファッショナブルな馬道を含むコースを走ったと思われる。ウェリントン公の功績を称えて1822年に建てられたアキレス像はハイド・パークの南東角にある。

As Canterville Chase is seven miles from Ascot, the nearest railway station, Mr. Otis had telegraphed for a waggonette to meet them, and they started on their drive in high spirits. It was a lovely July evening, and the air was delicate with the scent of the pinewoods. Now and then they heard a wood pigeon brooding over its own sweet voice, or saw, deep in the rustling fern, the burnished breast of the pheasant. Little squirrels peered at them from the beech-trees as they went by, and the rabbits scudded away through the brushwood and over the mossy knolls, with their white tails in the air. As they entered the avenue of Canterville Chase, however, the sky became suddenly overcast with clouds, a curious stillness seemed to hold the atmosphere, a great flight of rooks passed silently over their heads, and, before they reached the house, some big drops of rain had fallen.

Standing on the steps to receive them was an old woman, neatly dressed in black silk, with a white cap and apron. This was Mrs. Umney, the housekeeper, whom Mrs. Otis, at Lady Canterville's earnest request, had consented to keep on in her former position. She made them each a low curtsey as they alighted, and said in a quaint, old-fashioned manner, 'I bid you welcome to Canterville Chase.' Following her, they passed through the fine Tudor hall into the library, a long, low room, panelled in black oak, at the end of which was a large stained-glass window. Here they found tea laid out for them, and, after taking off their wraps, they sat down and began to look round, while Mrs. Umney waited on them.

telegraph: 電報を打つ　**waggonette:** 四輪馬車　**in high spirits:** 意気揚々と　**scent:** 香り
brood over: 考え込む　**rustling:** さらさらと音を立てる　**burnished:** 光沢のある
scud: 素早く動く　**brushwood:** 下生え　**mossy:** 苔むした　**knoll:** 塚、小山　**avenue:** 並木道
overcast: どんよりした　**flight:** 群れ　**keep on:** 雇い続ける　**curtsey:** 膝を曲げて行うお辞儀
alight: 降りる　**quaint:** 古風で趣のある　**bid:** 告げる　**Tudor:** チューダー様式の
panel: 化粧板を張る　**wrap:** 外套など体を覆う服飾品　**wait on:** 〜に給仕する

l.8 with their white tails in the air　付帯状況の ***with*** で「白い尻尾を空中に立てた状態で」という意味。

カンタヴィル猟園は最寄りのアスコット駅*1から7マイルほどのところにある。ミスター・オーティスはあらかじめ電報で家族が乗れる四輪馬車を駅に手配しておいたので、一行はそれに乗って意気揚々と出発した。晴れ渡った7月の夕方で、大気中にほのかに松林の匂いが漂う。時折、モリバトが一羽、自らの麗しい音色に酔ったように啼いているのが聞こえたかと思うと、さらさらと音を立てて揺れるシダの茂みの奥にキジのつややかな胸が見え隠れする。数匹の小さなリスがブナの木の間から馬車で進むかれらをじっと見つめる一方で、ウサギが何羽も白い尻尾を立てて草叢を抜け、苔むした塚を超えて一目散に逃げていく。ところが馬車がカンタヴィル猟園の並木道に入ると、一天にわかに掻き曇り、奇妙な静寂が周囲を支配したかのような気配。ミヤマガラスの大群がかれらの頭上を音もなく飛び去り、馬車が屋敷に到着する前に大粒の雨がぽつぽつと降り始めていた。

玄関先の階段でかれらを迎えたのは、すっきりとした黒いシルクのワンピースに白いキャップとエプロンという身なりの歳のいった女性。それが家政婦のミセス・アムニーで、ミセス・オーティスがカンタヴィル卿令夫人のたっての願いを聞き入れ、新しい主人の許でも変わらず家政婦として働いてもらうことにしたのだった。一行が馬車から降りると、彼女はひとりひとりに深くお辞儀をし、古風で趣のある口調で「カンタヴィル猟園へもったいなくもお越しくださいまして」と挨拶した。一行は彼女の案内で、見事なチューダー様式*2の玄関ホールを通って図書室に入る。そこは奥行きがあって天井の低い部屋で、一面に黒のオーク材の鏡板が張られ、それが切れたところに大きなステンドグラスの窓が設えてある。見れば、この部屋に一行のためのお茶の用意がされているのだった。そして、一行は旅装を解くと、腰を下ろしてようやく周囲に目を遣った。その間ミセス・アムニーは一行のお茶の給仕に余念がない。

*1　競馬場で名高いアスコットだとすれば、ウィンザーの南西6マイルほどに位置する。猟園はそこからさらに西ないし南の方角に7マイルほど行ったところという設定だろう。

*2　16世紀に流行した建築様式で、伝統的なゴシック様式にイタリアやフランスのルネッサンス建築の装飾性が加わった。

Suddenly Mrs. Otis caught sight of a dull red stain on the floor just by the fireplace and, quite unconscious of what it really signified, said to Mrs. Umney, 'I am afraid something has been spilt there.'

'Yes, madam,' replied the old housekeeper in a low voice, 'blood has been spilt on that spot.'

'How horrid,' cried Mrs. Otis; 'I don't at all care for blood-stains in a sitting-room. It must be removed at once.'

The old woman smiled, and answered in the same low, mysterious voice, 'It is the blood of Lady Eleanore de Canterville, who was murdered on that very spot by her own husband, Sir Simon de Canterville, in 1575. Sir Simon survived her nine years, and disappeared suddenly under very mysterious circumstances. His body has never been discovered, but his guilty spirit still haunts the Chase. The blood-stain has been much admired by tourists and others, and cannot be removed.'

'That is all nonsense,' cried Washington Otis; 'Pinkerton's Champion Stain Remover and Paragon Detergent will clean it up in no time,' and before the terrified housekeeper could interfere he had fallen upon his knees, and was rapidly scouring the floor with a small stick of what looked like a black cosmetic. In a few moments no trace of the blood-stain could be seen.

catch sight of: ～が目に留まる **dull:** くすんだ、鈍い **stain:** 染み
fireplace: (部屋の壁に設けられた) 暖炉 **signify:** ～を意味する **spilt<spill:** こぼす
horrid: おそろしい **sitting-room:** 居間 **remove:** ～を取り除く **survive:** ～より長生きする
body: 遺体 **admire:** ～を称賛する **nonsense:** 馬鹿げたこと **paragon:** 模範、手本
detergent: 洗浄剤 **in no time:** 瞬時に **interfere:** 干渉する **scour:** ～をこすって磨く
trace: 形跡

l.18 what looked like a black cosmetic ***what*** は関係代名詞で、「黒い化粧品のように見えるもの」という名詞句をつくっている。

はしなくもミセス・オーティスが暖炉そばの床にくすんだ赤い染みを見つけ、それが実際何の跡なのかなど少しも考えず、ミセス・アムニーに「そこに何かがこぼれたみたいね」と言った。

「さようでございます、奥様」と老家政婦は低い声で答える、「そこに血がこぼれたのでございます」

「なんてこと」とミセス・オーティスは叫んだ、「居室に血の染みがあるなんてごめんだわ。すぐにきれいにして頂戴」

老家政婦は微笑みながら、低い謎めいた声音のまま答えた、「それは令夫人エレナー・ド・カンタヴィル様の血です。ご主人のサー・サイモン・ド・カンタヴィル卿の手にかかってお亡くなりになったのがまさにその場所。1575年のことでございました。サー・サイモンはその後もここに9年ほどお住まいでしたが、忽然と姿を消してしまわれた。失踪の状況は何とも謎めいていて、ご遺体も見つかっていないのですが、罪を犯した卿の亡霊がこの猟園に今でも頻繁に出没するのです。観光客をはじめ、その血の染みを見ると多くの人が称賛の声を上げます。そしてその染みはどうやっても消えません」

「そんな馬鹿な話はない」とワシントン・オーティスが大声を上げ、「〈ピンカートン極上染み抜き入り至高洗浄剤〉[*1]なら立ちどころに消してしまうさ」と言うが早いか、怯えた家政婦が口をはさむ間もなく膝をついて、小さなスティック状の真っ黒な化粧品と思しきもので、素早く床をこすり始めた。数分もしないうちに、血の染みは跡形もなく消えていた。

*1　ピンカートンはアメリカの有名な探偵社で、ワイルドの同時代人で交遊もあったコナン・ドイルのホームズものにも言及があるほどだが、ここではハーブを使った女性用の健康薬（専門家からは偽薬と批判された）を開発、販売して名を馳せたリディア・ピンカム（1819-83）も仄めかされているらしい。アメリカでの講演旅行（1882）を始めたワイルドの肖像が掲載された新聞の同じ号に、彼女の薬の宣伝が載っているという。

'I knew Pinkerton would do it,' he exclaimed triumphantly, as he looked round at his admiring family; but no sooner had he said these words than a terrible flash of lightning lit up the sombre room, a fearful peal of thunder made them all start to their feet, and Mrs. Umney fainted.

'What a monstrous climate!' said the American Minister calmly, as he lit a long cheroot. 'I guess the old country is so over-populated that they have not enough decent weather for everybody. I have always been of opinion that emigration is the only thing for England.'

'My dear Hiram,' cried Mrs. Otis, 'what can we do with a woman who faints?'

'Charge it to her like breakages,' answered the Minister; 'she won't faint after that;' and in a few moments Mrs. Umney certainly came to. There was no doubt, however, that she was extremely upset, and she sternly warned Mr. Otis to beware of some trouble coming to the house.

'I have seen things with my own eyes, sir,' she said, 'that would make any Christian's hair stand on end, and many and many a night I have not closed my eyes in sleep for the awful things that are done here.' Mr. Otis, however, and his wife warmly assured the honest soul that they were not afraid of ghosts, and, after invoking the blessings of Providence on her new master and mistress, and making arrangements for an increase of salary, the old housekeeper tottered off to her own room.

sombre: 薄暗い　**peal:** とどろき　**start to *one's* feet:** 飛び上がる　**faint:** 失神する
monstrous: 怪物じみた、ひどい　**cheroot:** 両切り葉巻たばこ　**emigration:** 移民
charge *A* to *B*: **A** を **B** に請求する　**breakage:** 破損額　**come to:** 意識が戻る
make *one's* hair stand on end: ～の髪を逆立たせる　**assure:** ～に…であることを断言する
soul: 人　**invoke:** ～を祈願する　**providence:** 神、神意　**totter:** よろよろ歩く

l.2 no sooner had he said these words than ...　***no sooner ～ than ...*** は「～するやいなや…」という意味で、ここでは ***no sooner*** という否定の副詞句が前に出て倒置が起こっている。

「ピンカートン製なら消えて当然さ」彼は称賛の声を上げる家族[*1]を見回しながら誇らしげに叫んだ。しかし彼がその言葉を口にするや否や、稲妻の強烈な閃光が薄暗い部屋を照らし、恐ろしい雷鳴が轟いたので、一同は思わず総立ちになり、そしてミセス・アムニーは気を失った。

「とんでもない天気だな！」とアメリカ人公使は長い両切り葉巻に火をつけながら落ち着いた声で言った。「思うに旧世界のこの国は人口が多すぎて、万人に行きわたるにはまともな天気が不足しているのだろう。イギリスの取るべき道は海外への移民以外にないというのが以前からのわたしの持論なのだ」

「ねえハイラム」ミセス・オーティスが叫んだ、「すぐに失神する女性にはどう対処したものかしら？」

「失神代を彼女に請求すればいい、家財の破損代と同じようにな」と公使は答える、「そうすれば二度と失神しなくなるとも」すると数分後、ミセス・アムニーはたしかに意識を取り戻した。しかし明らかにひどく動転していて、この家に何がしか厄介なことが起きるから気をつけるようミスター・オーティスに強く警告するのだった。

「この目であれこれ目にしてきたのでございます」と彼女は言った、「異教の徒でなければ、誰しも身の毛のよだつことを。そしてここで行われる恐ろしいことのせいで、おちおち目を閉じて眠れない夜を過ごしたこと、数え切れません」けれどもオーティス夫妻は、自分たちは幽霊など怖くないから心配いらない、と誠実な彼女にやさしく言った。そこで老家政婦は新しい主人夫妻に神の祝福あらんことをと祈願し、給料増額の取り決めを交わした上で、よろめくように自室へと退いた。

*1　前頁で血の染みに称賛の声を上げるとされた観光客と比べると、この家族の反応は露骨なまでに対照的である。

II

The storm raged fiercely all that night, but nothing of particular note occurred. The next morning, however, when they came down to breakfast, they found the terrible stain of blood once again on the floor. 'I don't think it can be the fault of the Paragon Detergent,' said Washington, 'for I have tried it with everything. It must be the ghost.' He accordingly rubbed out the stain a second time, but the second morning it appeared again. The third morning also it was there, though the library had been locked up at night by Mr. Otis himself, and the key carried upstairs. The whole family were now quite interested; Mr. Otis began to suspect that he had been too dogmatic in his denial of the existence of ghosts, Mrs. Otis expressed her intention of joining the Psychical Society, and Washington prepared a long letter to Messrs. Myers and Podmore on the subject of the Permanence of Sanguineous Stains when connected with Crime. That night all doubts about the objective existence of phantasmata were removed for ever.

rage: 荒れる　**fiercely:** 激しく　**of note:** 注目すべき　**fault:** 落ち度
accordingly: よって、したがって　**rub out:** こすり落とす　**dogmatic:** 独断的な　**denial:** 否定
Messrs. : 〜氏（**Mr.** の複数形）　**permanence:** 永続性　**sanguineous:** 血の、流血の
objective: 客観的な　**phantasmata<phantasma:** 幽霊

---

l.8 ***the key carried upstairs***　直前の ***the library had been locked up ...*** と同じ構造になっており、***the key*** と ***carried*** のあいだに ***had been*** が省略されている。

II

嵐は夜を徹して静まることなく荒れ狂ったが、とくに変わったことは起きなかった。ところが翌朝、一同が朝食に降りてくると、床に恐ろしい血の染みがまた現れているではないか。「ピンカートンの〈至高洗浄剤〉が効かないとは思えないな」とワシントンが言った、「ありとあらゆるもの相手にお試し済みなんだから。幽霊の仕業に決まってる」そういう次第で彼は再度その染みをこすり落としたが、二日目の朝になるとそれは再び現れた。三日目の朝もやはりそれはそこにあった。夜の間、図書室はミスター・オーティス自身によって鍵がかけられ、その鍵は階上で保管されたにも拘らず、である。今や家族全員がいたく興味を掻き立てられることとなった。ミスター・オーティスは幽霊の存在を頭ごなしに否定しすぎたのではないかと考え始め、ミセス・オーティスは〈心霊協会〉に入会する意向を表明し、ワシントンはミスター・マイヤーズとミスター・ポドモアに宛て[*1]、〈犯罪に関わる血痕の永続性〉に関する長文の手紙を認めた。まさにその夜、心霊と呼ばれるものが客観的な存在であることについての疑念はきれいに払拭されたのである。

*1　心霊現象や超常現象を実証的に探求するためケンブリッジ大学の道徳哲学の教授であったヘンリー・シジウィック（1838-1900）を会長に、1882年〈心霊現象研究協会〉が設立されており、フレデリック・W・H・マイヤーズ（1843-1901）とフランク・ポドモア（1856-1910）は創設期の主要メンバーだった。ワイルド「嘘の衰退」（1889）の能弁な対話者ヴィヴィアンは、イギリス中産階級の夢がいかに「陳腐で下劣で退屈」であるかをこの協会やマイヤーズの著作が例証すると主張している。

The day had been warm and sunny; and, in the cool of the evening, the whole family went out to drive. They did not return home till nine o'clock, when they had a light supper. The conversation in no way turned upon ghosts, so there were not even those primary conditions of receptive expectation which so often precede the presentation of psychical phenomena. The subjects discussed, as I have since learned from Mr. Otis, were merely such as form the ordinary conversation of cultured Americans of the better class, such as the immense superiority of Miss Fanny Davenport over Sara Bernhardt as an actress; the difficulty of obtaining green corn, buckwheat cakes, and hominy, even in the best English houses; the importance of Boston in the development of the world-soul; the advantages of the baggage check system in railway travelling; and the sweetness of the New York accent as compared to the London drawl. No mention at all was made of the supernatural, nor was Sir Simon de Canterville alluded to in any way. At eleven o'clock the family retired, and by half-past all the lights were out. Some time after, Mr. Otis was awakened by a curious noise in the corridor, outside his room. It sounded like the clank of metal, and seemed to be coming nearer every moment. He got up at once, struck a match, and looked at the time. It was exactly one o'clock. He was quite calm, and felt his pulse, which was not at all feverish. The strange noise still continued, and with it he heard distinctly the sound of footsteps. He put on his slippers, took a small oblong phial out of his dressing-case, and opened the door. Right in front of him he saw, in the wan moonlight, an old man of terrible aspect. His eyes were as red burning coals; long grey hair fell over his shoulders in matted coils; his garments, which were of antique cut, were soiled and ragged, and from his wrists and ankles hung heavy manacles and rusty gyves.

receptive: 受け入れやすい　**precede:** ～に先行する　**superiority:** 優位性
drawl: ゆっくりした喋り方　**supernatural:** 超自然的な　**allude:** ほのめかす　**retire:** 床につく
clank: ガチャガチャという音　**pulse:** 脈　**feverish:** 興奮した　**oblong:** 長方形の
phial: 小瓶　**right:** ちょうど、まさしく　**wan:** 青ざめた　**matted:** 絡み合った　**soiled:** 汚れた
ragged: ぼろぼろの　**manacle:** 手枷　**rusty:** 錆びた　**gyve:** 足枷

その日は暖かく陽光が降り注いでいた日中も夕方になると涼気が立ち、一家は揃って馬車で遠乗りに出かけた。帰宅したのは9時になってからで、軽い夜食を取ったが、幽霊は一切話題にならなかった。したがって、心霊現象の発現にしばしば先行する予備段階——暗示に反応して何らかの現象を予期するという状態——すら用意されなかったことになる。そのとき話題になったのは、後にミスター・オーティスから聞いたところによれば、中流以上の教養あるアメリカ人が雑談の種にするようなものにすぎなかったとのこと。例えば、女優としてミス・ファニー・ダヴェンポートがサラ・ベルナールより圧倒的に優れていることとか[*1]、イギリスでは超一流の家庭でも青トウモロコシやそば粉のパンケーキやひきわりトウモロコシはなかなか常備できないこととか、世界霊魂の発達におけるボストンの重要性とか[*2]、鉄道旅行の手荷物預かりシステムの利点とか、気取ったロンドン英語と比べた場合のニューヨーク英語の響きの心地よさ等々。超自然現象など一切触れられず、またサー・サイモン・ド・カンタヴィルもまったく話題に上らなかった。11時になると一同はそれぞれの部屋に戻り、11時半に邸内は完全消灯。しばらくしてミスター・オーティスは部屋の前を通る廊下で奇妙な音がするので目を覚ました。ガチャンガチャンという金属性の音で、刻一刻と部屋のほうに近づいてくる。彼はただちに起き上がり、マッチに火をつけて時刻を確かめた。ちょうど1時。彼は慌てず騒がず自分で脈を測ったところ、まったく乱れはない。怪しい音は一向に消える気配がなく、しかも同時に足音もはっきり聞こえてくる。彼は室内履きをはき、ポーチから取り出した細長いガラスの小瓶を手に、ドアを開けた。眼前の月明かりの中、目にとび込んできたのは恐ろしい形相をした老人の姿[*3]。その目は燃えさかる石炭のように赤く、もつれたざんばらの白髪が肩まで長く垂れている。古色蒼然とした仕立ての服は汚れてボロボロ、手首と足首には重たげな手枷と錆びついた足枷がはめられていた。

*1　ファニー・L・G・ダヴェンポート（1850-98）はアメリカで人気のあった舞台女優で、サラ・ベルナール（1844-1923）がパリで評判をとった役をアメリカで演じて一躍有名になった。ベルナールはヨーロッパとアメリカで一世を風靡したフランス人女優。ワイルドとも親交があり、その戯曲『サロメ』（仏語版 1893、英語版 1894）が発禁にならなければ、主演する予定だった。

*2　ボストンを世界の文化的「中心（Hub）」と考える独善に対する諷刺。ワイルドは「アメリカの侵略」と題する匿名のエッセイで、ボストンという町は「道学者ぶった気取り屋の楽園である」と述べている。

*3　ダンテ『新生』のダンテ・ゲイブリエル・ロセッティ（1828-82）による英訳（1861; 1874）の「恐ろしい形相をした主(しゅ)の君」という表現を踏まえているという指摘もある。

'My dear sir,' said Mr. Otis, 'I really must insist on your oiling those chains, and have brought you for that purpose a small bottle of the Tammany Rising Sun Lubricator. It is said to be completely efficacious upon one application, and there are several testimonials to that effect on the wrapper from some of our most eminent native divines. I shall leave it here for you by the bedroom candles, and will be happy to supply you with more should you require it.' With these words the United States Minister laid the bottle down on a marble table, and, closing his door, retired to rest.

For a moment the Canterville ghost stood quite motionless in natural indignation; then, dashing the bottle violently upon the polished floor, he fled down the corridor, uttering hollow groans, and emitting a ghastly green light. Just, however, as he reached the top of the great oak staircase, a door was flung open, two little white-robed figures appeared, and a large pillow whizzed past his head! There was evidently no time to be lost, so, hastily adopting the Fourth Dimension of Space as a means of escape, he vanished through the wainscoting, and the house became quite quiet.

insist on *doing*: ～することを求める　**lubricator:** 潤滑油、オイル差し　**efficacious:** 有効な
application: 使用、塗布　**testimonial:** 推薦状　**effect:** 意味、趣旨　**eminent:** 著名な
divine: 神学者　**marble:** 大理石　**indignation:** 憤慨　**dash:** ～を叩きつける　**fled<flee:** 逃れる
groan: うめき声　**emit:** ～を発する　**ghastly:** 不気味な　**flung<fling:** 勢いよく動かす
figure: 姿　**whiz:** ヒューと飛ぶ　**hastily:** 急いで　**dimension:** 次元　**means:** 手段
vanish: 消える　**wainscoting:** 羽目板

l.4 upon one application　この ***upon*** は「～するとすぐに」という意味の前置詞。
l.7 should you require it　主語と助動詞の倒置による ***if*** の省略。元の形は ***if you should require it*** で、「万が一必要であれば」ということ。

「ねえ、ご老体」ミスター・オーティスが言う、「これだけは言わせてもらいますよ。その鎖にはオイルを差さないといけません。そう思って〈タマニー社製旭日潤滑油〉[*1]のオイル差しを持ってきました。ひと差しで効き目抜群というのが謳い文句で、包み紙にはそれを裏書きする推薦文がいくつか、著名なアメリカ人神学者の手によって記されています。ここ、寝室用の蝋燭のわきに置いておきますからお使いください。それにもっとお入用でしたら喜んでご用意しましょう」それだけ言うと、合衆国公使は大理石のテーブルに小瓶を置き、ドアを閉めると、ベッドにもぐりこむのだった。

カンタヴィルの幽霊はしばしの間、湧き上がる至極当然の怒りに身じろぎもせずその場に立ち尽くしていたが、次の瞬間、オイル差しの小瓶を磨かれた床に思い切り投げつけたかと思うと、くぐもった呻き声を漏らし、ぞっとする緑の光を発しながら、廊下の奥へと足早にその場を去った。ところが、オークの大階段の降り口にたどり着いたちょうどその時、勢いよくドアが開いて、白い服に身を包んだふたつの人影が現れ、大きな枕が彼の顔をかすめてヒューと飛んでいった。一刻の猶予もないのは明々白々。そこで彼は慌てて〈4次元空間〉を逃走経路として使用、羽目板経由で姿を消し、屋敷はすっかり静かになった。

*1　多大な権力を掌握し、当時すでに政治腐敗の元凶となっていたタマニー・ホールというニューヨークの民主党系政治組織を仄めかす。またワイルドが傾倒した19世紀末の唯美主義運動の一翼を日本趣味（ジャポニズム）が担った――小説『ドリアン・グレイの肖像』や芸術論「嘘の衰退」など参照――ことを考えると、このRising Sunに日本（製）の意味を読み取ることも可能だろう。

On reaching a small secret chamber in the left wing, he leaned up against a moonbeam to recover his breath, and began to try and realise his position. Never, in a brilliant and uninterrupted career of three hundred years, had he been so grossly insulted. He thought of the Dowager Duchess, whom he had frightened into a fit as she stood before the glass in her lace and diamonds; of the four housemaids, who had gone off into hysterics when he merely grinned at them through the curtains of one of the spare bedrooms; of the rector of the parish, whose candle he had blown out as he was coming late one night from the library, and who had been under the care of Sir William Gull ever since, a perfect martyr to nervous disorders; and of old Madame de Tremouillac, who, having wakened up one morning early and seen a skeleton seated in an armchair by the fire reading her diary, had been confined to her bed for six weeks with an attack of brain fever, and, on her recovery, had become reconciled to the Church, and broken off her connection with that notorious sceptic Monsieur de Voltaire.

chamber: 部屋　**lean:** もたれかかる　**moonbeam:** 月光　**try and *do*:** ～しようとする
uninterrupted: 途切れることのない　**grossly:** ひどく　**go off into:** 突然～の状態になる
grin: 歯を見せてにやりと笑う　**martyr to:**（病気など）にずっと苦しむ人
nervous disorder: 神経の病　**be confined to:** ～に引きこもる　**brain fever:** 脳炎
(be) reconciled to: ～を甘受する　**break off:** ～を断つ　**notorious:** 悪名高い
sceptic: 懐疑論者

l.3 Never, ..., had he been so grossly insulted.　否定の副詞 ***never*** が文頭に出て、***had he been*** と倒置が起こっている。

彼は屋敷の左翼にある秘密の小部屋にたどり着くや、一条の月の光に凭れて息を整え、自分の置かれた状況を理解しようとした。300年間連綿と続いた輝かしい経歴において、これほどひどい侮辱を受けたことは一度もない。輝かしい思い出はいろいろある。レースや宝石で着飾って鏡の前に立った公爵未亡人をひきつけが起きるほど驚かしてやった。予備寝室の一室で、カーテンの隙間からにっと歯を見せただけでメイド4人はヒステリーの発作を起こすというありさま。ある夜遅くに書庫から出てきた教区牧師の掲げていた蝋燭を吹き消してやり、それからというもの、彼はずっと神経疾患に悩まされ、サー・ウィリアム・ガル医師の治療なしでは暮らせないようになった[*1]。ある朝早く目を覚ました老婦人、マダム・ド・トレムヤックは暖炉わきの安楽椅子に座った骸骨が自分の日記を読んでいるのを見て脳炎に襲われ、6週間寝たきり状態が続いた後、回復するとキリスト教会の権威を受け入れ、あの悪名高き無神論者ムシュー・ド・ヴォルテールと袂(たもと)を分かつことになったではないか[*2]。

*1　ウィリアム・ウィジー・ガル（1816-90）は著名な臨床医で、皇太子の腸チフスを治療して准男爵に叙せられたが、神経障害の治療も守備範囲だったようである。

*2　マダム・ド・トレムヤックは、諷刺家、哲学者、歴史家で宗教嫌いだったヴォルテール（1694-1778）の愛人として創造された架空の人物だろう。ヴォルテールは1726-29年にイギリスに滞在しているが、彼の愛人として有名なのは女性科学者の先駆けとして知られるシャトレ侯爵夫人。

He remembered the terrible night when the wicked Lord Canterville was found choking in his dressing-room, with the knave of diamonds half-way down his throat, and confessed, just before he died, that he had cheated Charles James Fox out of £50,000 at Crockford's by means of that very card, and swore that the ghost had made him swallow it. All his great achievements came back to him again, from the butler who had shot himself in the pantry because he had seen a green hand tapping at the window pane, to the beautiful Lady Stutfield, who was always obliged to wear a black velvet band round her throat to hide the mark of five fingers burnt upon her white skin, and who drowned herself at last in the carp-pond at the end of the King's Walk. With the enthusiastic egotism of the true artist he went over his most celebrated performances, and smiled bitterly to himself as he recalled to mind his last appearance as 'Red Reuben, or the Strangled Babe,' his *début* as 'Gaunt Gibeon, the Blood-sucker of Bexley Moor,' and the *furore* he had excited one lovely June evening by merely playing ninepins with his own bones upon the lawn-tennis ground. And after all this, some wretched modern Americans were to come and offer him the Rising Sun Lubricator, and throw pillows at his head! It was quite unbearable. Besides, no ghost in history had ever been treated in this manner. Accordingly, he determined to have vengeance, and remained till daylight in an attitude of deep thought.

choke: 窒息する　**knave of diamonds:** ダイヤのジャック　**confess:** ～を告白する
cheat *A* out of *B*: A をだまして B を取る　**by means of:** ～を用いて
swore<swear: ～を断言する　**butler:** 執事　**pantry:** 食品貯蔵室　**window pane:** 窓ガラス
be obliged to *do*: ～せざるを得ない　**enthusiastic:** 熱狂的な　**egotism:** うぬぼれ
strangled: 絞め殺された　**gaunt:** やつれた　**furore<furor:** 大騒ぎ　**wretched:** あさましい
vengeance: 復讐

l.1 the wicked Lord Canterville was found choking　能動態にすると *someone found the wicked Lord Canterville choking* と第５文型の文になる。

l.17 were to come　〈*be* + *to* 不定詞〉で、ここでは「～することになっていた」「～する運命にあった」ほどの意味。

さらに思い出されるのは、悪人のカンタヴィル卿が自らの化粧室で窒息死しかけているのを発見された恐ろしい夜のこと。ダイヤのジャックの札が喉に詰まったためだったが、彼は死ぬ間際に、まさにその札を使ってクロックフォードでチャールズ・ジェイムズ・フォックスから5万ポンドだまし取ったと告白し[*1]、また、嘘偽りなく、自分は幽霊にその札を飲まされたのだと断言したのだった。これまで成し遂げたありとあらゆる偉業が次々に脳裏に浮かぶ。食品貯蔵室で緑色の手が窓ガラスを叩いたのを目にしたために執事が銃で自殺したこともあった。白い肌に焼き付いた5本の指の跡を隠すために、いつも黒いビロードのチョーカーを身につけていなくてはならなかった美しきスタットフィールド卿夫人[*2]。彼女は結局〈王の散歩道〉のはずれにある鯉の泳ぐ池で入水自殺したのだった。真の芸術家特有の神がかった自惚れに突き動かされ、彼はその名を知らしめた華々しい事績を反芻して、ひとり苦笑いを浮かべた――「ルージュ色のルーベン、或いは絞殺された赤子」としての最後の登場、「がりがりギベオン――ベクスレー・ムアの吸血鬼」としてのデビュー、そしてある麗らかな6月の夕方、ローン・テニスのグラウンドで自分の骨を使って九柱戯[*3]をしていただけで惹き起こした周囲の大興奮。これまでこんなにも見事にやってきたのに、新しさだけを有難がるアメリカの下司どもがやってくることになって、〈旭日潤滑油〉をどうぞなどと言い、顔めがけて枕を投げつけるとは！　どうにも我慢ならない。それに、歴史上、幽霊がこんな仕打ちを受けたためしはない。そこで彼は復讐を心に誓い、夜明けまで思案に暮れるのだった。

*1　チャールズ・ジェイムズ・フォックス（1749-1806）は奴隷制に反対し、アメリカの独立やフランス革命を支持したホイッグ党の政治家。クロックフォードは最古の賭博クラブだとされるが、ロンドンで開設されたのは1828年。誰であれここを舞台にフォックスをカモにするのは難しい。
*2　『なんでもない女』でアメリカ娘を「痛々しいほど自然」と形容する貴族夫人の名でもあり、この名前の人物はワイルドの『ウィンダミア卿夫人の扇』（1892）にも登場する。
*3　球を転がして9本のピンを倒すボーリングに似たゲーム。

III

The next morning, when the Otis family met at breakfast, they discussed the ghost at some length. The United States Minister was naturally a little annoyed to find that his present had not been accepted. 'I have no wish,' he said, 'to do the ghost any personal injury, and I must say that, considering the length of time he has been in the house, I don't think it is at all polite to throw pillows at him'—a very just remark, at which, I am sorry to say, the twins burst into shouts of laughter. 'Upon the other hand,' he continued, 'if he really declines to use the Rising Sun Lubricator, we shall have to take his chains from him. It would be quite impossible to sleep, with such a noise going on outside the bedrooms.'

For the rest of the week, however, they were undisturbed, the only thing that excited any attention being the continual renewal of the blood-stain on the library floor. This certainly was very strange, as the door was always locked at night by Mr. Otis, and the windows kept closely barred. The chameleon-like colour, also, of the stain excited a good deal of comment. Some mornings it was a dull (almost Indian) red, then it would be vermilion, then a rich purple, and once when they came down for family prayers, according to the simple rites of the Free American Reformed Episcopalian Church, they found it a bright emerald-green. These kaleidoscopic changes naturally amused the party very much, and bets on the subject were freely made every evening. The only person who did not enter into the joke was little Virginia, who, for some unexplained reason, was always a good deal distressed at the sight of the blood-stain, and very nearly cried the morning it was emerald-green.

considering: ～を考慮すると　**just:** 真っ当な　**remark:** 所見　**burst into:** 突然～する
continual: 継続的な　**barred:** 閂(かんぬき)のかかった　**rite:** しきたり　**kaleidoscopic:** 万華鏡のような

l.10 with such a noise ...　*with* 以下に「あんな音を立てられたら」という仮定の意味が込められている。
l.11 the only thing that excited any attention being ...　独立分詞構文。

III

翌朝、オーティス一家が朝食で顔を合わせたとき、幽霊のことがひとしきり話題になった。合衆国公使は当然ながら、せっかく用意したプレゼントが受け取られなかったことが分かって聊か面白くない。「わたしとしてはだな」と彼は言った、「あの幽霊に身体上の危害を加えるつもりは毛頭ないし、本当のところ、彼が長年この家に暮らしてきたことを考えれば、そうした相手に枕を投げつけるなんて甚だしく礼を失する振舞いだと言わねばなるまい」——至極もっともな発言なのだが、遺憾ながら、それを聞いた双子はどっと笑いだす始末。「その一方」と彼は言葉を続けた、「もし彼が本当に〈旭日潤滑油〉を使うのを拒否するというのであれば、われわれの手で彼から鎖を取り上げねばならなくなる。寝室の外であんな音を立てられたら、とても眠れたものではないからな」

しかし週末までは、かれらの安眠が妨げられることもなく、唯一皆の注意を惹いたのは、図書室の床の血の染みが消しても消しても毎回元に戻ることだった。たしかにこれは何とも不思議だった。何しろドアは毎晩ミスター・オーティスによって施錠され、窓はしっかり閂がかかっているのだから。その染みがカメレオンのように色を変える点についても議論が白熱した。ほとんどベンガラ色と言えるくらいくすんだ赤色の日が続いたかと思うと、朱色に変わり、次にはそれが紫がかった色に変化する。一度など、〈自由アメリカ改革監督制教会〉*1 の簡素なしきたりに従って家族礼拝に降りてくると、一同の目に映った染みはエメラルド・グリーンに輝いていた。こうした色の千変万化を一同が面白がったのも当然で、毎夜、明日は何色になるかを予想する賭けが屈託なく行われた。ただひとり、この悪ふざけに加わらなかったのが小さなヴァージニアで、理由は不明ながら、彼女は血の染みを目にするといつも心を痛め、エメラルド・グリーンになった朝はほとんど泣き出しかねないほどだった。

*1 イギリス国教会の流れを汲みプロテスタントの監督制教会の改革を志向する一派で 1873 年に最初の全体協議会が開かれた。そこで発表された宣言のひとつが、キリストの肉と血は最後の晩餐におけるパンと葡萄酒として現れているという「誤った奇妙な教義」の否定であり、ワイルドはこの改革教会を絶えず現れる幽霊の血の染みと並置することでユーモラスな効果を狙ったということらしい。

The second appearance of the ghost was on Sunday night. Shortly after they had gone to bed they were suddenly alarmed by a fearful crash in the hall. Rushing downstairs, they found that a large suit of old armour had become detached from its stand, and had fallen on the stone floor, while, seated in a high-backed chair, was the Canterville ghost, rubbing his knees with an expression of acute agony on his face. The twins, having brought their pea-shooters with them, at once discharged two pellets on him, with that accuracy of aim which can only be attained by long and careful practice on a writing-master, while the United States Minister covered him with his revolver, and called upon him, in accordance with Californian etiquette, to hold up his hands! The ghost started up with a wild shriek of rage, and swept through them like a mist, extinguishing Washington Otis's candle as he passed, and so leaving them all in total darkness. On reaching the top of the staircase he recovered himself, and determined to give his celebrated peal of demoniac laughter. This he had on more than one occasion found extremely useful. It was said to have turned Lord Raker's wig grey in a single night, and had certainly made three of Lady Canterville's French governesses give warning before their month was up.

a suit of: 一揃いの〜　**armour:** 甲冑　**detach:** 〜を取り外す　**agony:** 苦悶
pea-shooter: 豆鉄砲　**discharge:** 〜を発射する　**pellet:** 小さな弾丸　**accuracy:** 正確さ
cover: 〜を狙う　**call upon *A* to *do*:** A に〜するよう求める
in accordance with: 〜にしたがって　**shriek:** 金切り声　**sweep through:** 〜を通過する
extinguish: 〜を消す　**recover *oneself*:** 正気を取り戻す　**demoniac:** 悪魔のような　**wig:** かつら
governess: 住み込みの女性家庭教師

l.6 ***with an expression of acute agony on his face***　付帯状況の ***with***。
l.15 ***This he had on more than one occasion found extremely useful.***　文頭の ***this*** は動詞 ***found*** の目的語で、***useful*** は補語。
l.16 ***It was said to have turned ...***　***They said that it have turned ...*** を受動態にした文で、文頭の ***It*** は ***his celebrated peal of demoniac laughter*** を指す。

幽霊が2度目に姿を現したのは日曜の夜だった。一同がベッドに就いてからほどなくして、突然、玄関ホールから何かがぶつかったような恐ろしい音が響いてきて大いに驚かされたのである。階下に駆け降りると、古い甲冑の大きな一揃いが飾ってあった台から外れて石の床の上に倒れ、背凭れの高い椅子に座ったカンタヴィルの幽霊が激しい苦痛に顔を歪めて膝をさすっている。双子はそれぞれ豆鉄砲を持ってきていたので、すぐさま彼めがけて2発の銃弾を発射した。狙いは実に正確で、それはペン字の先生を標的に長期間にわたって入念な練習を重ねて初めて習得できる技量だった。一方、合衆国公使はリボルバーで彼に狙いを定め、本場カリフォルニアの礼儀作法に則って、手をあげろ！　と命じた。幽霊ははっと立ち上がり、怒りのこもった荒々しくも甲高い叫び声を挙げると、一同の間を霞のように素早く通り抜け、その勢いでワシントン・オーティスの持っていた蝋燭を消したので、一同はすっぽり闇に包まれた。階段の上までたどりつくと幽霊は落ち着きを取り戻し、名にし負う悪鬼の高笑いを一撃、お見舞いしてやろうと心に決めた。それが目覚ましい効力を発揮したことは一度に留まらない。一晩にしてレイカー卿の鬘（かつら）を白髪にしたと噂になったし、住み込みでカンタヴィル卿夫人についたフランス語の女家庭教師のうち3人までもが1か月ももたずに暇を願い出ざるを得なくなったのは紛れもない事実[*1]。

*1　このように幽霊の昔日の栄光が繰り返し列挙されると、読者としては否応なく新世界の台頭を前に衰退しつつある旧世界の懐旧の情を感じることになる。

He accordingly laughed his most horrible laugh, till the old vaulted roof rang and rang again, but hardly had the fearful echo died away when a door opened, and Mrs. Otis came out in a light blue dressing-gown. ‘I am afraid you are far from well,’ she said, ‘and have brought you a bottle of Dr. Dobell’s tincture. If it is indigestion, you will find it a most excellent remedy.’ The ghost glared at her in fury, and began at once to make preparations for turning himself into a large black dog, an accomplishment for which he was justly renowned, and to which the family doctor always attributed the permanent idiocy of Lord Canterville’s uncle, the Hon. Thomas Horton. The sound of approaching footsteps, however, made him hesitate in his fell purpose, so he contented himself with becoming faintly phosphorescent, and vanished with a deep churchyard groan, just as the twins had come up to him.

vaulted roof: 丸屋根　**die away:** 次第に消える　**far from:** けっして〜でない
tincture: チンキ剤　**indigestion:** 消化不良　**remedy:** 治療薬　**glare:** にらむ
turn *A* into *B*: AをBに変化させる　**be renowned for:** 〜で名高い
attribute *A* to *B*: AをBのせいにする　**Hon.<honourable:** 〜閣下　**fell:** 残忍な
content *oneself* with: 〜に満足する、甘んじる　**phosphorescent:** 燐光を発する
churchyard: 教会墓地を思わせる、死の前触れのような

*l.2 **hardly had the fearful echo died away*** 準否定の副詞 ***hardly*** が前に出て倒置が起こっている。

そこで彼はまたとないほど恐ろしい高笑いを試みた。古い丸天井がそれを受けて激しく鳴り響く。しかし凄まじい反響が消えたか消えないうちにドアが開き、ライトブルーの部屋着を羽織ったミセス・オーティスが部屋から出てきた。「お加減がずいぶん悪そうですわ」と彼女は言った、「そう思ってドクター・ドーベルのチンキ剤を持ってきました。消化不良だったらとてもよく効くはずですから」幽霊は憤怒を滾(たぎ)らせて彼女を睨みつけ、直ちに大きな黒犬に変身する準備に取り掛かった。これによって彼の名は正当に広く世に知られるところとなり、カンタヴィル卿の叔父のトマス・ホートン閣下が不治の痴呆症になったのはそれを目にしたせい、とかかりつけの医者をして常々言わしめたほどの名人芸である。ところが近づいてくる足音に気づいた彼はこの残忍な目論見の実行に躊躇いを覚え、ぼんやりとした燐光に変身するだけで我慢して、死神を呼ぶような呻き声とともに姿を消した。双子がちょうどそこにやってきたところだった。

On reaching his room he entirely broke down, and became a prey to the most violent agitation. The vulgarity of the twins, and the gross materialism of Mrs. Otis, were naturally extremely annoying, but what really distressed him most was, that he had been unable to wear the suit of mail. He had hoped that even modern Americans would be thrilled by the sight of a Spectre In Armour, if for no more sensible reason, at least out of respect for their national poet Longfellow, over whose graceful and attractive poetry he himself had whiled away many a weary hour when the Cantervilles were up in town. Besides, it was his own suit. He had worn it with great success at the Kenilworth tournament, and had been highly complimented on it by no less a person than the Virgin Queen herself. Yet when he had put it on, he had been completely overpowered by the weight of the huge breastplate and steel casque, and had fallen heavily on the stone pavement, barking both his knees severely, and bruising the knuckles of his right hand.

prey: 犠牲　**agitation:** 動揺　**vulgarity:** 不作法な言動　**materialism:** 物質主義
mail: 鎖帷子　**spectre:** 幽霊　**while away:** のんびりすごす　**weary:** 退屈な
compliment: ～を称賛する　**no less ... than:** ～に他ならない…　**overpower:** ～を圧倒する
breastplate: 胸当て　**casque:** かぶと　**pavement:** 敷石　**bark:** ～を擦りむく
bruise: ～を傷つける　**knuckle:** 指関節

l.5 even modern Americans would be thrilled by the sight of a Spectre In Armour, if ...

by 以下が「〈鎧える幽霊〉を見たなら」と条件を表す仮定法の文。ただし ***if*** 以下は「…とはいえども」といった譲歩の意味を表す補足的な要素になっている。

自室にたどりつくや、彼はへたり込んだ。なすすべがないほど心の動揺が激しい。双子の失敬極まる振舞いやミセス・オーティスの臆面もない物質至上主義はたしかに腹立たしい。しかし真に情けないのは、甲冑一領を身につけられないことだった。現代に染まったアメリカ人でさえ、〈鎧(よろ)える幽霊〉を見たなら、もっともな理由はもうないにしても、少なくともかれらの国民詩人ロングフェローへの敬意から[*1]、きっと戦慄を覚えるはずだと思っていたのだ。彼自身、カンタヴィル一家がロンドンに出向いている間、その詩人の優雅で魅力的な詩を読んで、何時間も無聊(ぶりょう)を慰めたものだった。しかもそれは彼自身の甲冑なのだ。それに身を包んでケニルワース[*2]での馬上槍試合の大会で優勝し、それにより他ならぬ処女王[*3]ご自身から格別のお褒めの言葉を賜ったこともある。それなのに、久しぶりに着用しようとしたら、巨大な胸当てと鋼鉄製の兜の重さにまったく耐え切れず、石の床にもんどり打って倒れ、両膝をひどく擦りむいて、右手の指関節に打撲傷を負うなんて。

*1　ワイルドはアメリカ講演旅行中にボストンで詩人ヘンリー・ワズワース・ロングフェロー（1807-82）に会っている。この詩人の『バラッドとその他の詩』（1842）という詩集には亡霊となった老バイキングがその身の上を語る「鎧える骸骨」という作品が収録されているが、その刊行からずいぶん時間が経っているので、「もっともな理由はもうないにしても」という留保がつけられているのだろう。

*2　ウォリックシャーの古城。騎士による馬上槍試合を行う場所として認可された５つの試合場のうちの１つ。なお政治的野心による策謀の顛末を男女の恋愛と絡めて描くウォルター・スコットの『ケニルワースの城』（1821）ではエリザベス１世が重要な役割を果たす。

*3　イングランド女王、エリザベス１世（在位 1558-1603）である。

For some days after this he was extremely ill, and hardly stirred out of his room at all, except to keep the blood-stain in proper repair. However, by taking great care of himself, he recovered, and resolved to make a third attempt to frighten the United States Minister and his family. He selected Friday, the 17th of August, for his appearance, and spent most of that day in looking over his wardrobe, ultimately deciding in favour of a large slouched hat with a red feather, a winding-sheet frilled at the wrists and neck, and a rusty dagger. Towards evening a violent storm of rain came on, and the wind was so high that all the windows and doors in the old house shook and rattled. In fact, it was just such weather as he loved. His plan of action was this. He was to make his way quietly to Washington Otis's room, gibber at him from the foot of the bed, and stab himself three times in the throat to the sound of low music. He bore Washington a special grudge, being quite aware that it was he who was in the habit of removing the famous Canterville blood-stain, by means of Pinkerton's Paragon Detergent.

stir: 動く　**resolve to *do*:** ～することを決心する　**wardrobe:** 衣装箪笥、持ち衣装
in favour of: ～を選んで　**winding-sheet:** 経帷子　**frilled:** フリルのついた　**dagger:** 短剣
rattle: がたがた鳴る　**gibber:** 早口でしゃべる　**stab:** ～を刺す
bore<bear *A B*: A（人）に B（恨み、悪意など）を抱く　**grudge:** 恨み

l.14 it was he who was in the habit of removing the famous Canterville blood-stain, by means of Pinkerton's Paragon Detergent　強調構文で、***it was … who*** ではさんだ ***he*** を強調する。ここでは強調するものが人であるため、***that*** ではなく ***who*** が用いられている。

この後数日間、彼はすっかり体調を壊し、血の染みをきちんと修復する作業だけはやり通したが、自室を出ることもままならない有様だった。それでも万全を尽くして養生に励んだおかげで身体が回復すると、合衆国公使とその家族を、三度目の正直とばかり、改めて脅かさずにはおかないと決心した。姿を現すのは8月17日の金曜日と決め、その日中（ひなか）は大部分を衣装選びに費やした。吟味の末に選んだのは赤い羽根のついた大きなつば広のソフト帽、袖と首まわりに襞飾りのついた屍衣、そして錆びた短剣。夕方近くになると猛烈な暴風雨になり、強風のせいで古い屋敷の窓という窓、ドアというドアがガタガタと激しく揺れた。はっきり言って、彼にはお誂え向きの天候である。彼の行動計画は以下の通りだった[*1]。まず悟られずにワシントン・オーティスの部屋に行き、ベッドの裾から意味のない戯言をぺちゃくちゃとまくしたて、緩やかに流れる音楽に合わせて自分の喉を3度突き刺す。彼はワシントンに格別の恨みを抱いていた。何しろいつも〈ピンカートン至高洗浄剤〉を使って名高きカンタヴィルの血の染みを消し去る男なのだから。

*1　入念な、或いは大仰な準備と小さな成果、或いは無残な結果という取り合わせは、いかにもワイルド好みと言うべきだろう。

Having reduced the reckless and foolhardy youth to a condition of abject terror, he was then to proceed to the room occupied by the United States Minister and his wife, and there to place a clammy hand on Mrs. Otis's forehead, while he hissed into her trembling husband's ear the awful secrets of the charnel-house. With regard to little Virginia, he had not quite made up his mind. She had never insulted him in any way, and was pretty and gentle. A few hollow groans from the wardrobe, he thought, would be more than sufficient, or, if that failed to wake her, he might grabble at the counterpane with palsy-twitching fingers. As for the twins, he was quite determined to teach them a lesson. The first thing to be done was, of course, to sit upon their chests, so as to produce the stifling sensation of nightmare. Then, as their beds were quite close to each other, to stand between them in the form of a green, icy-cold corpse, till they became paralysed with fear, and finally, to throw off the winding-sheet, and crawl round the room, with white, bleached bones and one rolling eyeball, in the character of 'Dumb Daniel, or the Suicide's Skeleton,' a *rôle* in which he had on more than one occasion produced a great effect, and which he considered quite equal to his famous part of 'Martin the Maniac, or the Masked Mystery.'

reckless: 向こう見ずな　**foolhardy:** 向こう見ずな　**abject:** 絶望的な　**clammy:** 湿っぽい
charnel-house: 納骨堂　**with regard to:** 〜に関しては　**grabble:** 手探りする
counterpane: ベッドカバー　**twitching:** 痙攣する　**stifling:** 息苦しい　**corpse:** 遺体
paralysed: 麻痺した　**bleached:** 色あせた　**dumb:** 口がきけない　**maniac:** 狂人

l.3 ***to place*** 直前の ***he was then to proceed ...*** と並置されており、省略を補うと ***he was there to place ...*** となる。

l.16 ***Dumb Daniel, ... Suicide's Skeleton, ... Martin the Maniac, ... Masked Mystery*** 恐怖を売り物にした劇を模した架空の作品名で、露骨な頭韻が通俗性を増している。p.180 も参照。

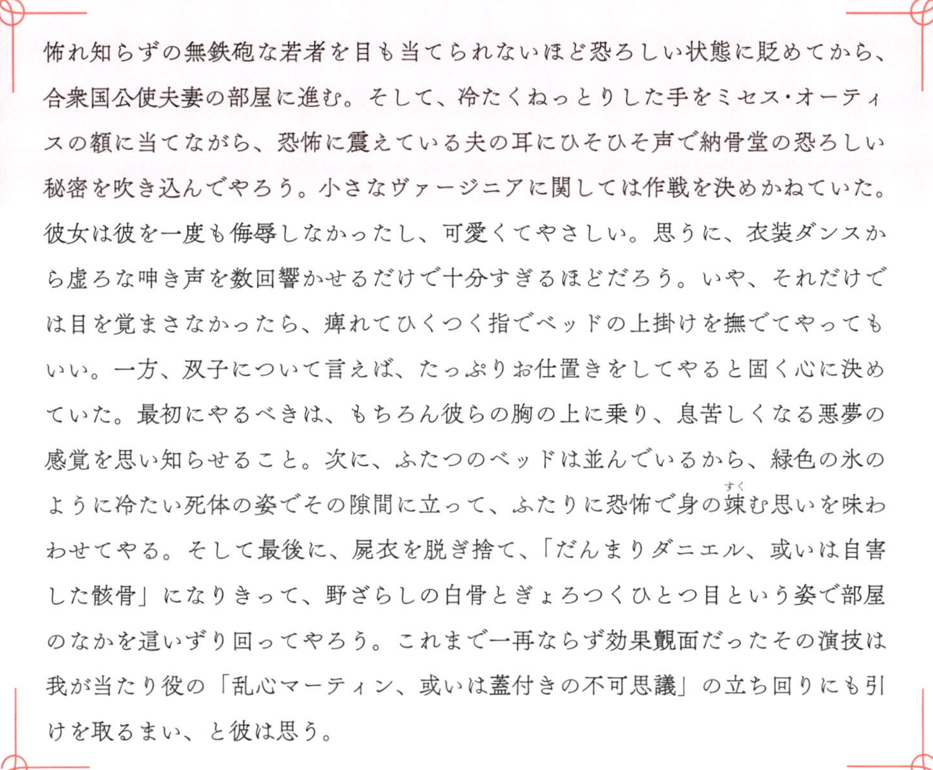

怖れ知らずの無鉄砲な若者を目も当てられないほど恐ろしい状態に貶めてから、合衆国公使夫妻の部屋に進む。そして、冷たくねっとりした手をミセス・オーティスの額に当てながら、恐怖に震えている夫の耳にひそひそ声で納骨堂の恐ろしい秘密を吹き込んでやろう。小さなヴァージニアに関しては作戦を決めかねていた。彼女は彼を一度も侮辱しなかったし、可愛くてやさしい。思うに、衣装ダンスから虚ろな呻き声を数回響かせるだけで十分すぎるほどだろう。いや、それだけでは目を覚まさなかったら、痺れてひくつく指でベッドの上掛けを撫でてやってもいい。一方、双子について言えば、たっぷりお仕置きをしてやると固く心に決めていた。最初にやるべきは、もちろん彼らの胸の上に乗り、息苦しくなる悪夢の感覚を思い知らせること。次に、ふたつのベッドは並んでいるから、緑色の氷のように冷たい死体の姿でその隙間に立って、ふたりに恐怖で身の竦む思いを味わわせてやる。そして最後に、屍衣を脱ぎ捨て、「だんまりダニエル、或いは自害した骸骨」になりきって、野ざらしの白骨とぎょろつくひとつ目という姿で部屋のなかを這いずり回ってやろう。これまで一再ならず効果覿面だったその演技は我が当たり役の「乱心マーティン、或いは蓋付きの不可思議」の立ち回りにも引けを取るまい、と彼は思う。

At half-past ten he heard the family going to bed. For some time he was disturbed by wild shrieks of laughter from the twins, who, with the light-hearted gaiety of schoolboys, were evidently amusing themselves before they retired to rest, but at a quarter past eleven all was still, and, as midnight sounded, he sallied forth. The owl beat against the window panes, the raven croaked from the old yew-tree, and the wind wandered moaning round the house like a lost soul; but the Otis family slept unconscious of their doom, and high above the rain and storm he could hear the steady snoring of the Minister for the United States. He stepped stealthily out of the wainscoting, with an evil smile on his cruel, wrinkled mouth, and the moon hid her face in a cloud as he stole past the great oriel window, where his own arms and those of his murdered wife were blazoned in azure and gold. On and on he glided, like an evil shadow, the very darkness seeming to loathe him as he passed. Once he thought he heard something call, and stopped; but it was only the baying of a dog from the Red Farm, and he went on, muttering strange sixteenth-century curses, and ever and anon brandishing the rusty dagger in the midnight air.

gaiety: 陽気　**sally:** 出撃する　**owl:** フクロウ（不気味さ、死の連想を伴う）
raven: ワタリガラス（不吉の鳥とされる）　**croak:** カーカー啼く
yew-tree: イチイ（墓地に植えられることが多い）　**moan:** うめく　**doom:** 運命　**snoring:** いびき
stole<steal: こっそり動く　**oriel window:** 出窓　**glide:** 滑らかに動く　**loathe:** ～をひどく嫌う
bay: 吠える　**curse:** 呪い　**ever and anon:** 時々　**brandish:** ～を振り回す

---

l.10 ***with an evil smile on his cruel, wrinkled mouth***　付帯状況の ***with***。
l.12 ***where his own arms and those of his murdered wife were blazoned in azure and gold***
関係副詞 ***where*** の非制限用法で、先行詞の ***the great oriel window*** について情報を追加している。
l.13 ***the very darkness seeming to loathe him***　独立分詞構文で、***very*** は「～ですら」という意味の形容詞。

10時半、一家がベッドに向かう音を確認。しばらくは双子の野放図なけたたましい笑い声がして動けない。彼らがいかにも陽気な悪童らしく、眠りにつく前にひとしきりはしゃいでいるのは明らかだった。しかし11時15分になると、どの部屋も静まり返り、時計の音が午前零時を告げるのを待って、彼は勇んで出陣した。フクロウのホーホーという啼き声が窓ガラスを震わせ、イチイの木からワタリガラスのカーカーという啼き声が響く。風が救われない魂のように呻きながら家のまわりであてどなく吹き荒れる。しかしオーティス一家は自分たちを待つ暗い運命を知らずに眠っている。そして激しい暴風雨ももののかは、合衆国公使が安穏と高鼾をかいているのが聞こえる。彼は羽目板から音もなく姿を現した。残忍な皺の寄った口元には邪悪な微笑みが浮かんでいる。そして月が雲間に顔を隠したのは[*1]、彼の紋章と殺された妻の紋章が青と金で描かれた大きな出窓の前を通ったときだった。滑るように彼は先へ先へと進む。邪悪な影さながらに通り過ぎていく彼を闇までもがひどく嫌っているように思われた。一度、何かの呼び声が聞こえたような気がして、彼は立ち止まった。しかしそれは〈レッド・ファーム〉農園から聞こえてくる犬の唸り声に過ぎない。そこで彼は奇妙な16世紀の呪いの言葉を呟き[*2]、時折錆びついた短剣を振り回して真夜中の空気を切り刻みながらさらに先へと進む。

*1　風雨の強い荒れた天候でも月が顔を見せることは不可能ではないのだろう。とくに超自然の存在が棲みついた屋敷の上空では。

*2　16世紀に特別有名な呪いの言葉があったかどうか不明。この幽霊は1584年から現れているらしいから、当然知っているのは16世紀の呪い言葉ということになるのだろう。

Finally he reached the corner of the passage that led to luckless Washington's room. For a moment he paused there, the wind blowing his long grey locks about his head, and twisting into grotesque and fantastic folds the nameless horror of the dead man's shroud. Then the clock struck the quarter, and he felt the time was come. He chuckled to himself, and turned the corner; but no sooner had he done so, than, with a piteous wail of terror, he fell back, and hid his blanched face in his long, bony hands. Right in front of him was standing a horrible spectre, motionless as a carven image, and monstrous as a madman's dream! Its head was bald and burnished; its face round, and fat, and white; and hideous laughter seemed to have writhed its features into an eternal grin. From the eyes streamed rays of scarlet light, the mouth was a wide well of fire, and a hideous garment, like to his own, swathed with its silent snows the Titan form. On its breast was a placard with strange writing in antique characters, some scroll of shame it seemed, some record of wild sins, some awful calendar of crime, and, with its right hand, it bore aloft a falchion of gleaming steel.

nameless: 名状しがたい　**shroud:** 経帷子　**chuckle:** くすくす笑う　**piteous:** 哀れを誘う
wail: うめき声　**blanched:** 青白い　**writhe:** ～をゆがめる　**swathe:** ～を巻く、包む
scroll: 巻物　**aloft:** （空）高く

l.3 ***and twisting into grotesque and fantastic folds the nameless horror ...*** ***twist*** の主語である ***the wind*** は省略され、目的語は ***the nameless horror*** 以下。

l.5 ***the time was come*** この〈***be*** 動詞＋過去分詞〉は受動態ではなく完了形で、***the time had come*** ということ。***come, go, get, set*** など移動を表す自動詞について使われることがある形式。

l.6 ***no sooner had he done so, than, with a piteous wail of terror, he fell back*** ***no sooner ～ than*** は「～するやいなや…」の意味で、ここでは ***no sooner*** が前に出て倒置が起こっている。

そしてついに不運なワシントンの部屋に続く廊下の角に到着。しばしそこで立ち止まる。風に吹かれて長い白髪の巻き毛が顔にかかり、名状しがたいほどおぞましい死人の纏う白布が異様で奇怪な形に折り重なる。すると時計が零時15分を告げ、時は来たれりと思った彼は、ひとり悦に入ったように含み笑いをし、廊下の角を曲がった。ところがそうした途端、あまりの恐怖に哀れな泣き声をあげて後ずさり、蒼白の顔を長い骨だけの手で覆うのだった。目の前に恐ろしい化物が彫像のごとく微動だにせず、狂人の夢のようにおぞましい姿で立っているではないか！　禿げ上がった頭は磨き上げられ、丸顔はぼってりとしていて白い。ぞっとする笑いのせいで表情がよじれ、歯をむき出しにしたにたり顔に永久に固まってしまったように思われた。緋色の光が目から発せられ、口はまるで大きな火の井戸、そして彼自身の屍衣に劣らず見るも恐ろしい着衣が音もなく降り積もった雪さながらにタイタン族を思わせる巨体を包んでいる。胸部には古代文字を使って見知らぬ筆跡で書かれたプラカード。記されているのは何やら恥さらしな行為の一覧、残虐な罪の記録、恐ろしい年間犯行表といったものらしい。右手は煌めく鋼のフォルチョン*1を高々と掲げていた。

*1　中世の広幅彎曲刀。

Never having seen a ghost before, he naturally was terribly frightened, and, after a second hasty glance at the awful phantom, he fled back to his room, tripping up in his long winding sheet as he sped down the corridor, and finally dropping the rusty dagger into the Minister's jack-boots, where it was found in the morning by the butler. Once in the privacy of his own apartment, he flung himself down on a small pallet-bed, and hid his face under the clothes. After a time, however, the brave old Canterville spirit asserted itself, and he determined to go and speak to the other ghost as soon as it was daylight. Accordingly, just as the dawn was touching the hills with silver, he returned towards the spot where he had first laid eyes on the grisly phantom, feeling that, after all, two ghosts were better than one, and that, by the aid of his new friend, he might safely grapple with the twins. On reaching the spot, however, a terrible sight met his gaze. Something had evidently happened to the spectre, for the light had entirely faded from its hollow eyes, the gleaming falchion had fallen from its hand, and it was leaning up against the wall in a strained and uncomfortable attitude. He rushed forward and seized it in his arms, when, to his horror, the head slipped off and rolled on the floor, the body assumed a recumbent posture, and he found himself clasping a white dimity bed curtain, with a sweeping-brush, a kitchen cleaver, and a hollow turnip lying at his feet!

phantom: 幽霊　**trip up:** つまずく　**sped<speed:** 急ぐ　**pallet-bed:** 寝床　**touch:** ～を染める　**grisly:** 不気味な　**grapple with:** ～に立ち向かう　**fade:** 弱まる　**recumbent:** 横になった　**dimity:** 浮縞模様のある平織りの布　**cleaver:** 大包丁　**turnip:** カブ

それまで幽霊を見たことがなかったので、当然ながら[*1]彼は仰天して肝をつぶし、この怖ろしい化物をもう一度ちらっと見ると、自室へ逃げ帰ろうとしたものの、廊下を遁走中に自分の長い屍衣が絡んで躓き、ついには錆びついた短剣を公使のブーツのなかに落とすという失態を演じ、翌朝、執事によってそのまま発見されることになった。彼は自室に身を隠すや否や、粗末なベッドに身を投げ出し、寝具のなかに顔を埋めた。しかししばらくすると勇敢な古(いにしえ)のカンタヴィル精神が頭をもたげ、夜が明けたらすぐにあの幽霊に声をかけに行こうと心を決めた。そこで夜明けの光が山並みを銀色に照らし出すと同時に、気味の悪い化物を最初に目撃した場所へと引き返すのだった。考えてみれば、何と言っても幽霊ひとりよりふたりの方がいいし、その新しい友人の助けを借りれば、あの双子をとっちめるのも楽だろう。ところが、現場に到着した彼は待っていた恐ろしい光景に目を見張った。明らかにあの化物に何かが起こっている。というのも、その窪んだ目から光がすっかり消え、煌めきを湛えていたフォルチョンは手から落ち、何より化物自身が不自然で窮屈そうな格好で壁に寄りかかっているのだ。彼は駆け寄ると、それを両手でしっかり抱きかかえた。すると、ぞっとするではないか、頭がずり落ちて床の上を転がり、胴体はだらりと自分に凭れかかる。気がつけば、手に握っているのは浮縞の綿布製の白いベッド・カーテンで、掃除用のブラシ、肉切り用の大包丁、中をくりぬかれたカブが足下に転がっている！

*1　ここでの幽霊の振舞いがどこまでnaturalであるか考えてみてもいい。何しろ「考えてみれば…幽霊ひとりよりふたりの方がいい」のだから。幽霊の行動に潜む矛盾、ひいてはこの作品の唱える「唯物唯心論」の矛盾をひとまず糊塗するのが語り手の腕というものだろう。p.215冒頭の類似の表現も参照。

Unable to understand this curious transformation, he clutched the placard with feverish haste, and there, in the grey morning light, he read these fearful words:—

YE OTIS GHOSTE.

Ye Onlie True and Originale Spook.
Beware of Ye Imitationes.
All others are Counterfeite.

The whole thing flashed across him. He had been tricked, foiled, and outwitted! The old Canterville look came into his eyes; he ground his toothless gums together; and, raising his withered hands high above his head, swore, according to the picturesque phraseology of the antique school, that when Chanticleer had sounded twice his merry horn, deeds of blood would be wrought, and Murder walk abroad with silent feet.

spook: 幽霊　**counterfeit:** 偽物の　**foil:** ～の裏をかく　**outwit:** ～を出し抜く
ground<grind: ～をこすり合わせる　**gum:** 歯茎　**withered:** 干からびた　**picturesque:** 美しい
phraseology: 言葉遣い　**wrought<work:** ～を行う
murder: 殺人鬼（ここでは擬人化されている）　**abroad:** 広く、あちこちに

l.4 *YE OTIS GHOSTE ...*　1500年くらいの古い英語表記を模したもので、現代の標準的な英語では THE OTIS GHOST / *The Only True and Original Spook.* / *Beware of The Imitations.* / *All others are Counterfeit.* となる。

この奇怪な変身が理解できず、彼は熱に浮かされたように急いでプラカードをつかみ取った。すると朝の薄明りのなかで読めたのは、次のような恐ろしい言葉だった。

オーティスの幽霊
唯一の真にして正真正銘のお化けなり 贋作に用心されたし 他はすべてが紛いものなれば

彼は一瞬にして万事を悟った。引っかけられ、裏をかかれ、出し抜かれたのだ！　その目に昔のカンタヴィルの眼差しが宿った。歯の抜けた歯茎で歯ぎしりをし、そしてしなびた両手を頭上高く上げ、古風な文飾に富む言い回し[*1]に則って誓いを立てる——チャンティクリア[*2]その晴れやかなる角笛二度吹き鳴らしたれば、流血の沙汰設けられ、〈殺人鬼〉音もなく徘徊せん、と。

*1　幽霊が古風な言い回しに頼るより前に、新大陸の人間がメイフラワー号以前の古い英語を使ってみせているのが皮肉である。

*2　12～13世紀頃、北フランスを中心に広まった諷刺性の強い物語詩『狐物語』に登場する雄鶏で、この物語はチョーサー『カンタベリー物語』の「尼院侍僧の話」にも利用されている。語源は「明るく歌う」ほどの意味。

Hardly had he finished this awful oath when, from the red-tiled roof of a distant homestead, a cock crew. He laughed a long, low, bitter laugh, and waited. Hour after hour he waited, but the cock, for some strange reason, did not crow again. Finally, at half-past seven, the arrival of the housemaids made him give up his fearful vigil, and he stalked back to his room, thinking of his vain oath and baffled purpose. There he consulted several books of ancient chivalry, of which he was exceedingly fond, and found that, on every occasion on which this oath had been used, Chanticleer had always crowed a second time. 'Perdition seize the naughty fowl,' he muttered, 'I have seen the day when, with my stout spear, I would have run him through the gorge, and made him crow for me an 'twere in death!' He then retired to a comfortable lead coffin, and stayed there till evening.

oath: 誓い　**homestead:** 農場　**crew<crow:** コケコッコーと啼く　**vigil:** 寝ずの番
baffled: くじかれた　**chivalry:** 騎士道　**perdition:** 破滅、地獄　**fowl:** 鶏　**gorge:** のど　**an=if**
'twere=it were　**lead:** 鉛の　**coffin:** 棺

l.1 ***Hardly had he finished this awful oath***　準否定語の ***hardly*** が前に出て、倒置が起こっている。
l.9 ***Perdition seize the naughty fowl***　願望・祈願・呪いなどを表す仮定法現在。

彼がこの怖ろしい誓いをまさに終えんとしたとき、彼方の農家の赤い瓦屋根から雄鶏のひと啼きが響いた。彼は長くて低い陰気な声を発して笑い、そして待った。首を長くして待った。だが雄鶏はいかなる理由からか、二度と啼かない。とうとう7時半になりメイドたちがやってきたので、夜を徹した彼の悪戦苦闘も切り上げなくてはならなくなり、彼は空しく終わった誓いと挫折した決意を思い起こしながら、怒ったように大股で自室に戻った。そこで古の騎士道について書かれた特にお気に入りの本数冊を開き、この誓いが立てられたとき、チャンティクリアは必ず二度啼いたことを知った。「地獄に落ちるがいい、役立たずの鶏よ[*1]」と彼は呟いた、「昔のわしなら無敵の槍で喉を突き刺し、たとえ死のうとも最期のひと啼きをさせてやったものを」それから彼は寝心地のいい鉛の棺桶[*2]に入りこむと、夕方までそこから出ることはなかった。

*1 トマス・グレイの『吟遊詩人——ピンダロス風オード』(1757)の冒頭「滅ぶがいい、冷酷な王よ！」と『オセロ』の「地獄に落ちよ、我が魂よ／お前を愛さないのならば」(III. iii. 90-1)とを重ねた表現らしい。

*2 かつては貴人の埋葬に際して時に鉛の棺が使われた。

IV

The next day the ghost was very weak and tired. The terrible excitement of the last four weeks was beginning to have its effect. His nerves were completely shattered, and he started at the slightest noise. For five days he kept his room, and at last made up his mind to give up the point of the blood-stain on the library floor. If the Otis family did not want it, they clearly did not deserve it. They were evidently people on a low, material plane of existence, and quite incapable of appreciating the symbolic value of sensuous phenomena. The question of phantasmic apparitions, and the development of astral bodies, was of course quite a different matter, and really not under his control. It was his solemn duty to appear in the corridor once a week, and to gibber from the large oriel window on the first and third Wednesdays in every month, and he did not see how he could honourably escape from his obligations. It is quite true that his life had been very evil, but, upon the other hand, he was most conscientious in all things connected with the supernatural. For the next three Saturdays, accordingly, he traversed the corridor as usual between midnight and three o'clock, taking every possible precaution against being either heard or seen.

shatter: ～を粉砕する　**plane:** 次元、レヴェル　**sensuous:** 感覚に訴える　**phantasmic:** 心霊の
apparition: 出現　**solemn:** 厳粛な　**obligation:** 義務　**conscientious:** 誠実な
traverse: ～を横切る　**precaution:** 用心

---

l.3 the slightest noise　この ***slightest*** は ***even***（～さえも）の意味を含み、【譲歩】を表す最上級。
l.10 It was his solemn duty to ...　***It*** は形式主語で、***to appear ...*** と ***to gibber ...*** が真主語。
l.13 It is quite true that his life had been very evil　***It*** は形式主語で、真主語は ***that*** 以下。

IV

翌日、幽霊はすっかり気分が落ち込み、身体は疲れ切っていた。この4週間というものずっと続いた激しい動揺が骨身にこたえてきたのだった。神経がズタズタにされ、ほんのかすかな物音にもびくついてしまうという体たらく。彼は5日間、部屋に閉じこもった挙句、とうとう図書室の血の染みに拘るのは止めることにした。オーティス一家が要らないというなら、どう見てもかれらは血の染みを毎晩用意してやるのに値しない。明らかに低次の物質的な存在レヴェルで暮らしている連中で、感覚に訴える現象の有する象徴的な価値など理解の外なのだ。心霊現象の出現とか星気体*1の発達とかいった問題は、もちろん、まったく別の話で、実のところ、彼の手に負えるものではなかった。彼の義務は1週間に1度廊下に出現し、毎月第一および第三水曜日に、大きな出窓から意味不明の言葉を淀みなくまくしたてることであり、彼の見るところ、そうした責務を果たさずにいては沽券にかかわるのだった。たしかにその生涯は何とも邪悪なものだったが、しかし他方、超自然に関わることに対しては、彼は極めて誠実に向き合った。そういうわけで、それからの3週間、いつも通り土曜日の午前零時から3時の間に廊下を横切ったが、物音が響かないよう、姿を見られないよう、細心の上にも細心の注意を払った。

*1　心霊研究において、霊魂と肉体との中間にあると想定される霊気体で、睡眠時や肉体の死によって、体外に抜け出ると言われている。

He removed his boots, trod as lightly as possible on the old worm-eaten boards, wore a large black velvet cloak, and was careful to use the Rising Sun Lubricator for oiling his chains. I am bound to acknowledge that it was with a good deal of difficulty that he brought himself to adopt this last mode of protection. However, one night, while the family were at dinner, he slipped into Mr. Otis's bedroom and carried off the bottle. He felt a little humiliated at first, but afterwards was sensible enough to see that there was a great deal to be said for the invention, and, to a certain degree, it served his purpose. Still, in spite of everything, he was not left unmolested. Strings were continually being stretched across the corridor, over which he tripped in the dark, and on one occasion, while dressed for the part of 'Black Isaac, or the Huntsman of Hogley Woods,' he met with a severe fall, through treading on a butter-slide, which the twins had constructed from the entrance of the Tapestry Chamber to the top of the oak staircase. This last insult so enraged him, that he resolved to make one final effort to assert his dignity and social position, and determined to visit the insolent young Etonians the next night in his celebrated character of 'Reckless Rupert, or the Headless Earl.'

trod<tread: 歩く　**be bound to *do*:** ～しなければならない　**humiliated:** 屈辱を感じて
for: ～に賛成して、～を支持して　**invention:** 発明品　**to a certain degree:** ある程度は
unmolested: 邪魔されない　**meet with:** ～を経験する、味わう　**enrage:** ～を激怒させる
insolent: 不作法な　**Etonian:** イートン校の生徒

---

l.3 it was with a good deal of difficulty that ...　強調構文で ***with a good deal of difficulty*** が強調されている。

l.13 a butter-slide　バターを塗られたので滑走面ができたということだろう。

l.15 This last insult so enraged him, that ...　【程度】を表す ***so*** ～ ***that*** 構文。

ブーツを脱ぎ、虫食いの跡がそのまま残る古い床板の上を出来るだけそっと歩き、大きな黒いビロードのマントを羽織り、怠りなく鎖には〈旭日潤滑油〉を差したのである。この最後の自衛策に関して言えば、彼としてはなかなか採用する気にならなかったということは、筆者としても認めなくてはならない。しかしながら彼はある晩、一家がディナーの席についている間に、ミスター・オーティスの寝室に忍び込んで、例の小瓶を持ち出したのだ。最初は聊か自尊心が傷ついたけれども、そのうちこの発明品はなかなか悪くないと現実的に考えるようになった。しかもそれは、ある程度、彼の役に立ったのである。それでも、これほどあれこれ手を打ったにも拘らず、邪魔されずに振舞えたわけではない。廊下には絶えず紐が張られていて、暗闇で転んだし、一度など、「ブラック・アイザック、或いはホグリー森の狩人」役の扮装で、バターが塗られて滑りやすくなった板に足を踏み入れてしまい、もんどり打って倒れ込んだこともある。〈タペストリーの間〉の入口からオークの階段の降り口まで、双子によって敷きつめられた仕掛けだった。この最後の侮辱に彼は激怒し、自らの尊厳と社会的地位にかけて、掉尾を飾るべくひと頑張りをするしかないと腹をくくり、その名を轟かした役柄である「無鉄砲ルーパート、或いは首なし伯爵」となって、翌晩、無礼極まるイートン校の悪童どもを見舞ってやろうと決心した。

He had not appeared in this disguise for more than seventy years: in fact, not since he had so frightened pretty Lady Barbara Modish by means of it, that she suddenly broke off her engagement with the present Lord Canterville's grandfather, and ran away to Gretna Green with handsome Jack Castleton, declaring that nothing in the world would induce her to marry into a family that allowed such a horrible phantom to walk up and down the terrace at twilight. Poor Jack was afterwards shot in a duel by Lord Canterville on Wandsworth Common, and Lady Barbara died of a broken heart at Tunbridge Wells before the year was out, so, in every way, it had been a great success. It was, however, an extremely difficult 'make-up,' if I may use such a theatrical expression in connection with one of the greatest mysteries of the supernatural, or, to employ a more scientific term, the higher-natural world, and it took him fully three hours to make his preparations.

disguise: 変装　**engagement:** 婚約　**declare:** ～と宣言する
induce *A* to *do*: A に～するよう説得する　**broken heart:** 傷心　**in every way:** すべての点で
theatrical expression: 芝居用語　**employ:** ～を用いる　**term:** 用語

l.2 not since he had so frightened pretty Lady Barbara Modish by means of it, that ... 【程度】を表す ***so ～ that*** 構文。

彼はもう70年以上、その出で立ちで登場したことはない。実際、これに扮してモーディッシュ卿の可愛らしい令嬢バーバラを驚かしたとき以来になる。彼女は現在のカンタヴィル卿の祖父との婚約を即刻破棄して、美男子ジャック・カースルトンとグレトナ・グリーン[*1]へと駆落ちし、あんな恐ろしい化物を黄昏時にテラスでうろつくがままにさせておくような家には、とてもではないが嫁ぐことなどできるわけがないと言い放ったのだった。ジャックは哀れにもその後、カンタヴィル卿とウォンズワース・コモン[*2]で決闘をして、撃ち殺され、令嬢バーバラは傷心のあまり、その年のうちにタンブリッジ・ウェルズ[*3]で亡くなった。つまり、あらゆる点で大成功だったのである。しかしながら、もし超自然界の、いやより科学的な術語で表現するなら高次自然界の、最も偉大な秘術のひとつに関して、芝居用語を使うことが許されるなら、これは並外れて難しい「メーキャップ」であって、事前の仕込みにたっぷり3時間もかかった。

*1　イングランドとの国境近くに位置するスコットランド南西部の村。1856年までスコットランドの婚姻法の制約が緩やかで、鍛冶屋の親方と弟子などを証人として、結婚に合意する旨を誓えば認められたので、イングランドで結婚を認められないカップルがここへ来て結婚した。駆落ち結婚を意味する「グレトナ（・グリーン）婚」という表現も残っている。

*2　ロンドン南西郊にある公園。

*3　ロンドンの南東50キロほどに位置するケント州の町。かつては鉱泉の出る保養地として栄えた。

At last everything was ready, and he was very pleased with his appearance. The big leather riding-boots that went with the dress were just a little too large for him, and he could only find one of the two horse-pistols, but, on the whole, he was quite satisfied, and at a quarter past one he glided out of the wainscoting and crept down the corridor. On reaching the room occupied by the twins, which I should mention was called the Blue Bed Chamber, on account of the colour of its hangings, he found the door just ajar. Wishing to make an effective entrance, he flung it wide open, when a heavy jug of water fell right down on him, wetting him to the skin, and just missing his left shoulder by a couple of inches. At the same moment he heard stifled shrieks of laughter proceeding from the four-post bed. The shock to his nervous system was so great that he fled back to his room as hard as he could go, and the next day he was laid up with a severe cold. The only thing that at all consoled him in the whole affair was the fact that he had not brought his head with him, for, had he done so, the consequences might have been very serious.

go with: 〜と調和する　**on the whole:** 概して　**crept<creep:** ゆっくり進む
on account of: 〜のために　**hanging:** カーテン　**ajar:** すこし開いている　**jug:** 水差し
be laid up: 病床にある　**console:** 〜を慰める

l.10 ***by a couple of inches***　この ***by*** は差を表す前置詞で、「あと数インチのところで」ということ。
l.11 ***The shock to his nervous system was so great that ...***　【程度】を表す ***so*** 〜 ***that*** 構文。
l.15 ***had he done so***　主語と助動詞の倒置によって ***if*** を省略した仮定法過去完了で、元の形は ***if he had done so*** となる。

ようやく準備万端整うと、十分納得のいく見栄え。服に似合いの大きな革製の乗馬靴は彼には少し大きすぎ、対の乗馬用大型ピストルは1丁しか見つからなかったが、全体としてはまず申し分なく、1時15分になると彼は羽目板からすっと出て、廊下を忍び足で進んだ。双子の部屋はベッド・カーテンの色から〈青の寝室〉と呼ばれていたと付言しておくべきだろうが、そこに着くと、ドアが半開きになっている。劇的効果を生む入場をしてやろうと、彼は思い切り勢いよくドアを開けた。とたんに頭上から重たい水差しが彼めがけて落ちてきて、彼は全身ずぶ濡れになったばかりか、水差しがあやうく左肩に当たるところ。それと同時に豪華な四柱式ベッドから、今にも爆発しそうなのを必死に抑えた笑い声が聞こえてきた。神経組織の受けたショックがあまりにも大きくて、彼は自室にほうほうの体で逃げ帰り、翌日はひどい風邪にかかって寝込む仕儀に立ち至った。この一件を通して唯一慰めがあるとしたら、それは頭を持って行かなかったことである。もし持って行ったとしたら、由々しき事態を招いていたかもしれなかった。

He now gave up all hope of ever frightening this rude American family, and contented himself, as a rule, with creeping about the passages in list slippers, with a thick red muffler round his throat for fear of draughts, and a small arquebuse, in case he should be attacked by the twins. The final blow he received occurred on the 19th of September. He had gone downstairs to the great entrance-hall, feeling sure that there, at any rate, he would be quite unmolested, and was amusing himself by making satirical remarks on the large Saroni photographs of the United States Minister and his wife, which had now taken the place of the Canterville family pictures. He was simply but neatly clad in a long shroud, spotted with churchyard mould, had tied up his jaw with a strip of yellow linen, and carried a small lantern and a sexton's spade. In fact, he was dressed for the character of 'Jonas the Graveless, or the Corpse-Snatcher of Chertsey Barn,' one of his most remarkable impersonations, and one which the Cantervilles had every reason to remember, as it was the real origin of their quarrel with their neighbour, Lord Rufford. It was about a quarter past two o'clock in the morning, and, as far as he could ascertain, no one was stirring. As he was strolling towards the library, however, to see if there were any traces left of the blood-stain, suddenly there leaped out on him from a dark corner two figures, who waved their arms wildly above their heads, and shrieked out 'BOO!' in his ear.

as a rule: 通例　**draught:** 隙間風　**arquebuse:** 小銃　**in case:** 万が一～に備えて
satirical: 諷刺的な　**take the place of:** ～に取って代わる　**clad in:** ～を着て
mould: 腐食土　**sexton:** 墓守　**spade:** 鋤　**impersonation:** 扮装　**quarrel:** 口論
ascertain: 確かめる

---

l.4 The final blow he received occurred　文全体の主語は *The final blow he received*（彼が食らった決定的な一撃）で、文全体の動詞は *occurred*。

l.19 there leaped out on him from a dark corner two figures　*there* 構文によって新情報であり、かつ文の主語である *two figures* が後置されることによって強調されている。

彼は最早この不作法なアメリカ人一家を怖がらせる望みはすっかり捨てて、夜な夜な廊下をそっと歩きまわることで満足していた。リスト・スリッパ[*1]を履き、隙間風が身に沁むので厚手の赤いマフラーを首に巻き、双子に襲われたときに備えて小型の火縄銃を携行することだけは忘れなかった。そんな彼が決定的な一撃を食らったのは9月19日のこと。大きな玄関ホールまで降りてきていて、ここなら何はともあれ邪魔は入るまいと安心し、サローニ[*2]の撮影した合衆国公使夫妻の大きな写真に嫌味な批評を加えて悦に入っていた。今ではこの写真がかつてカンタヴィル一族の肖像画のあったところに掛かっていたのである。彼は質素ながら小綺麗な装い。ところどころ墓地の土の染みが付いた長い屍衣を纏い、黄色い亜麻布で顎を固定し、小さなランタンと寺男の鋤を手にしている。実を言えば、「墓なしジョーナス、或いはチャーツィー・バーンの死体盗人」の装束だった。これは彼の最も瞠目すべき扮装のひとつで、カンタヴィル一族にとっては決して忘れられないものである。何しろそれこそが隣人のラフォード卿との間で起きた悶着の真の原因だったのだから。時刻は深夜2時15分頃、彼が確かめ得たかぎりでは誰も起きていない。しかし血の染みの痕跡が何か残っていないか調べてみようと図書室の方へぶらぶら進んでいくと、廊下の片隅の暗がりからふたつの人影が不意に跳び出てきて彼に襲いかかった。頭上に掲げた腕を荒々しく振り回し、彼の耳に甲高い声で大きなブーイングを浴びせる。

*1　織物の耳を素材としたスリッパ。足音が立たないように踵部分が柔らかく作られていて、伝統的に舞台上の「幽霊」はこれを履いたらしい。
*2　ナポレオン・サロニー（1821-96）を連想させる。カナダ生まれの写真家で、有名男優・女優の写真が3万点を超えるほど、ニューヨークで大成功を収めた。アメリカ講演旅行時に宣伝用としてワイルドの肖像写真も撮っている。

Seized with a panic, which, under the circumstances, was only natural, he rushed for the staircase, but found Washington Otis waiting for him there with the big garden-syringe; and being thus hemmed in by his enemies on every side, and driven almost to bay, he vanished into the great iron stove, which, fortunately for him, was not lit, and had to make his way home through the flues and chimneys, arriving at his own room in a terrible state of dirt, disorder, and despair.

After this he was not seen again on any nocturnal expedition. The twins lay in wait for him on several occasions, and strewed the passages with nutshells every night to the great annoyance of their parents and the servants, but it was of no avail. It was quite evident that his feelings were so wounded that he would not appear. Mr. Otis consequently resumed his great work on the history of the Democratic Party, on which he had been engaged for some years; Mrs. Otis organised a wonderful clam-bake, which amazed the whole county; the boys took to lacrosse, euchre, poker, and other American national games; and Virginia rode about the lanes on her pony, accompanied by the young Duke of Cheshire, who had come to spend the last week of his holidays at Canterville Chase. It was generally assumed that the ghost had gone away, and, in fact, Mr. Otis wrote a letter to that effect to Lord Canterville, who, in reply, expressed his great pleasure at the news, and sent his best congratulations to the Minister's worthy wife.

hem in: ～を囲む　**drive *A* to bay:** A を追い詰める　**flue:** 煙道　**disorder:** 混乱　**despair:** 絶望
nocturnal: 夜の　**expedition:** 遠出、遠征　**strew:** ～にばらまく　**of no avail:** 役に立たない
consequently: その結果　**resume:** ～を再開する
clam-bake: 海辺で焼きハマグリなどを食べるパーティ（ここではより広く、陽気なパーティほどの意だろう）

l.11 *It was quite evident that his feelings were so wounded that he would not appear.* ***It*** は形式主語で、真主語は ***that*** 以下。さらに ***that*** 節のなかが【程度】を表す ***so*** ～ ***that*** 構文になっている。

こうした状況下では当然至極と言うほかないが、彼はパニックに陥って、階段目がけて突進した。ところがそこにはワシントン・オーティスが庭で使う大きな噴霧器を持って待ち構えているではないか。こうして敵に逃げ場を塞がれて進退窮まった彼は、幸運なことに火が入っていなかった大きな鉄製のストーブのなかに姿を消した。そこからはストーブの排気管と煙突を通って帰らねばならず、自室にたどり着いたときには無残そのもの、汚れてよれよれ、寄る辺ない絶望感でいっぱいだった。

この一件以降、彼が夜の徘徊をする姿は二度と見られなくなった。双子は何度か待ち伏せし、また毎晩のように木の実の殻を通路に撒いて、両親や召使たちに迷惑がられたけれども、まったくの無駄骨。どうやら明らかに彼はいたく気持ちを傷つけられて、姿を現す意欲がすっかり失せたようだった。そこでミスター・オーティスはこの数年手がけている大著の民主党史の執筆に再び取りかかった。ミセス・オーティスは素晴らしいピクニック・パーティを催して全州を驚かせた。少年たちはラクロスやユーカー[*1]やポーカーやその他のアメリカの国民的なゲームに打ち興じ始めた。そしてヴァージニアは近くの小道でポニーを乗り回したが、それに付き合うのが若きチェシャー公。彼は休暇の最後の1週間をカンタヴィル猟園で過ごそうと当地へやってきていた。幽霊はどこかへ行ってしまったと誰もが考え、実際、ミスター・オーティスはその旨を記した手紙をカンタヴィル卿に送り、卿もその知らせは実に喜ばしいと返事を書いて、公使の令夫人に祝意を表した。

*1　19世紀後半からアメリカで人気のあったトランプゲーム。

The Otises, however, were deceived, for the ghost was still in the house, and though now almost an invalid, was by no means ready to let matters rest, particularly as he heard that among the guests was the young Duke of Cheshire, whose grand-uncle, Lord Francis Stilton, had once bet a hundred guineas with Colonel Carbury that he would play dice with the Canterville ghost, and was found the next morning lying on the floor of the card-room in such a helpless paralytic state, that though he lived on to a great age, he was never able to say anything again but 'Double Sixes.' The story was well known at the time, though, of course, out of respect to the feelings of the two noble families, every attempt was made to hush it up; and a full account of all the circumstances connected with it will be found in the third volume of Lord Tattle's *Recollections of the Prince Regent and his Friends*. The ghost, then, was naturally very anxious to show that he had not lost his influence over the Stiltons, with whom, indeed, he was distantly connected, his own first cousin having been married *en secondes noces* to the Sieur de Bulkeley, from whom, as every one knows, the Dukes of Cheshire are lineally descended. Accordingly, he made arrangements for appearing to Virginia's little lover in his celebrated impersonation of 'The Vampire Monk, or, the Bloodless Benedictine,' a performance so horrible that when old Lady Startup saw it, which she did on one fatal New Year's Eve, in the year 1764, she went off into the most piercing shrieks, which culminated in violent apoplexy, and died in three days, after disinheriting the Cantervilles, who were her nearest relations, and leaving all her money to her London apothecary. At the last moment, however, his terror of the twins prevented his leaving his room, and the little Duke slept in peace under the great feathered canopy in the Royal Bedchamber, and dreamed of Virginia.

invalid: 病人　**bet *A* that:** ～ということにAを賭ける　**paralytic:** 麻痺した
hush up: ～を秘密にする　**en secondes noces:** 2度目の結婚で
sieur: 男性に対するフランス語の古い尊称　**lineally descended:** 直系の子孫である
fatal: 致命的な　**culminate in:** ～で終わる　**apoplexy:** 卒中　**disinherit:** ～から相続権を奪う
apothecary: かかりつけ医　**canopy:** 天蓋

しかしながらオーティス一家は思い違いをしていた。幽霊はまだ家にいたし、今は病人と呼ぶしかない状態ではあったが、それでもこのままおとなしく引き下がっているつもりは毛頭なかったからである。客人のなかに若きチェシャー公がいると聞いてからは猶更(なおさら)だった。この若公爵の大叔父に当たるフランシス・スティルトン卿がかつて、カンタヴィルの幽霊相手に賽(さい)を振るのだと言って、カーバリー大佐と100ギニー賭けたことがあった。翌朝、ゲーム部屋の床に倒れているのを発見されたのだが、手の施しようのないほどの麻痺状態で、その後高齢になるまで永らえたものの、以後「ダブル・シックス*1」という言葉以外、何も口にできなくなった。これは当時よく知られた話だったけれども、名門貴族たる両家の心情を忖度して、世間に広まらないようあらゆる手段が講じられたことは言うまでもない。この一件に関わる諸事情はタトル卿の『摂政の宮とご友人たちの思い出』の第3巻で詳しく述べられている。そういうわけで、幽霊は当然ながらスティルトン一族への影響力を失ったわけではないことを是非とも示したいと思うのだった。そもそも彼はスティルトン家とは遠いながらも親戚関係にある。彼自身の従姉妹がド・バルクリー卿の2度目の妻として嫁いだのだが、周知のとおり、チェシャー公爵家はド・バルクリー卿の直系の子孫に当たるのである。したがって、彼はヴァージニアの小さな恋人の前に、音に聞こえた「吸血修道士、或いは冷血ベネディクト会士」の役で登場してやるべく手筈を整えた。何しろ、その演技は身の毛もよだつほど恐ろしく、スタートアップ令嬢がそれを見たのは1764年の死を呼ぶ大晦日だったが、年老いていた彼女はつんざくような悲鳴を上げると、そのまま強烈な卒中に見舞われて、3日後に亡くなったばかりか、最も近い親戚であるカンタヴィル一族の相続権を否定し、全財産をロンドンの医者に遺したほどである。そうした次第であるにも拘らず、いよいよという段になると、幽霊は双子が怖くて部屋から出られない。それで若公爵は〈王の寝室〉の羽飾りのついた大きな天蓋の下で安らかに眠り、ヴァージニアの夢を見るのだった。

*1　賽子のゾロ目と読めるが、ドミノ牌1セット（28枚）のことかもしれず、またそれで遊ぶゲーム名かもしれない。

V

A few days after this, Virginia and her curly-haired cavalier went out riding on Brockley meadows, where she tore her habit so badly in getting through a hedge, that, on their return home, she made up her mind to go up by the back staircase so as not to be seen. As she was running past the Tapestry Chamber, the door of which happened to be open, she fancied she saw some one inside, and thinking it was her mother's maid, who sometimes used to bring her work there, looked in to ask her to mend her habit. To her immense surprise, however, it was the Canterville Ghost himself! He was sitting by the window, watching the ruined gold of the yellowing trees fly through the air, and the red leaves dancing madly down the long avenue. His head was leaning on his hand, and his whole attitude was one of extreme depression. Indeed, so forlorn, and so much out of repair did he look, that little Virginia, whose first idea had been to run away and lock herself in her room, was filled with pity, and determined to try and comfort him. So light was her footfall, and so deep his melancholy, that he was not aware of her presence till she spoke to him.

cavalier: 騎士　**meadow:** 牧草地　**habit:** 乗馬服　**hedge:** 生け垣
so as not to *do*: ～しないように　**fancy:** ～と思う　**used to *do*:** かつてよく～した
mend: ～を修繕する　**depression:** 意気消沈　**forlorn:** 孤独な、みじめな　**comfort:** ～を慰める
footfall: 足音　**melancholy:** 憂鬱、憂鬱な

---

l.2 she tore her habit so badly in getting through a hedge, that ... 【程度】を表す ***so*** ～ ***that*** 構文。

l.12 Indeed, so forlorn, and so much out of repair did he look, that ... 【程度】を表す ***so*** ～ ***that*** 構文。

l.15 So light was her footfall, and so deep his melancholy, that ... 【程度】を表す ***so*** ～ ***that*** 構文で、***so light*** と ***so deep*** が前に出て倒置が起こった形。***so deep*** のあとには ***was*** が省略されている。

V

それから2、3日後のこと、ヴァージニアと彼女に付き添う巻き毛の騎士はブロックレー草地まで遠乗りに出かけたが、彼女はそこで生け垣を抜けるときに乗馬服にひどい裂き傷を作ってしまったので、帰宅すると、誰にも見られないよう裏の階段を使うことにした。〈タペストリーの間〉の前を駆け抜けようとしたときである、たまたまドアが開いていて、部屋のなかに誰かしら人の姿を見たような気がする。母親付きのメイドがときどきそこに手仕事を持ち込んでいるのを知っていたので、きっと彼女だろうと思い、それなら乗馬服の繕いを頼もうと部屋を覗き込んだ。ところが何としたことだろう、そこにいたのは他でもない、カンタヴィルの幽霊ではないか！　窓辺に腰を下ろし、色づく木々を離れた枯れた黄金が空を舞い、紅い葉が長い並木道を重なり合って狂ったように踊りながら遠ざかっていくのをじっと眺めている[*1]。頬杖をつき、すっかり打ちひしがれた様子。誰からも見捨てられ、立ち直るすべもなさそうに見えたので、幼さの残るヴァージニアは最初こそ、そのまま逃げ出して自分の部屋に閉じこもろうと思ったのだが、同情心で一杯になり、慰めてみようと心を決めた。彼女の足音はいかにも軽く、彼の憂鬱はどこまでも深かったので、話しかけられるまで、彼は彼女がそこにいることに気づかなかった。

*1　この箇所はテニスンの『モード』（1855）の第1部、第3聯に見られる「枯れた森林の空飛ぶ黄金」とコウルリッジの『クリスタベル』（1816）第1部の描写——枯れたオークの巨木の梢の先に残った、本来なら空中で「踊る」はずの最後の「紅い一葉」を揺らす風もないという描写（48-50行）——を踏まえているらしい。

'I am so sorry for you,' she said, 'but my brothers are going back to Eton to-morrow, and then, if you behave yourself, no one will annoy you.'

'It is absurd asking me to behave myself,' he answered, looking round in astonishment at the pretty little girl who had ventured to address him, 'quite absurd. I must rattle my chains, and groan through keyholes, and walk about at night, if that is what you mean. It is my only reason for existing.'

'It is no reason at all for existing, and you know you have been very wicked. Mrs. Umney told us, the first day we arrived here, that you had killed your wife.'

'Well, I quite admit it,' said the Ghost petulantly, 'but it was a purely family matter, and concerned no one else.'

'It is very wrong to kill any one,' said Virginia, who at times had a sweet Puritan gravity, caught from some old New England ancestor.

'Oh, I hate the cheap severity of abstract ethics! My wife was very plain, never had my ruffs properly starched, and knew nothing about cookery. Why, there was a buck I had shot in Hogley Woods, a magnificent pricket, and do you know how she had it sent up to table? However, it is no matter now, for it is all over, and I don't think it was very nice of her brothers to starve me to death, though I did kill her.'

behave *oneself*: 行儀よくふるまう　**absurd:** 馬鹿げた、不条理な　**in astonishment:** 驚いて
venture to *do*: 思い切って〜する　**address:** 〜に話しかける　**petulantly:** いらいらして
at times: 時には　**gravity:** 生真面目さ　**abstract:** 抽象的な、観念的な　**ethic:** 道徳　**ruff:** 襞襟
starch: 〜に糊をつける　**cookery:** 料理法　**buck:** 牡鹿　**pricket:** ２歳の牡鹿

l.3 It is absurd asking me to behave myself　***It*** は形式主語で、真主語は動名詞の ***asking*** 以下。
l.19 it was very nice of her brothers to starve me to death　***of*** は行為者の性格や行動の評価を示すときに使われる。

「お気の毒にと心から思うわ」と彼女は言った、「でも弟たちは明日イートンに戻るの。そうなれば、あなたがお行儀よくさえしていれば、誰も困らせたりしないはず」

「馬鹿な話だ、わしに行儀よくしろと言うなんて」彼は驚いて振り向きながら*1、勇敢にも話しかけてきた可愛い少女に向かって答えた、「まったくもって馬鹿げている。お前の言うお行儀とは、鎖をじゃらじゃら鳴らし、鍵穴を通して呻き声を送り、夜中に歩き回るのを止めろということかもしれんが、わしはそうせねばならん。それこそがわしの唯一の存在理由なのだからな」

「そんなの全然存在理由なんかにならないわ。それに長い間とっても悪いことしてきたの分かっているでしょう。わたしたちがこちらに到着したその日のうちに、ミセス・アムニーが教えてくれたわ、あなたが奥さんを殺したって」

「うむ、それは認める」幽霊は忌々しそうに言った、「だがそれは純然たる家族の問題で、他人に関係のないことだ」

「誰であれ、人を殺すってとっても悪いことでしょ」とヴァージニアは言った。彼女は時に心地よいピューリタン特有の生真面目さを発揮することがあるのだった。それははるか昔のニュー・イングランドの先祖に由来するものだろう。

「ふん、安直に人を弾劾する尤もらしい道徳なんぞ御免蒙る！　わしの妻はすこぶるつきの不器量で、わしの襞襟をまともに糊付けしたこと一度とてなく、料理のことはまるで知らん。そうとも、ホグリー森で牡鹿を射止めたときのことだ。実に素晴らしい２歳の牡鹿だったが、それをあの女ときたら、どう料理して食卓に出したか分かるか？　だが今となってはどうでもいい、済んだことだからな。今でも思うのは、たしかにわしはあの女を殺したが、だからと言って、あの女の兄弟がわしを餓死させたのも褒められた振舞いではあるまいということだ」

*1　ふつうそれまで気づかなかったもの――例えば幽霊――がそこにいることに気づいて、驚いて振り向くのは人間である。

'Starve you to death? Oh, Mr. Ghost, I mean Sir Simon, are you hungry? I have a sandwich in my case. Would you like it?'

'No, thank you, I never eat anything now; but it is very kind of you, all the same, and you are much nicer than the rest of your horrid, rude, vulgar, dishonest family.'

'Stop!' cried Virginia stamping her foot, 'it is you who are rude, and horrid, and vulgar, and as for dishonesty, you know you stole the paints out of my box to try and furbish up that ridiculous blood-stain in the library. First you took all my reds, including the vermilion, and I couldn't do any more sunsets, then you took the emerald-green and the chrome-yellow, and finally I had nothing left but indigo and Chinese white, and could only do moonlight scenes, which are always depressing to look at, and not at all easy to paint. I never told on you, though I was very much annoyed, and it was most ridiculous, the whole thing; for who ever heard of emerald-green blood?'

'Well, really,' said the Ghost, rather meekly, 'what was I to do? It is a very difficult thing to get real blood nowadays, and, as your brother began it all with his Paragon Detergent, I certainly saw no reason why I should not have your paints. As for colour, that is always a matter of taste: the Cantervilles have blue blood, for instance, the very bluest in England; but I know you Americans don't care for things of this kind.'

all the same: それでも、やはり　**stamp:** ～を踏み鳴らす　**furbish:** ～を新しくする
tell on: ～を言いつける、告げ口する　**meekly:** 素直に、従順に　**matter of taste:** 好みの問題

l.6 it is you who are rude, and horrid, and vulgar　強調構文で、***you*** が強調されている。
l.16 It is a very difficult thing to get real blood nowadays　***It*** は形式主語で、真主語は ***to*** 不定詞以下。

「餓死、ですって？　ああ、それじゃあ幽霊さん、いえ、サー・サイモン、お腹が空いているのかしら？　籠にサンドイッチがあります。食べますか？」

「いや、結構。わしはもう何も食べんのでね。だが、それはそれとして、ありがとうよ、お前さんはやさしいのう。おぞましい、不作法で低俗で不誠実な他の家族とは比べものにならん、ずっとましだ」

「止めて！」とヴァージニアは地団駄を踏んで叫んだ、「不作法でおぞましくて低俗なのはあなたの方よ。それに不誠実ってことで言えば、図書室のあの馬鹿げた血の染みを新しくしようとして、こっそりわたしの絵の具箱から絵の具を取っていったでしょ。最初は赤を全部、朱色までもね。おかげで夕日が描けなくなったじゃない。次にはエメラルド・グリーンとクローム・イエローを持っていくし。終いには残っているのは藍と白だけになっちゃったから、月明かりの景色しか描けなくなったわ。そんな景色、いつ見たって気が滅入るうえに、描くのが結構大変なのよ。告げ口なんか一言だってしなかった。でもとても腹が立ったし、第一、おかしいったらないじゃない、そんなこと。だって、エメラルド・グリーンの血の話なんて誰が聞いたっていうの？」

「まあ、それはそうだな」と言う幽霊はずいぶんと素直だった。「このわしに出来ることが他にあったか？　昨今、本物の血を手に入れるのは難しいのだ。それなのに、お前の兄があの〈至高洗浄剤〉とやらを使ったのが、そもそもの事の起こりよ。だからお前の絵の具を使って悪い理由なんぞあるものかと思ったわけだ。色のことだが、これはかりは好みの問題と言うしかない。例えばカンタヴィル一族には青い血[*1]が流れている。イングランド一の青い血がな。だがお前さんたちアメリカ人はこうした話には興味がないのだろう」

*1 「青い血」は高貴な家柄の特徴とされた。

'You know nothing about it, and the best thing you can do is to emigrate and improve your mind. My father will be only too happy to give you a free passage, and though there is a heavy duty on spirits of every kind, there will be no difficulty about the Custom House, as the officers are all Democrats. Once in New York, you are sure to be a great success. I know lots of people there who would give a hundred thousand dollars to have a grandfather, and much more than that to have a family ghost.'

'I don't think I should like America.'

'I suppose because we have no ruins and no curiosities,' said Virginia satirically.

'No ruins! no curiosities!' answered the Ghost; 'you have your navy and your manners.'

'Good evening; I will go and ask papa to get the twins an extra week's holiday.'

'Please don't go, Miss Virginia,' he cried; 'I am so lonely and so unhappy, and I really don't know what to do. I want to go to sleep and I cannot.'

'That's quite absurd! You have merely to go to bed and blow out the candle. It is very difficult sometimes to keep awake, especially at church, but there is no difficulty at all about sleeping. Why, even babies know how to do that, and they are not very clever.'

emigrate: 他国へ移住する　**duty:** 税　**custom house:** 税関　**be sure to *do*:** きっと〜する
ruin: 廃墟、遺跡　**curiosity:** 骨董品　**satirically:** 皮肉っぽく　**extra:** 追加の
blow out: 〜を吹き消す

「なにも御存じないのね。あなたにとってはアメリカに移住して心を入れ替えるのが一番だわ。お父様なら喜んで渡航費を無料(ただ)にする手配[*1]をしてくれるでしょうし、霊酒[*2]には種類に拘らず重い税金がかかるけれど、税関の人はみんな民主党支持者だから、何の問題もないはず。ニューヨークに着きさえすれば、間違いなく引っ張り凧ね。あそこにはお祖父さんを手に入れるためなら10万ドル払うっていう人がたくさんいるから。まして一族ゆかりの幽霊ともなれば、もっと払うわ」

「アメリカはどうも好きにならんな」

「どうせ廃墟や骨董品がないからなんでしょ」とヴァージニアは皮肉を込めて[*3]言った。

「廃墟がない！　骨董品がない！」幽霊は答えた、「ご立派な自分たちの海軍と自分たちの生活様式は持っとるわけだ[*4]」

「さようならだわ。お父様にお願いして、双子の弟たちが学校に戻るのを1週間延ばしてもらうわ」

「行かないでおくれ、ヴァージニア嬢ちゃん」彼は叫んだ、「わしはまったくのひとりぼっちで惨めでな。本当に何をすればいいのか分からんのだ。眠りたいのだが眠れんのよ」

「馬鹿なこと言わないで！　ベッドに入って、ロウソクを吹き消すだけでいいじゃない。眠らないでいるのがとても難しいときはあるわ、とくに教会ではね。でも眠るのは少しも難しくなんかないはず。そうよ、赤ちゃんだって眠り方を知っている、そんなにお利口じゃないのに」

*1　合衆国や英国植民地への「堕ちた女」や更生した娼婦の移民を推進する制度への皮肉な仄めかしとの指摘もある。

*2　原語 spirits には「(幽）霊」と「強い酒」の両方の意味がある。

*3　アメリカにないものの典型としてイギリス人が「廃墟や骨董品」を挙げるのは陳腐であると仄めかしている。『なんでもない女』の第2幕で、アメリカにはまさにこのふたつがないと言うイギリスの貴族夫人に対して、アメリカ娘が「イギリスの貴族がわたしたちにとっての骨董品を提供してくれる」と言い返す場面がある。

*4　当時のアメリカ海軍はかなり脆弱だったことを考えると、この発言にはかなりの皮肉が込められているだろう。

'I have not slept for three hundred years,' he said sadly, and Virginia's beautiful blue eyes opened in wonder; 'for three hundred years I have not slept, and I am so tired.'

Virginia grew quite grave, and her little lips trembled like rose-leaves. She came towards him, and kneeling down at his side, looked up into his old withered face.

'Poor, poor Ghost,' she murmured; 'have you no place where you can sleep?'

'Far away beyond the pinewoods,' he answered, in a low dreamy voice, 'there is a little garden. There the grass grows long and deep, there are the great white stars of the hemlock flower, there the nightingale sings all night long. All night long he sings, and the cold, crystal moon looks down, and the yew-tree spreads out its giant arms over the sleepers.'

Virginia's eyes grew dim with tears, and she hid her face in her hands.

'You mean the Garden of Death,' she whispered.

'Yes, Death. Death must be so beautiful. To lie in the soft brown earth, with the grasses waving above one's head, and listen to silence. To have no yesterday, and no to-morrow. To forget time, to forgive life, to be at peace. You can help me. You can open for me the portals of Death's house, for Love is always with you, and Love is stronger than Death is.'

grave: 深刻な　**kneel down:** ひざまずく　**hemlock:** 毒人参　**dim:** かすんだ
at peace: 心安らかに　**portal:** 門

「わしは300年間、眠っておらんのだ」彼が悲しげにそう言うと、ヴァージニアの美しい青い瞳が驚きのあまり見開かれた。「300年間眠っておらず、疲れ切っているのだよ」

ヴァージニアはすっかり真顔になり、小さな唇がバラの花弁のように震えた。幽霊に歩み寄って隣に跪くと、年老いてしなびた顔をじっと見上げる。

「とっても、とっても可哀そうな幽霊さん」と彼女は呟いた。「あなたには眠れる場所がないの？」

「松林のはるか」彼は夢を見ているかのような低い声で答えた、「彼方にある小さな庭。そこでは草が高く深く茂り、毒人参の花が大きな白い星となって咲いている。夜啼鶯が夜通し歌う*1。夜通し夜啼鶯は歌い、冷たい澄み切った月が空から見下ろし、イチイの木が眠れる者たちの上に大きな腕を広げている」

ヴァージニアは涙で目が霞んできて、両手で顔を覆った。

「〈死の庭〉のことを言っているのね」と彼女は沈んだ声で言った。

「そう、死なのだ。死は美しいに違いない。柔らかい茶色の土のなかに寝る。顔の上で草が揺れる。そして沈黙に耳を傾ける。昨日もなく明日もない。時を忘れ、生を赦し、安んじてある。お前ならわしを助けられる。わしのために死の家の門を開けることができる。なぜならお前にはつねに愛が宿っており、愛は死よりも強いからだ*2」

*1　毒人参は（通常大きくはないが）白い花を咲かせ、伝統的に眠りや死の連想を誘う。夜啼鶯はシェリーやキーツなどロマン派詩人の愛用するシンボルで、芸術によって可能となる忘却と結びつけられる。

*2　『雅歌』第８章６節「愛は強くして死のごとし (love is strong as death)」を響かせる。

Virginia trembled, a cold shudder ran through her, and for a few moments there was silence. She felt as if she was in a terrible dream.

Then the Ghost spoke again, and his voice sounded like the sighing of the wind.

'Have you ever read the old prophecy on the library window?'

'Oh, often,' cried the little girl, looking up; 'I know it quite well. It is painted in curious black letters, and it is difficult to read. There are only six lines:

When a golden girl can win
Prayer from out the lips of sin,
When the barren almond bears,
And a little child gives away its tears
Then shall all the house be still
And peace come to Canterville.

But I don't know what they mean.'

'They mean,' he said sadly, 'that you must weep with me for my sins, because I have no tears, and pray with me for my soul, because I have no faith, and then, if you have always been sweet, and good, and gentle, the Angel of Death will have mercy on me. You will see fearful shapes in darkness, and wicked voices will whisper in your ear, but they will not harm you, for against the purity of a little child the powers of Hell cannot prevail.'

shudder: 身震い　**prophecy:** 予言　**black letter:** ドイツ字体、ひげ文字　**prayer:** 祈り　**barren:** 不毛な　**bear:** 実を結ぶ（次行の **tear** と視覚韻を形成する）　**weep:** 涙を流す　**faith:** 信仰　**have mercy on:** ～に情けをかける　**purity:** 純粋さ　**prevail:** 勝る

ヴァージニアは身震いした。冷たい戦慄が身体を走った。しばし沈黙が流れた。彼女は恐ろしい夢のなかにいるような気がした。

それから幽霊が再び口を開いたが、その声は風の溜息を思わせた。

「図書室の窓に記されている昔の予言を読んだことがあるか？」

「ええ、何度も」と少女は顔を上げ、はっきりと言った。「あれならよく知っているわ。奇妙な太い飾り文字で書かれていて読みにくいの。たった6行よね。

黄金（こがね）の色に　輝ける少女
罪の唇より　祈り引き出すとき
不毛なる扁桃（アーモンド）の樹　実を結び
幼子ひとり　涙捧ぐとき
彼（か）のとき館　あまねく静寂に包まれ
カンタヴィルに平和来たらむ

でもわたし、意味が分からないの」

「その意味するところはだな」と彼は悲しげに言う、「わしは涙が出んので、わしの罪のためにお前がわしとともに泣いてくれねばならず、わしは信仰を持たんがゆえに、わしの魂のためにお前がわしとともに祈ってくれねばならんということだ。そしてもしお前がいつまでも心やさしく善良で、温和な子であれば、〈死の天使〉がわしに慈悲をかけてくれるだろう。お前の目には闇に浮かぶ恐ろしい姿かたちが映り、邪悪な声がお前の耳に囁きかけるだろうが、お前に害を及ぼすことはない。なぜなら幼子の清らかさを前にしては〈黄泉〉の悪魔どもも無力だからだ[*1]」

*1 『マタイ伝』第16章18節「黄泉の門はこれ（＝我が教会）に勝たざるべし（the gates of hell shall not prevail against it[＝my church]）」を踏まえるか。

Virginia made no answer, and the Ghost wrung his hands in wild despair as he looked down at her bowed golden head. Suddenly she stood up, very pale, and with a strange light in her eyes. 'I am not afraid,' she said firmly, 'and I will ask the Angel to have mercy on you.'

He rose from his seat with a faint cry of joy, and taking her hand bent over it with old-fashioned grace and kissed it. His fingers were as cold as ice, and his lips burned like fire, but Virginia did not falter, as he led her across the dusky room. On the faded green tapestry were broidered little huntsmen. They blew their tasselled horns and with their tiny hands waved to her to go back. 'Go back! little Virginia,' they cried, 'go back!' but the Ghost clutched her hand more tightly, and she shut her eyes against them. Horrible animals with lizard tails, and goggle eyes, blinked at her from the carven chimney-piece, and murmured 'Beware! little Virginia, beware! we may never see you again,' but the Ghost glided on more swiftly, and Virginia did not listen. When they reached the end of the room he stopped, and muttered some words she could not understand. She opened her eyes, and saw the wall slowly fading away like a mist, and a great black cavern in front of her. A bitter cold wind swept round them, and she felt something pulling at her dress. 'Quick, quick,' cried the Ghost, 'or it will be too late,' and, in a moment, the wainscoting had closed behind them, and the Tapestry Chamber was empty.

wrung<wring: ～を強く握る **falter:** くじける、ためらう **dusky:** 薄暗い
broidered: 刺繍された **tasselled:** 房のついた **clutch:** ～をつかむ **goggle:** ぎょろっとした
blink: まばたきする **chimney-piece:** 暖炉の上部の飾り **cavern:** 洞穴

ヴァージニアは答えなかった。幽霊はすっかり絶望して両手を苦しげに握りしめ、俯いたままの彼女の金髪の頭を見下ろしていた。唐突に彼女が立ち上がった。顔面蒼白ながら、目には不思議な光が宿っている。「わたし、怖くなんかない」と彼女はきっぱり言い切った、「だからあなたに慈悲をかけてくれるように〈死の天使〉に頼んでみる」

彼は小さく喜びの声をあげて椅子から立ち上がり、少女の手を取ると昔風の優雅な仕草で身を屈めてキスをした。彼の指は氷のように冷たく、唇は燃える火のように熱かったが、彼女は怯むことなく、彼に手を引かれて薄暗い部屋を奥へと進んだ。色褪せた緑のタペストリーに小さな狩人たちが刺繍されている。彼らは房飾りのついた角笛を吹き、小さな手を振って、彼女に引き返せと合図した。「引き返すのだ、ヴァージニアちゃん」と彼らは叫ぶ、「引き返すのだ」だが幽霊が彼女の手を一層強く握りしめ、彼女は狩人たちを見ないように目を瞑った。蜥蜴（とかげ）の尻尾とギョロっとした目を持つ恐ろしい動物たちが、暖炉の上の飾りに描かれた彫刻から彼女に目配せし、「気をつけて、ヴァージニアちゃん、気をつけて！二度とここへ戻ってこられなくなるかも」と呟いたが、幽霊がすーっと先へ進む速度を速め、ヴァージニアは耳を貸さなかった。部屋の奥まで来ると、彼は立ち止まり、彼女には理解できない言葉を何か呟いた。彼女が目を開くと、壁がゆっくりと雲散霧消して跡形もなくなり、目の前に真っ黒な洞穴が現れた。ふたりのまわりで肌を刺すような冷たい風が吹きすさび、彼女は何かが服を引っ張るのを感じた。「急いで、急いで」と幽霊が叫ぶ、「急がんと手遅れになる」すると、次の瞬間ふたりの背後で羽目板が閉じ、〈タペストリーの間〉には誰もいなくなった。

VI

About ten minutes later, the bell rang for tea, and, as Virginia did not come down, Mrs. Otis sent up one of the footmen to tell her. After a little time he returned and said that he could not find Miss Virginia anywhere. As she was in the habit of going out to the garden every evening to get flowers for the dinner-table, Mrs. Otis was not at all alarmed at first, but when six o'clock struck, and Virginia did not appear, she became really agitated, and sent the boys out to look for her, while she herself and Mr. Otis searched every room in the house. At half-past six the boys came back and said that they could find no trace of their sister anywhere. They were all now in the greatest state of excitement, and did not know what to do, when Mr. Otis suddenly remembered that, some few days before, he had given a band of gipsies permission to camp in the park. He accordingly at once set off for Blackfell Hollow, where he knew they were, accompanied by his eldest son and two of the farm-servants. The little Duke of Cheshire, who was perfectly frantic with anxiety, begged hard to be allowed to go too, but Mr. Otis would not allow him, as he was afraid there might be a scuffle. On arriving at the spot, however, he found that the gipsies had gone, and it was evident that their departure had been rather sudden, as the fire was still burning, and some plates were lying on the grass.

footman: 従僕　**in the habit of *doing*:** ～する習慣がある　**agitate:** ～を動揺させる
band: 一団　**set off for:** ～へ旅立つ　**frantic:** 半狂乱の　**beg to *do*:** ～するよう懇願する
scuffle: 乱闘

l.11 ***he had given ...***　***a band of gipsies*** が間接目的語、***permission to camp in the park*** が直接目的語の第４文型の文。

VI

それから10分ほどして[*1]、お茶の時間を告げるベルが鳴ったが、ヴァージニアが降りてこないので、ミセス・オーティスは従僕に彼女を呼びに行かせた。しばらくして戻ってきた従僕によれば、ヴァージニアお嬢様はどこにもいらっしゃいませんとのこと。彼女は毎夕庭に出て、ディナーの食卓を飾る花を摘むのを習慣にしていたので、ミセス・オーティスは最初のうち少しも心配しなかったが、時計が6時を打ってもヴァージニアが姿を現さないと、すっかり不安になって、屋外を捜すよう息子たちを送り出す一方、彼女自身も、そしてミスター・オーティスも家じゅうの部屋という部屋を調べた。6時半に帰ってきた息子たちはヴァージニアのいた痕跡はどこにもないと報告。今や一同の動揺は甚だしく、何をすべきかも分からなくなったが、そのときミスター・オーティスが、ほんの数日前、猟園の一角を使って野営してもいいとジプシーの一団に許可を与えたことを不意に思い出した。そこで彼は直ちに彼らが野営しているはずの〈ブラックフェルの窪地〉へ向かった。お供は長男と作男ふたり。チェシャー若公爵は不安の極に達して気も狂わんばかり、是非とも同行させてほしいと懇願したのだが、ミスター・オーティスは、乱闘騒ぎにならないとも限らないからと言って、それを許さなかった。ところが野営地についてみると、そこはすでに蛻(もぬけ)の殻。しかもジプシーたちがかなり慌てて出ていったのは明らかだった。火を起こしたまま消しておらず、草地の上に食事のための皿が放置されていたからである。

*1　第5セクションが動きの少ない静けさに特徴づけられるのに対し、以下、騒がしいまでの動きが好対照をなす。

Having sent off Washington and the two men to scour the district, he ran home, and despatched telegrams to all the police inspectors in the county, telling them to look out for a little girl who had been kidnapped by tramps or gipsies. He then ordered his horse to be brought round, and, after insisting on his wife and the three boys sitting down to dinner, rode off down the Ascot road with a groom. He had hardly, however, gone a couple of miles, when he heard somebody galloping after him, and, looking round, saw the little Duke coming up on his pony, with his face very flushed and no hat. 'I'm awfully sorry, Mr. Otis,' gasped out the boy, 'but I can't eat any dinner as long as Virginia is lost. Please, don't be angry with me; if you had let us be engaged last year, there would never have been all this trouble. You won't send me back, will you? I can't go! I won't go!'

The Minister could not help smiling at the handsome young scapegrace, and was a good deal touched at his devotion to Virginia, so leaning down from his horse, he patted him kindly on the shoulders, and said, 'Well, Cecil, if you won't go back I suppose you must come with me, but I must get you a hat at Ascot.'

scour: ～を捜し回る　**despatch:** ～を送る　**kidnap:** ～を誘拐する　**tramp:** 放浪者
groom: 馬丁　**gallop:** 全速力で駆ける　**gasp:** 息切れしながら言う
scapegrace: 向こう見ずの厄介者　**devotion:** 愛、情熱

---

l.8 *with his face very flushed*　付帯状況の ***with***。
l.11 *if you had let us be engaged last year, there would never have been all this trouble*　仮定法過去完了の文。

ワシントンとふたりの作男を付近の捜索に送り出した後、彼は屋敷に駆け戻ると、州警察の警部補クラス全員に電報を打ち、浮浪者かジプシーにさらわれた少女を捜してくれと頼んだ。次に彼は馬を手配するよう命じ、妻と息子たち3人はうろたえずディナーをとるようによく言い含めると、馬丁とともにアスコット街道を馬で進んだ。しかし2、3マイルも行かぬうちに、後方から誰かが全速力で馬を走らせて追ってくる音が聞こえた。振り返ると若公爵がポニーに乗って追いかけてくるのが見えた。顔は上気し、帽子も被っていない。「本当に申し訳ありません、ミスター・オーティス」喘ぎながら少年は言う、「ですがヴァージニアが見つかるまでは、食事が喉を通りません。お願いです、怒らないでください。去年ぼくたちの婚約を認めてくださっていれば、こんな騒ぎにはならなかった。ぼくを追い返したりなさらないでしょうね。戻れません！　戻りませんから！」

公使はこの向こう見ずな美少年に微笑を禁じ得ない。それにヴァージニアに対する彼の一途な想いに殊のほか心を動かされたので、馬上から身体を乗り出し、彼の肩を軽く叩きながら言った、「そうか、セシル、どうしても戻らないというなら一緒に来てもらうしかなさそうだが、アスコットで帽子を買ってあげねばな」

'Oh, bother my hat! I want Virginia!' cried the little Duke, laughing, and they galloped on to the railway station. There Mr. Otis inquired of the station-master if any one answering to the description of Virginia had been seen on the platform, but could get no news of her. The station-master, however, wired up and down the line, and assured him that a strict watch would be kept for her, and, after having bought a hat for the little Duke from a linen-draper, who was just putting up his shutters, Mr. Otis rode off to Bexley, a village about four miles away, which he was told was a well-known haunt of the gipsies, as there was a large common next to it. Here they roused up the rural policeman, but could get no information from him, and, after riding all over the common, they turned their horses' heads homewards, and reached the Chase about eleven o'clock, dead-tired and almost heart-broken. They found Washington and the twins waiting for them at the gate-house with lanterns, as the avenue was very dark. Not the slightest trace of Virginia had been discovered. The gipsies had been caught on Brockley meadows, but she was not with them, and they had explained their sudden departure by saying that they had mistaken the date of Chorton Fair, and had gone off in a hurry for fear they might be late. Indeed, they had been quite distressed at hearing of Virginia's disappearance, as they were very grateful to Mr. Otis for having allowed them to camp in his park, and four of their number had stayed behind to help in the search.

bother: (軽いののしりに用いて) ～を呪う　**inquire of:** ～に尋ねる　**answer to:** ～と一致する
wire: 電報を打つ　**up and down:** あちこちへ　**draper:** 呉服商　**haunt:** 溜まり場
common: 共有地、広場　**rouse up:** ～を鼓舞する　**dead-tired:** 完全に疲れ切った
for fear (that) : ～するといけないので

l.14 ***Not the slightest trace of Virginia had been discovered.*** 書き換えると ***The slightest trace of Virginia had not been discovered.*** となる。

「えっ、帽子なんかいらない！　ぼくが欲しいのはヴァージニア！」と若公爵は笑いながら大声で言い、一行は鉄道の駅へと馬を飛ばした。そこでミスター・オーティスは駅長にヴァージニアらしき少女の姿をプラットホームで見かけなかったかと尋ねたけれども、彼女の消息は杳として不明のまま。しかし駅長は沿線の各駅に電報を打ち、厳重な監視体制を敷いてお嬢さんを捜しますからと請け合ってくれた。店を閉めようとしていたリンネル商から若公爵のために帽子を買った後、ミスター・オーティスは4マイルほど離れたベクスリーへと赴いた。大きな共有地が隣接しているおかげでジプシーの溜まり場になっている村として知られていると教えられたのである。到着すると村ののんびり警官に活を入れたが、彼からは何の情報も得られない。一行は共有地を隈なく走り回った挙句、館へと馬首を向けるしかない。疲労困憊、胸潰れる思いで猟園に戻ったのは11時頃。並木道はすっかり暗くなっていたので、ワシントンと双子が番小屋のところでランタンを手に待っていた。ヴァージニアの足取りは何ひとつ明らかになっていない。ジプシーの一団はブロックリー草地でつかまったが、彼女が一緒ではなく、急に出発した事情はと言えば、〈チョートン定期市〉の日取りを間違えていて、遅れてはいけないと慌てて野営地を去ったという説明だった。実際かれらは当地に野営することを許してくれたミスター・オーティスに大層恩義を感じていて、ヴァージニアが失踪したと聞いていたく心を痛め、かれらのうち4人は残って捜索に協力するほどだった。

The carp-pond had been dragged, and the whole Chase thoroughly gone over, but without any result. It was evident that, for that night at any rate, Virginia was lost to them; and it was in a state of the deepest depression that Mr. Otis and the boys walked up to the house, the groom following behind with the two horses and the pony. In the hall they found a group of frightened servants, and lying on a sofa in the library was poor Mrs. Otis, almost out of her mind with terror and anxiety, and having her forehead bathed with eau-de-cologne by the old housekeeper. Mr. Otis at once insisted on her having something to eat, and ordered up supper for the whole party. It was a melancholy meal, as hardly any one spoke, and even the twins were awestruck and subdued, as they were very fond of their sister. When they had finished, Mr. Otis, in spite of the entreaties of the little Duke, ordered them all to bed, saying that nothing more could be done that night, and that he would telegraph in the morning to Scotland Yard for some detectives to be sent down immediately. Just as they were passing out of the dining-room, midnight began to boom from the clock tower, and when the last stroke sounded they heard a crash and a sudden shrill cry; a dreadful peal of thunder shook the house, a strain of unearthly music floated through the air, a panel at the top of the staircase flew back with a loud noise, and out on the landing, looking very pale and white, with a little casket in her hand, stepped Virginia. In a moment they had all rushed up to her. Mrs. Otis clasped her passionately in her arms, the Duke smothered her with violent kisses, and the twins executed a wild war-dance round the group.

drag: ～の底をさらう　**go over:** ～を捜索する　**at any rate:** とにかく、いずれにせよ
out of *one's* mind: 正気を失った　**bathe:** ～を濡らす、潤す　**awestruck:** 畏怖の念に打たれた
subdued: 控えめな、静かな　**entreaty:** 懇願　**detective:** 刑事　**boom:** とどろく　**stroke:** 響き
shrill: 甲高い　**strain:** 旋律　**unearthly:** この世のものとは思えない　**casket:** 宝石箱
clasp: ～を抱きしめる　**smother:** ～を息苦しくさせる　**execute:** ～を行う

すでに鯉のいる池を浚ったのを含め、猟園中を隅から隅まで徹底的に調べたが、何ら手掛かりは見つからない。少なくともその夜かれらの前からヴァージニアが姿を消してしまったのは明らかだった。ミスター・オーティスと少年たちは、2頭の馬とポニーを引いた馬丁を引き連れ、暗澹たる気持ちで屋敷へと帰った。玄関ホールには怯えた顔の召使が何人か集まっていて、図書室のソファにはミセス・オーティスが横になっていた。恐怖と心配のあまり気も狂わんばかり。額を冷やすために老家政婦にオーデコロンを塗ってもらっている。ミスター・オーティスはすぐに、妻は無理にでも何か口にしなくてはいけないと言って、みんなのために夜食を用意させた。何とも鬱々たる食事で、ほとんど誰もが黙して語らず、双子さえもが、姉が大好きだったので、畏まっておとなしくしていた。食事が終わると、ミスター・オーティスは、若公爵のたっての懇願にも拘らず、全員床に就くように命じた。その夜はもう何も出来ることがないし、朝になったらロンドン警視庁に電報を打って、すぐに刑事を何人か派遣してもらうからというのだった。一同が食堂を出ようとした丁度そのとき、午前零時を告げる時計台の鐘が鳴り始めた。そして最後の打音が響いたとき、ガチャンという衝突音と思いがけない甲高い叫び声が聞こえた。恐ろしい雷鳴が家を震わせ、この世のものとも思えぬ楽の調べがあたりを浮遊し、階段のてっぺんの羽目板が一枚、大きな音を立てて一気に後方に引っ込んだかと思うと、踊り場に歩み出てきたのは、血の気が失せた蒼白な顔をして、小箱を手にしたヴァージニア。一瞬の後には全員が彼女のところまで階段を駆け上がっていた。ミセス・オーティスはもう逃がさないと言わんばかりに彼女をぎゅっと抱きすくめ、若公爵は息もつかせぬ猛烈なキスの嵐を浴びせ、双子は一同のまわりで勝ち戦を祝う歓喜の踊りをおどった。

'Good heavens! child, where have you been?' said Mr. Otis, rather angrily, thinking that she had been playing some foolish trick on them. 'Cecil and I have been riding all over the country looking for you, and your mother has been frightened to death. You must never play these practical jokes any more.'

'Except on the Ghost! except on the Ghost!' shrieked the twins, as they capered about.

'My own darling, thank God you are found; you must never leave my side again,' murmured Mrs. Otis, as she kissed the trembling child, and smoothed the tangled gold of her hair.

'Papa,' said Virginia quietly, 'I have been with the Ghost. He is dead, and you must come and see him. He had been very wicked, but he was really sorry for all that he had done, and he gave me this box of beautiful jewels before he died.'

play a trick on: ～に一杯食わせる **practical joke:** (実際に害を及ぼす) いたずら
caper: 跳びはねる **smooth:** ～を撫でつける **tangled:** もつれた

「何てことだ！　お前、一体どこに行っていたんだ？」と言うミスター・オーティスの口調には多少とも怒気が含まれていた。この一件は娘が仕掛けた何か馬鹿な悪ふざけだったのではないかと思ったのだ。「セシルとわたしはお前を捜すのに、馬でこの一帯をさんざん走り回ったんだぞ。母さんは驚きのあまり死ぬ思いをしたんだ。こんなたちの悪いいたずらは今後決してやってはいかん」

「幽霊相手なら別さ！　幽霊相手なら別さ！」双子がまわりで跳びはねながら叫んだ。

「可愛いヴァージニア、見つかって本当に良かった。わたしの傍から二度と離れてはだめよ」ミセス・オーティスは震えている我が子にキスをしながらそう呟き、彼女のもつれた金髪を撫でつけた。

「お父様」ヴァージニアは静かに口を開いた、「わたし、幽霊と一緒にいたの。彼は死んだわ。だから見に来なくちゃだめ。とっても悪い人だったけれど、自分のやったことを本当に後悔していて、死ぬ前にこのきれいな宝石の入った箱をくれたの」

The whole family gazed at her in mute amazement, but she was quite grave and serious; and, turning round, she led them through the opening in the wainscoting down a narrow secret corridor, Washington following with a lighted candle, which he had caught up from the table. Finally, they came to a great oak door, studded with rusty nails. When Virginia touched it, it swung back on its heavy hinges, and they found themselves in a little low room, with a vaulted ceiling, and one tiny grated window. Imbedded in the wall was a huge iron ring, and chained to it was a gaunt skeleton, that was stretched out at full length on the stone floor, and seemed to be trying to grasp with its long fleshless fingers an old-fashioned trencher and ewer, that were placed just out of its reach. The jug had evidently been once filled with water, as it was covered inside with green mould. There was nothing on the trencher but a pile of dust. Virginia knelt down beside the skeleton, and, folding her little hands together, began to pray silently, while the rest of the party looked on in wonder at the terrible tragedy whose secret was now disclosed to them.

stud: ～に釘を打つ　**hinge:** 蝶番　**ceiling:** 天井　**grated window:** 格子窓
imbed: ～を埋め込む　**at full length:** 大の字に（横たわる）　**trencher:** 木皿　**ewer:** 水差し
tragedy: 悲劇　**disclose:** ～を明らかにする

l.7 Imbedded in the wall was a huge iron ring, and chained to it was a gaunt skeleton
新情報である主語（***a huge iron ring*** と ***a gaunt skeleton***）をあとに述べて強調するために、補語である形容詞（***imbedded*** と ***chained***）が前に出た形。

家族の誰もが唖然として言葉もなく彼女を見つめた。しかし彼女はどこまでも真面目で真剣。回れ右をすると、みんなを先導し、羽目板一枚分の開口部から入って秘密の廊下を進む。テーブルから火の灯った蝋燭を持ってきていたワシントンがそのあとに続いた。最終的に一同がたどり着いたのは、錆びた飾り鋲のちりばめられた大きなオーク材のドアの前。ヴァージニアが触れると、重い蝶番を軋ませてドアが奥に開いた。するとそこは低い丸天井の小部屋で、ちっぽけな格子窓がひとつ。壁に大きな鉄の輪が埋め込んであり、それに文字通り骨だけの骸骨が鎖で繋がれている。骸骨は石の床に大の字になって倒れており、長くて肉のついていない指を伸ばして、食べ物を供する古風な木皿と水差しを掴もうとしているように見えるが、それらは僅かに届かないところに置かれているのだった。水差しにはかつて水が一杯になるまで入っていたことは明らかで、内側が緑の黴に覆われている。木皿の上にあるのは積もった埃だけ。ヴァージニアは骸骨の隣に跪き、しっかりと小さな手を合わせて無言で祈り始めたが、他のものは眼前で今秘密が明らかにされた恐ろしい悲劇の跡を呆然と見遣るだけだった。

'Hallo!' suddenly exclaimed one of the twins, who had been looking out of the window to try and discover in what wing of the house the room was situated. 'Hallo! the old withered almond-tree has blossomed. I can see the flowers quite plainly in the moonlight.'

'God has forgiven him,' said Virginia, gravely, as she rose to her feet, and a beautiful light seemed to illumine her face.

'What an angel you are!' cried the young Duke, and he put his arm round her neck, and kissed her.

hallo: おや　**situated:** 位置している　**illumine:** ～を明るくする

「あれ！」不意に双子のひとりが叫んだ。彼はこの部屋が屋敷の両翼のどちら側にあるのか確かめようと格子窓の外を眺めていたのだった。「あれ！　年取って枯れたアーモンドの木に花が咲いてる。月の光で花がはっきり見えるよ」

「神様が彼をお許しになったの」ヴァージニアは厳かにそう言って立ち上がった。美しい光がその顔を照らしているように見えた。

「君は天使そのものだ！」と若公爵は叫び、彼女の首に腕を回してキスをした。

VII

Four days after these curious incidents a funeral started from Canterville Chase at about eleven o'clock at night. The hearse was drawn by eight black horses, each of which carried on its head a great tuft of nodding ostrich-plumes, and the leaden coffin was covered by a rich purple pall, on which was embroidered in gold the Canterville coat-of-arms. By the side of the hearse and the coaches walked the servants with lighted torches, and the whole procession was wonderfully impressive. Lord Canterville was the chief mourner, having come up specially from Wales to attend the funeral, and sat in the first carriage along with little Virginia. Then came the United States Minister and his wife, then Washington and the three boys, and in the last carriage was Mrs. Umney. It was generally felt that, as she had been frightened by the ghost for more than fifty years of her life, she had a right to see the last of him. A deep grave had been dug in the corner of the churchyard, just under the old yew-tree, and the service was read in the most impressive manner by the Rev. Augustus Dampier. When the ceremony was over, the servants, according to an old custom observed in the Canterville family, extinguished their torches, and, as the coffin was being lowered into the grave, Virginia stepped forward, and laid on it a large cross made of white and pink almond-blossoms. As she did so, the moon came out from behind a cloud, and flooded with its silent silver the little churchyard, and from a distant copse a nightingale began to sing. She thought of the ghost's description of the Garden of Death, her eyes became dim with tears, and she hardly spoke a word during the drive home.

funeral: 葬列　**hearse:** 霊柩車　**tuft:** 房　**nodding:** 垂れ下がった
ostrich-plume: ダチョウの羽飾り　**pall:** 棺の覆い　**coat-of-arms:** 紋章　**coach:** 馬車
procession: 行列　**chief mourner:** 喪主　**service:** 礼拝　**copse:** 雑木林　**think of:** ～を思い出す

l.11 It was generally felt that ...　*It* は形式主語で、真主語は *that* 以下。

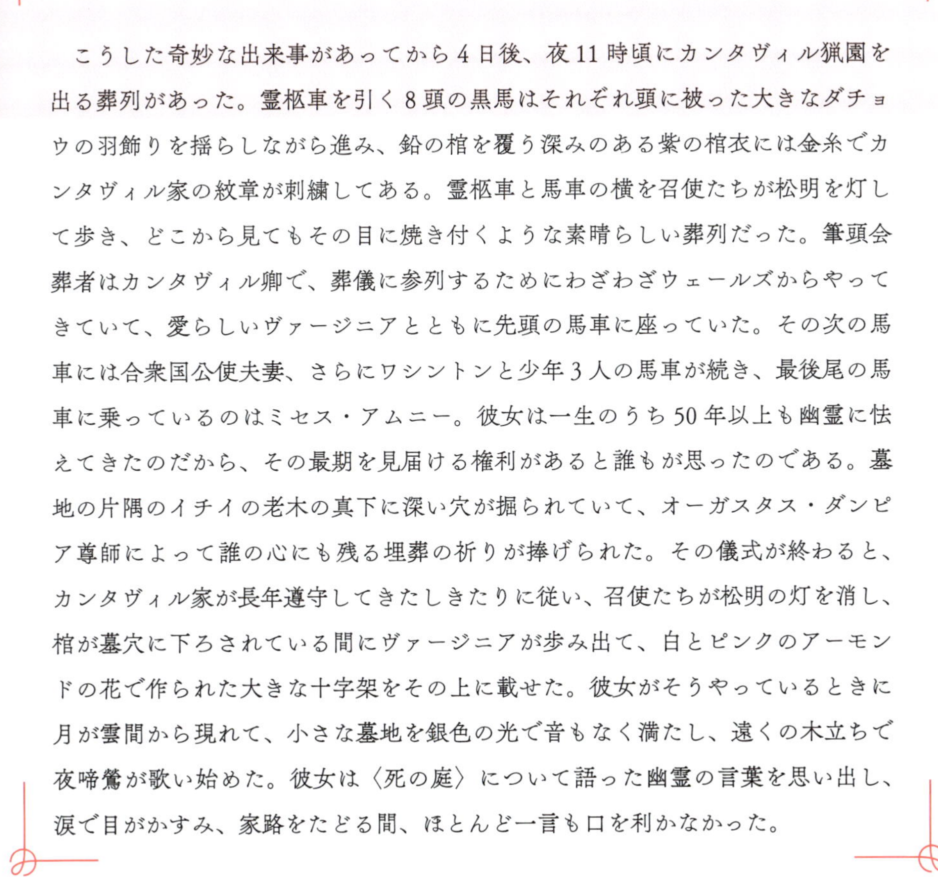

VII

こうした奇妙な出来事があってから4日後、夜11時頃にカンタヴィル猟園を出る葬列があった。霊柩車を引く8頭の黒馬はそれぞれ頭に被った大きなダチョウの羽飾りを揺らしながら進み、鉛の棺を覆う深みのある紫の棺衣には金糸でカンタヴィル家の紋章が刺繍してある。霊柩車と馬車の横を召使たちが松明を灯して歩き、どこから見てもその目に焼き付くような素晴らしい葬列だった。筆頭会葬者はカンタヴィル卿で、葬儀に参列するためにわざわざウェールズからやってきていて、愛らしいヴァージニアとともに先頭の馬車に座っていた。その次の馬車には合衆国公使夫妻、さらにワシントンと少年3人の馬車が続き、最後尾の馬車に乗っているのはミセス・アムニー。彼女は一生のうち50年以上も幽霊に怯えてきたのだから、その最期を見届ける権利があると誰もが思ったのである。墓地の片隅のイチイの老木の真下に深い穴が掘られていて、オーガスタス・ダンピア尊師によって誰の心にも残る埋葬の祈りが捧げられた。その儀式が終わると、カンタヴィル家が長年遵守してきたしきたりに従い、召使たちが松明の灯を消し、棺が墓穴に下ろされている間にヴァージニアが歩み出て、白とピンクのアーモンドの花で作られた大きな十字架をその上に載せた。彼女がそうやっているときに月が雲間から現れて、小さな墓地を銀色の光で音もなく満たし、遠くの木立ちで夜啼鶯が歌い始めた。彼女は〈死の庭〉について語った幽霊の言葉を思い出し、涙で目がかすみ、家路をたどる間、ほとんど一言も口を利かなかった。

The next morning, before Lord Canterville went up to town, Mr. Otis had an interview with him on the subject of the jewels the ghost had given to Virginia. They were perfectly magnificent, especially a certain ruby necklace with old Venetian setting, which was really a superb specimen of sixteenth-century work, and their value was so great that Mr. Otis felt considerable scruples about allowing his daughter to accept them.

'My lord,' he said, 'I know that in this country mortmain is held to apply to trinkets as well as to land, and it is quite clear to me that these jewels are, or should be, heirlooms in your family. I must beg you, accordingly, to take them to London with you, and to regard them simply as a portion of your property which has been restored to you under certain strange conditions. As for my daughter, she is merely a child, and has as yet, I am glad to say, but little interest in such appurtenances of idle luxury. I am also informed by Mrs. Otis, who, I may say, is no mean authority upon Art—having had the privilege of spending several winters in Boston when she was a girl—that these gems are of great monetary worth, and if offered for sale would fetch a tall price. Under these circumstances, Lord Canterville, I feel sure that you will recognise how impossible it would be for me to allow them to remain in the possession of any member of my family; and, indeed, all such vain gauds and toys, however suitable or necessary to the dignity of the British aristocracy, would be completely out of place among those who have been brought up on the severe, and I believe immortal, principles of Republican simplicity.

setting:（宝石などの）はめ込み、台座　**specimen:** 見本　**scruple:** ためらい
trinket: ちょっとしたアクセサリー　**heirloom:** 家宝　**regard *A* as *B*:** **A** を **B** とみなす
restore: ～を持ち主に返す　**as yet:** 今のところは　**appurtenance:** 付属品
no mean: なかなか大した　**monetary:** 金銭的な　**fetch:** ～で売れる　**gaud:** つまらない装飾品
however: どれほど～であれ　**out of place:** 場違いな　**immortal:** 永久不滅の

---

l.18 ***how impossible it would be for me to allow ...***　***it*** は形式主語で、真主語は ***to*** 不定詞以下。***for me*** が ***to*** 不定詞の意味上の主語を表す。

翌朝、カンタヴィル卿がロンドンへ向かう前に、ミスター・オーティスは幽霊がヴァージニアに贈った宝石について卿と話し合った。どれも何とも素晴らしいもので、とくに古いヴェネチア風象嵌（ぞうがん）細工を施したルビーのネックレスなどは16世紀の職人技を示す実に最高の見本であって、それらの価値たるや測り知れないので、ミスター・オーティスとしては、娘が受け取ることに大いなるためらいを覚えずにはいられなかったのである。

「閣下」と彼は言った、「こちらでは永代所有[*1]という考え方が土地だけに留まらず小物の装身具にも及ぶと承知しております。ならば、これらの宝石はご尊家に代々伝わる家宝であり、少なくともそうあるべきことは明々白々。したがいまして、これはぜひともロンドンにお持ちいただきたい、そして何とも奇妙な状況下ではございましたが、ご自分の財産の一部が戻ってきただけのこと、とお考えいただきたいのです。娘のことでしたら、あれはほんの子どもですし、有難いことにと申すべきでしょう、あのように無駄に贅を尽くした奢侈（しゃし）品にはまだほとんど関心がありません。それに妻の話では――因みに、妻は娘時代に幾冬かボストンで過ごしたこともあって、美術品を見る目が多少ともあるのですが――あの宝石類は金銭的価値も相当なもので、売りに出せばきっととんでもない高値が付くとのこと。こうした次第ですから、カンタヴィル卿、お分かりいただけるものと確信しておりますが、あの宝石をわたしの家族のものにしておくわけには到底参りません。それに、ああしたつまらぬ装飾品やら実用性のない小物の類は英国貴族の威厳にとってはふさわしくもあり、必要かもしれませんが、質朴を旨とする共和主義精神の厳格な、そしてわたしに言わせれば不滅の、行動規範に基づいて育てられた人間同士の付き合いにおいては、まったくもって場違いなのです[*2]。

*1　mortmain（＝dead hand）には法律用語として「死手」という訳語が与えられている。主として不動産が他に譲渡できないように教会などの「手」にあることを意味する。

*2　ミスター・オーティスのここまでの発言には、自信に裏打ちされた新世界の旧世界的価値観への皮肉や批判がちりばめられている。「法外な値」を意味する a tall price もアメリカ口語特有の表現で、新世界性を際立たせる。

Perhaps I should mention that Virginia is very anxious that you should allow her to retain the box, as a memento of your unfortunate but misguided ancestor. As it is extremely old, and consequently a good deal out of repair, you may perhaps think fit to comply with her request. For my own part, I confess I am a good deal surprised to find a child of mine expressing sympathy with mediævalism in any form, and can only account for it by the fact that Virginia was born in one of your London suburbs shortly after Mrs. Otis had returned from a trip to Athens.'

Lord Canterville listened very gravely to the worthy Minister's speech, pulling his grey moustache now and then to hide an involuntary smile, and when Mr. Otis had ended, he shook him cordially by the hand, and said, 'My dear sir, your charming little daughter rendered my unlucky ancestor, Sir Simon, a very important service, and I and my family are much indebted to her for her marvellous courage and pluck. The jewels are clearly hers, and, egad, I believe that if I were heartless enough to take them from her, the wicked old fellow would be out of his grave in a fortnight, leading me the devil of a life. As for their being heirlooms, nothing is an heirloom that is not so mentioned in a will or legal document, and the existence of these jewels has been quite unknown. I assure you I have no more claim on them than your butler, and when Miss Virginia grows up I daresay she will be pleased to have pretty things to wear. Besides, you forget, Mr. Otis, that you took the furniture and the ghost at a valuation, and anything that belonged to the ghost passed at once into your possession, as, whatever activity Sir Simon may have shown in the corridor at night, in point of law he was really dead, and you acquired his property by purchase.'

memento: 形見　**fit:** ふさわしい　**comply with:** ～に応じる　**mediævalism:** 中世的精神
involuntary: 無意識の　**cordially:** 真心を込めて　**render *A B*:** A に B を与える
be indebted to: ～に恩義がある　**pluck:** 勇気　**egad:** 本当に、いやはや　**fortnight:** 2週間
lead *A* a ～ life: A に～な人生を送らせる　**will:** 遺書　**daresay:** おそらく、たぶん

l.15 ***if I were heartless ..., the wicked old fellow would be ...***　仮定法過去の文。

ただ、これは申し上げておくべきかと思いますが、ヴァージニアは、不運ではあるけれども心得違いをしたカンタヴィル家のご先祖の形見として、あの箱を手許に置くことをぜひともお認めいただきたいと願っております。非常に古いもので、その結果、手入れもほとんどなおざりだったようですから、娘の願いに応じても構わないとお考えになるのではないでしょうか。わたしとしては実のところ、我が子がどんな形であれ、中世趣味に共感を示すことに驚いておりまして、それは、妻がアテネ旅行から帰ってほどなくして、ヴァージニアがロンドン郊外で生まれたためとしか思えません」

カンタヴィル卿は公使殿の話を大真面目に傾聴していたが、ときどき白いものの混じる口髭を引っ張るのは思わず浮かぶ微笑を隠すためだった。そしてミスター・オーティスが話し終えると、手を差し出して心のこもった握手をし、そしてこう言うのだった。「公使、貴殿の可愛いお嬢さんはわたしの不運な先祖にかけがえのない救いの船を出してくれました。わたしもわたしの家族もお嬢さんの恐れを知らぬ素晴らしい勇気には心から感謝しております。あの宝石は明らかに彼女のものです。それに、もしわたしがお嬢さんから無情にも宝石を取り上げたりしようものなら、まっこと、あの極悪爺さんが半月も経てば墓から出てきて、わたしの暮らしを滅茶苦茶にしてしまうでしょう。あの宝石が家宝かと言えば、遺言状なり法的文書に記されていないものは家宝ではなく、あの宝石の存在はこれまでまったく知られていませんでした。どう見ても、わたしにそんなものの所有権がないのは、お宅の執事とご同様。ヴァージニア嬢も大きくなれば、ちょっとした装身具を持っていると嬉しいものじゃないでしょうか。それに、お忘れですか、ミスター・オーティス、貴殿は家具も幽霊も込みで、査定価格でお買いになったはず。幽霊の所有物は何であれそのときに貴殿のものになったのです。サー・サイモンが夜の廊下でいかに活発に動き回ろうと、法的に言えば間違いなく死んでいるわけで、ここを購入されたことにより、彼の財産も取得されたのですから」

Mr. Otis was a good deal distressed at Lord Canterville's refusal, and begged him to reconsider his decision, but the good-natured peer was quite firm, and finally induced the Minister to allow his daughter to retain the present the ghost had given her, and when, in the spring of 1890, the young Duchess of Cheshire was presented at the Queen's first drawing-room on the occasion of her marriage, her jewels were the universal theme of admiration. For Virginia received the coronet, which is the reward of all good little American girls, and was married to her boy-lover as soon as he came of age. They were both so charming, and they loved each other so much, that every one was delighted at the match, except the old Marchioness of Dumbleton, who had tried to catch the Duke for one of her seven unmarried daughters, and had given no less than three expensive dinner-parties for that purpose, and, strange to say, Mr. Otis himself. Mr. Otis was extremely fond of the young Duke personally, but, theoretically, he objected to titles, and, to use his own words, 'was not without apprehension lest, amid the enervating influences of a pleasure-loving aristocracy, the true principles of Republican simplicity should be forgotten.' His objections, however, were completely overruled, and I believe that when he walked up the aisle of St. George's, Hanover Square, with his daughter leaning on his arm, there was not a prouder man in the whole length and breadth of England.

refusal: 拒否　**peer:** 貴族　**universal:** 万人の　**coronet:** 宝冠　**come of age:** 成年に達する
match: 結婚　**marchioness:** 侯爵夫人　**no less than:** ～も多くの　**theoretically:** 建前としては
title: 爵位　**apprehension:** 心配　**lest:** ～しはすまいかと　**amid:** ～のなかで
enervating: 弱体化させるような　**overrule:** ～を却下する
length and breadth of: ～のいたるところ

---

l.9 They were both so charming, and they loved each other so much, that ... 【程度】を表す *so ～ that* 構文。

l.16 apprehension lest, ... should ここでは「～するといけないという不安」ほどの意味。*lest* は *should* をともなうことが多い。

l.20 with his daughter leaning on his arm 付帯状況の *with*。

ミスター・オーティスはカンタヴィル卿に申し出を断られていたく困惑した。考え直してほしいと頼んだが、この気立ての良い貴族は頑として譲らず、ついには、娘が幽霊からのプレゼントを受け取ることを公使に認めさせたのである。そして1890年の春、チェシャー公爵の若き令夫人が結婚に際し、宮殿の第一謁見室で女王[*1]に拝謁の栄を賜ったとき、彼女の身につけた宝石は広く人々の称賛の的となったのだった。というのも、ヴァージニアは善良なアメリカ人少女に例外なく与えられるご褒美である宝冠を受け取り[*2]、年若の恋人が成年に達するや否や、すぐに結婚したからである。ふたりはともにとても魅力的で、互いに深く愛し合っていたので、誰もがこの縁組みを喜んだ。ただ例外がダンブルトン侯爵夫人。彼女は7人いる未婚の娘たちの誰かひとりの相手として公爵をつかまえようと、そのために高額の出費も厭わずディナー・パーティを3度も開いたのだった。そしてもうひとりの例外が、奇妙なことに、他ならぬミスター・オーティス。ミスター・オーティスは個人的に若公爵がとても好きだったが、爵位なるものに反対というのが年来の持論で、彼自身の言葉を使えば、「享楽的な貴族社会の悪しき影響で精神のタガが緩み、質朴を旨とする共和主義精神の偽りなき行動規範が忘れられてしまう懸念なしとしない」というのである。しかしながら、こうした彼の異議は全面的に退けられ、筆者の信ずるところによれば、ハノーヴァー広場のセント・ジョージ教会[*3]の通路を身を寄せる娘を腕に感じながら歩いたとき、イングランド全土を捜しても彼ほど誇らしげな男はいなかったに違いない。

*1　ヴィクトリア女王（在位 1837-1901）である。

*2　「宝冠」は「王冠」ではなく、貴族が被る冠。善良なアメリカ娘が全員（イギリス人と）結婚して貴族になるとは限らないはずなので、密かに皮肉が込められた表現だろう。ただし皮肉の対象は、爵位を有難がって玉の輿を狙う新世界の住人ばかりでなく、爵位を餌に、持参金を善良さと読み替えて身内の結婚を考える旧世界の貴族にも向けられているように思われる。『なんでもない女』第１幕には「こうした（可愛すぎる）アメリカ娘が（イギリスの）好ましい結婚相手を全部攫っていってしまう。どうして自分の国にじっとしていられないのかしら」というイギリス貴族の台詞が見られる。

*3　ロンドン中心部にある教会で、上流階級が好んで結婚式を挙げた。

The Duke and Duchess, after the honeymoon was over, went down to Canterville Chase, and on the day after their arrival they walked over in the afternoon to the lonely churchyard by the pine-woods. There had been a great deal of difficulty at first about the inscription on Sir Simon's tomb-stone, but finally it had been decided to engrave on it simply the initials of the old gentleman's name, and the verse from the library window. The Duchess had brought with her some lovely roses, which she strewed upon the grave, and after they had stood by it for some time they strolled into the ruined chancel of the old abbey. There the Duchess sat down on a fallen pillar, while her husband lay at her feet smoking a cigarette and looking up at her beautiful eyes. Suddenly he threw his cigarette away, took hold of her hand, and said to her, 'Virginia, a wife should have no secrets from her husband.'

'Dear Cecil! I have no secrets from you.'

'Yes, you have,' he answered, smiling, 'you have never told me what happened to you when you were locked up with the ghost.'

inscription: 碑文　**tomb-stone:** 墓石　**engrave:** ～を刻む　**verse:** 詩　**stroll:** 散策する
chancel: 内陣　**abbey:** 修道院　**pillar:** 柱　**take hold of:** ～を握る

公爵夫妻は新婚の蜜月が過ぎてからカンタヴィル猟園を訪れた。到着した翌日、午後になると、松林に隣接するうら寂しい墓地に足を運んだ。サー・サイモンの墓碑銘をどうするかについて、当初は議論百出だったけれども、結局、飾り立てずにこの老紳士のイニシャルと図書室の窓に記された詩だけを刻むことに落ち着いたのだった。公爵夫人はきれいな薔薇を持参してきていて、その花を墓石に振りかけた。ふたりはしばらくそこに佇んだ後、廃墟となった古い修道院の内陣のなかまで歩を進めた。そこで公爵夫人は倒れた柱に腰を下ろし、彼女の夫はその足許に横になって、煙草をくゆらせながら妻の美しい目を見上げた。彼は不意に煙草を放り投げると、彼女の手を取って言った、「ヴァージニア、妻は夫に知らせない秘密を持ってはいけないよ」

「セシルったら！　あなたに秘密にしていることなんてないわ」

「いや、あるね」と彼が笑みを浮かべて答える、「幽霊とあの部屋に閉じ込められたとき、君の身に何が起こったのか話してくれないじゃないか」

'I have never told any one, Cecil,' said Virginia gravely.

'I know that, but you might tell me.'

'Please don't ask me, Cecil, I cannot tell you. Poor Sir Simon! I owe him a great deal. Yes, don't laugh, Cecil, I really do. He made me see what Life is, and what Death signifies, and why Love is stronger than both.'

The Duke rose and kissed his wife lovingly.

'You can have your secret as long as I have your heart,' he murmured.

'You have always had that, Cecil.'

'And you will tell our children some day, won't you?'

Virginia blushed.

blush: 顔を赤らめる

l.2 ***you might tell me*** この ***you might ...*** は【推量】ではなく、【提案】【依頼】を意味する。
l.4 ***I really do*** ***do*** は ***owe*** の繰り返しを避ける代動詞。

「誰にも話したことがないの、セシル」ヴァージニアの口調は真剣だった。

「知っているよ、でもぼくには話してくれてもいいじゃないか」

「そんなこと言わないで、セシル、話せないのよ。可哀想なサー・サイモン！あの人には大きな恩義があるの。そうなの、笑わないで、セシル。本当に恩があるんだから。わたしに分からせてくれたのよ、〈生〉とは何か、〈死〉が何を意味するか、そしてなぜ〈愛〉がそのどちらよりも強いのかを」

公爵は立ち上がると、妻に愛のこもったキスをした。

「その秘密は持ち続けて構わないさ、君の心がぼくのものである限り」と彼は呟いた。

「それならずっとあなたのものでしたわ[*1]、セシル」

「そしていつか、ぼくらふたりの子どもたちに話してくれるだろうね」

ヴァージニアは顔を赤らめた。

*1 未来形で答えて欲しかったと思うのは訳者だけだろうか。

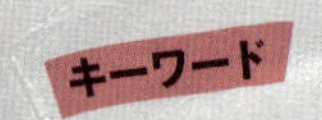

対比の重層性
Layered Contrasts

19世紀後半には新旧世界の対照的な文化の差異を強調することが流行したが、本短編では**アメリカの近代的な物質万能主義**（のがさつさ）と**伝統を重んじるイギリスの貴族制**（の堕落ぶり）があからさますぎるほど対比されている。同時にそこには、副題にある唯物論志向と唯心論志向、及び、喜劇的諷刺性と恐怖をもたらすゴシック性が付加され、しかも唯心論で理解されるはずの幽霊に唯物論によって了解される特性（血痕の維持手段が好例）が重ねられている。

属性の逆転
Dislocation of Attributes

幽霊が恐怖でなく「悪ふざけ」の対象となり、風邪をひくなどの災厄に遭うというのが**属性逆転**の典型だが、「金で買えるもの」を使って事態を解決しようとするのはアメリカ人に留まらず、イギリス貴族に仕えた家政婦の金銭感覚などもあなどれない。彼女は血痕の永続が観光収入に結びつくと仄めかし、給料減額が話題になれば失神から醒める。乗馬時の貴族の身だしなみとしての帽子に対する**頓着／無頓着の対比**も、英米人の属性に対する大方の期待を裏切る。

不条理まみれの逆説
Paradox in Absurdity

恐怖を与えるべき幽霊が恐怖を味わうという馬鹿々々しい＝不条理な出来事の連鎖の極めつきは、「正真正銘のお化け」の幽霊が「紛いもの」である別の幽霊に「仰天して肝をつぶし」、「紛いもの」こそ「正真正銘のお化け」だという**逆説**が成立してしまうことだろう。本物の幽霊が素のまま登場せず、つねに何らかの役を演じようとするのも示唆的である。「**素のままで語ると誰も本音を語らず、仮面を与えれば真実を語る**」というワイルドの名言が思い出される。

合理と不合理の交錯
Rational and Irrational Mingled

幽霊の体現する超自然を合理精神が無効化する**喜劇性**は、少女が超自然の領域へ移動すると影を潜め、両親を「恐怖と心配」が襲う。しかも本来喜劇が担うべき大団円を可能にするのは、合理精神では割り切れない現象＝双子も驚く枯れ木に咲く花に象徴され、茶化されることなき**超自然**である。「不合理ゆえに吾信ず」の境地に読者を誘う語り手が合理精神の発露かと見えるaccordinglyやnaturallyを多用するのもこの話の不条理性＝馬鹿々々しさを強調する。

本短編は1887年、2号にわたって月刊誌に掲載後、*Lord Arthur Savile's Crime and Other Stories*（1891）に収録された。

考えるヒント　▶喜劇　▶ゴシック　▶諷刺

オスカー・ワイルド（1854-1900）　*Oscar Wilde*

ダブリン生まれ。地元のトリニティ・コレッジからオックスフォードのモードリン・コレッジに転学。ジョン・ラスキンとウォルター・ペイターに私淑し、唯美主義に傾斜する。1878 年、極めて優秀な成績で卒業。巧みな自己演出によって、ロンドン社交界で注目を浴び、それが契機となって、82 年のほぼ 1 年間アメリカでの講演旅行に招待される。帰国後、頽廃の香り漂うパリを経験し、84 年に結婚。子どもも生まれるが、ほどなくして同性愛にのめりこみ、16 歳年下の相手、アルフレッド・ダグラスとの関係は濃厚だった。ダグラスの父親との諍いの結果、95 年投獄され、釈放後、1900 年にパリで没した。小説『ドリアン・グレイの肖像』（初出 1890）や『真面目が肝心』（1895）などの劇作の他、批評家としてもすぐれ、死後出版の『深き淵より』（1905）は獄中でダグラス宛に書いた書簡。「幸福な王子」（1888）などの童話の作者としても忘れがたい。

We are all in the gutter, but some of us are looking at the stars.
俺たちは皆ドブのなかにいるが、天上の星を見ているものもいる。

Lady Windermere's Fan

トリビア

オスカー・ワイルドの生誕地（ウェストランド・ロウ 21 番地）は現在トリニティ・コレッジ内にあり、アイルランド文学や創作文芸を学ぶことができる「オスカー・ワイルド・センター」となっている。

ワイルド唯一の長編小説である『ドリアン・グレイの肖像』は発表時、その頽廃的かつ不道徳な内容や、当時は違法とされていた同性愛を匂わせる描写が批判を集めたが、現在では代表作のひとつに数えられている。

3行で読む　オスカー・ワイルド『ドリアン・グレイの肖像』

- 美貌の青年ドリアン・グレイは、自分ではなく肖像画のほうが年を取ることを願う
- ヘンリー卿の囁きで悪徳の道に堕ちたドリアンの肖像画ばかりが老いて醜く変化していく
- 罪悪感から彼は画にナイフを突き立てる。若く美しいままの画と老人の遺体が残される

主な参考資料と翻訳作品

No.01 Aphra Behn, *The Fair Jilt: or, the History of Prince Tarquin and Miranda* (Printed by R. Holt, for Will Canning, at his Shop in the Temple-Cloysters, 1688)
アフラ・ベイン 作 , 土井治 訳 ,『オルノーコ 美しい浮気女』(岩波書店 , 1988)

No.02 Daniel Defoe, *The Fortunes and Misfortunes of the Famous Moll Flanders* (Printed for, and sold by W. Chetwood, at Cato's-Head, in Russel-street, Covent-Garden, and T. Edling, at the Prince's-Arms, over-against Exerter-Change in the Strand, 1722)
ダニエル・デフォー 作 , 伊澤龍雄 訳 ,『モル・フランダーズ 上・下』(岩波書店 , 1968)

No.03 Jonathan Swift, *Gulliver's Travels* (Penguin Classics, 1985)
ジョナサン・スウィフト 作 , 平井正穂 訳 ,『ガリヴァー旅行記』(岩波書店 , 1980)
ジョナサン・スウィフト 作 , 山田蘭 訳 ,『ガリバー旅行記』(KADOKAWA, 2011)
ジョナサン・スウィフト 作 , 柴田元幸 訳 ,『ガリバー旅行記』(朝日新聞出版 , 2022)

No.04 Samuel Richardson, *Clarissa, or, the History of a Young Lady* (Viking, 1985)
サミュエル・リチャードソン 作 , 渡辺洋 訳 ,『クラリッサ』(2015), http://hdl.handle.net/2115/76756 (参照 2025-01-31)

No.05 Henry Fielding, *The History of Tom Jones* (Penguin English Library, 1966)
フィールディング 作 , 朱牟田夏雄 訳 ,『トム・ジョウンズ 1・2・3・4 改版』(岩波書店 , 1975)

No.06 Oliver Goldsmith, *The Vicar of Wakefield* (Penguin Classics, 1982)
ゴールドスミス 作 , 小野寺健 訳 ,『ウェイクフィールドの牧師――むだばなし』(岩波書店 , 2012)

No.07 Laurence Sterne, *The Life and Opinions of Tristram Shandy, Gentleman* (Penguin English Library, 1967)
ロレンス・スターン 作 , 朱牟田夏雄 訳 ,『トリストラム・シャンディ 上・中・下』(岩波書店 , 1969)

No.08 Tobias Smollett, *The Expedition of Humphry Clinker* (Oxford University Press, 1966)
トバイアス・スモレット 作 , 根岸彰 訳 ,『ハンフリー・クリンカー』(鳥影社 , 2024)

No.09 William Godwin, *Things as They Are; or, The Adventures of Caleb Williams* (Cassell, 1966)
ウィリアム・ゴドウィン 作 , 岡照雄 訳 ,『ケイレブ・ウィリアムズ』(白水社 , 2016)

No.10 Maria Edgeworth, *Castle Rackrent* (Oxford University Press, 2000)
マライア・エッジワース 作 , 大嶋磨起・大嶋浩 訳 ,『ラックレント城』(開文社出版 , 2001)

No.11 Jane Austen, *Pride and Prejudice* (Oxford University Press, 1980)
ジェイン・オースティン 作 , 小尾芙佐 訳 ,『高慢と偏見 上・下』(光文社 , 2011)
ジェイン・オースティン 作 , 小山太一 訳 ,『自負と偏見』(新潮社 , 2014)
ジェイン・オースティン 作 , 大島一彦 訳 ,『高慢と偏見』(中央公論新社 , 2017)

No.12 Walter Scott, *Waverley* (Penguin Books, 1972)
ウォルター・スコット 作 , 佐藤猛郎 訳 ,『ウェイヴァリー あるいは 60 年前の物語 上・中・下』(万葉舎 , 2011)

No.13 Mary Shelley, *Frankenstein; or, The Modern Prometheus* (Penguin Classics, 1985)
メアリー・シェリー 作, 小林章夫 訳,『フランケンシュタイン』(光文社, 2010)
メアリー・シェリー 作, 芹澤恵 訳,『フランケンシュタイン』(新潮社, 2014)
メアリー・シェリー 作, 田内志文 訳,『新訳 フランケンシュタイン』(KADOKAWA, 2015)

No.14 James Hogg, *The Private Memoirs and Confessions of a Justified Sinner* (Penguin English Library, 1985)
ジェイムズ・ホッグ 作, 高橋和久 訳,『義とされた罪人の手記と告白』(白水社, 2024)

No.15 Charlotte Brontë, *Jane Eyre* (Oxford University Press, 1980)
シャーロット・ブロンテ 作, 吉田健一 訳,『ジェイン・エア』(集英社, 1979)
シャーロット・ブロンテ 作, 小尾芙佐 訳,『ジェイン・エア 上・下』(光文社, 2006)
シャーロット・ブロンテ 作, 河島弘美 訳,『ジェイン・エア 上・下』(岩波書店, 2013)

No.16 Emily Brontë, *Wuthering Heights* (Oxford University Press, 1995)
エミリー・ブロンテ 作, 鴻巣友季子 訳,『嵐が丘』(新潮社, 2003)
エミリー・ブロンテ 作, 河島弘美 訳,『嵐が丘 上・下』(岩波書店, 2004)
エミリー・ブロンテ 作, 小野寺健 訳,『嵐が丘 上・下』(光文社, 2010)

No.17 Ellen Wood, *East Lynne* (Oxford University Press, 2005)

No.18 Charles Dickens, *Great Expectations* (Oxford University Press, 1993)
チャールズ・ディケンズ 作, 佐々木徹 訳,『大いなる遺産 上・下』(河出書房新社, 2011)
チャールズ・ディケンズ 作, 石塚裕子 訳,『大いなる遺産 上・下』(岩波書店, 2014)
チャールズ・ディケンズ 作, 加賀山卓朗 訳,『大いなる遺産 上・下』(新潮社, 2020)

No.19 Mary Elizabeth Braddon, *Lady Audley's Secret* (Penguin Classics, 1998)
メアリ・エリザベス・ブラッドン 作, 三馬志伸 訳,『レイディ・オードリーの秘密』(近代文藝社, 2014)

No.20 Anthony Trollope, *Can You Forgive Her?* (Penguin Books, 1972)

No.21 Wilkie Collins, *The Moonstone* (Oxford University Press, 1999)
ウィルキー・コリンズ 作, 中村能三 訳,『月長石』(東京創元社, 1970)

No.22 George Eliot, *Middlemarch* (Oxford University Press, 1996)
ジョージ・エリオット 作, 工藤好美・淀川 郁子 訳,『ミドルマーチ 1・2・3・4』(講談社, 1998)
ジョージ・エリオット 作, 廣野由美子 訳,『ミドルマーチ 1・2・3・4』(光文社, 2019)
ジョージ・エリオット 作, 荻野昌利 訳,『ミドルマーチ 前編・後編』(大阪教育図書, 2020)
ジョージ・エリオット 作, 福永信哲 訳,『ミドルマーチ 上・下』(彩流社, 2024)

No.23 Olive Schreiner, *The Story of an African Farm* (Oxford University Press, 1992)
オリーヴ・シュライナー 作, 大井真理子・都築忠七 訳,『アフリカ農場物語 上・下』(岩波書店, 2006)

No.24 H. Rider Haggard, *She: A History of Adventure* (Penguin Books, 2001)
H・R・ハガード 作, 大久保康雄 訳,『洞窟の女王』(東京創元社, 1974)

No.25 Rudyard Kipling, *The Man who would be King and Other Stories* (Oxford University Press, 1987)
ラドヤード・キプリング 作, 橋本槙矩・高橋和久 編訳,『キプリング インド傑作選』(鳳書房, 2008)

No.26 Thomas Hardy, *Tess of the d'Urbervilles* (Macmillan, 1974)
トマス・ハーディ 作, 井上宗次・石田英二 訳,『テス 上・下』(岩波書店, 1960)
トマス・ハーディ 作, 井出弘之 訳,『テス 上・下』(筑摩書房, 2004)

No.27 Arthur Conan Doyle, *The Adventures of Sherlock Holmes* (Oxford University Press, 1993)
アーサー・コナン・ドイル 作, 石田文子 訳,『シャーロック・ホームズの冒険』(KADOKAWA, 2010)
アーサー・コナン・ドイル 作, 小林司・東山あかね 訳,『シャーロック・ホームズの冒険』(河出書房新社, 2014)
アーサー・コナン・ドイル 作, 大久保康雄 訳,『シャーロック・ホームズの冒険〔新版〕』(早川書房, 2015)

No.28 George Gissing, *The Odd Women* (Oxford University Press, 2000)
ジョージ・ギッシング 作, 倉持三郎・倉持晴美 訳,『余った女たち』(蒼洋出版新社, 1988)

No.29 H. G. Wells, *The Time Machine* (Penguin Books, 2005)
H・G・ウェルズ 作, 橋本槇矩 訳,『タイム・マシン 他九篇』(岩波書店, 1991)
H・G・ウェルズ 作, 石川年 訳,『タイムマシン』(KADOKAWA, 2002)
H・G・ウェルズ 作, 池央耿 訳,『タイムマシン』(光文社, 2012)

No.30 Baroness Orczy, *The Scarlet Pimpernel* (Regnery Publishing, 1998)
バロネス・オルツィ 作, 村岡花子 訳,『べにはこべ』(河出書房新社, 2014)
バロネス・オルツィ 作, 圷香織 訳,『紅はこべ』(東京創元社, 2022)

No.31 Joseph Conrad, *The Secret Agent: A Simple Tale* (Penguin Books, 2007)
コンラッド 作, 土岐恒二 訳,『密偵』(岩波書店, 1990)
コンラッド 作, 高橋和久 訳,『シークレット・エージェント』(光文社, 2019)

No.32 G. K. Chesterton, *The Innocence of Father Brown* (Dover Publications, 1998)
G・K・チェスタトン 作, 南條竹則・坂本あおい 訳,『ブラウン神父の無心』(筑摩書房, 2012)
G・K・チェスタトン 作, 田口俊樹 訳,『ブラウン神父の無垢なる事件簿』(早川書房, 2016)
G・K・チェスタトン 作, 中村保男 訳,『ブラウン神父の童心』(東京創元社, 2017)

No.33 D. H. Lawrence, Sons and Lovers (Penguin Books, 1976)
D・H・ロレンス 作, 吉田健一 訳,『息子と恋人 上・中・下』(新潮社, 1952)
D・H・ロレンス 作, 本多顕彰 訳,『息子たちと恋人たち 上・中・下』(岩波書店, 1963)
D・H・ロレンス 作, 小野寺健・武藤浩史 訳,『息子と恋人』(筑摩書房, 2016)

No.34 Katherine Mansfield, *The Garden Party and Other Stories* (Penguin Books, 1997)
マンスフィールド 作, 安藤 一郎 訳,『マンスフィールド短編集』(新潮文庫, 1957)
マンスフィールド 作, 崎山正毅・伊沢龍雄 訳,『幸福・園遊会 他十七篇：マンスフィールド短篇集』(岩波書店, 1969)

No.35 James Joyce, *Ulysses* (Penguin Books, 1968)
ジェイムズ・ジョイス 作, 高松雄一・丸谷才一・永川玲二 訳,『ユリシーズ 1・2・3・4』(集英社, 2003)

No.36 Virginia Woolf, *Mrs Dalloway* (Oxford University Press, 1992)
ヴァージニア・ウルフ 作, 富田彬 訳,『ダロウェイ夫人』(KADOKAWA, 2003)
ヴァージニア・ウルフ 作, 丹治愛 訳,『ダロウェイ夫人』(集英社, 2007)
ヴァージニア・ウルフ 作, 土屋政雄 訳,『ダロウェイ夫人』(光文社, 2010)

No.37 Flann O'Brien, *At Swim-Two-Birds* (Penguin Books, 1967)
フラン・オブライエン 作, 大澤正佳 訳,『スウィム・トゥー・バーズにて』(白水社, 2014)

No.38 George Orwell, *Nineteen Eighty-Four* (Penguin Books, 2003)
ジョージ・オーウェル 作, 高橋和久 訳,『一九八四年〔新訳版〕』(早川書房, 2009)
ジョージ・オーウェル 作, 田内志文 訳,『1984』(KADOKAWA, 2021)

No.39 Oscar Wilde, *The Complete Short Stories* (Oxford World's Classics, 2010)
Oscar Wilde, *The Complete Short Fiction* (Penguin Classics, 1994)
オスカー・ワイルド 作, 南條竹則 訳,『カンタヴィルの幽霊 / スフィンクス』(光文社, 2015)

その他 篠田一士 編,『集英社世界文学事典』(集英社, 2002)
岩波書店辞典編集部 編,『岩波 世界人名大辞典』(岩波書店, 2013)
『日本大百科全書』(小学館, 1994)
Encyclopædia Britannica, https://www.britannica.com/ (参照 2025-01-31)
Oxford Dictionary of National Biography, https://www.oxforddnb.com/ (参照 2025-01-31)

※本書は作品の文学的価値や時代背景等に鑑み、原典に即した翻訳を掲載しております。

［編著］高橋和久（たかはし かずひさ）

1950年、東京生まれ。東京大学名誉教授（文学部）、同特任教授（東大接続研究開発センター）。京都大学文学部卒。『エトリックの羊飼い』（研究社）、『別の地図』（松柏社）、『一九世紀「英国」小説の展開』、『二〇世紀「英国」小説の展開』（共編著、松柏社）、訳書にオーウェル『一九八四年』、アラスター・グレイ『哀れなるものたち』（以上ハヤカワepi文庫）、コンラッド『シークレット・エージェント』（光文社古典新訳文庫）、ジェイムズ・ホッグ『義とされた罪人の手記と告白』（白水社）など。

［編著］永富友海（ながとみ ともみ）

1965年、兵庫県生まれ。上智大学文学部教授。東京大学大学院人文社会系研究科博士課程退学。サセックス大学大学院博士課程修了（D.Phil）。論文に、「エスター・サマーソンの感情教育」『英国小説研究』29（英潮社、2023年）、「*Jude the Obscure* と〈終わり〉の作法」『ハーディ研究』48号（2022年）など。翻訳に、グレアム・グリーン『国境の向こう側』（ハヤカワｅｐｉ文庫、2013年、共訳）、ジュディス・R・ウォーコウィッツ『売春とヴィクトリア朝社会――女性、階級、国家』（上智大学出版局、2009年）など。

「英国」小説の手ざわり

英語で味わう名作の書き出しか終わり、あるいは名場面、もしくは短編全文

校正・編集協力	株式会社 鷗来堂、森田修
ブックデザイン	コバヤシタケシ（SURFACE）
カバーイラスト	冬寄かいり
本文イラスト	sakajun（No.01, 03, 08, 12, 18, 19, 21, 23, 27, 29, 35, 39） 副島あすか（No.02, 05, 09, 11, 15, 25, 31, 34, 38） 林香苗武（No.04, 06, 07, 10, 13, 14, 26, 32, 36, 37） まいまい堂（作家の肖像、解説、ペン、電球、キーワード）